大学赤本シリーズ

549

立命館大学

国語

3日程 × 3カ年

教学社

はしがき

おかげさまで、大学入試の「赤本」は、今年で創刊七十周年を迎えました。

これまで、入試問題や資料をご提供いただいた大学関係者各位、掲載許可をいただいた著作権者の皆様、各科目の解答や対策の執筆にあたられた先生方、そして、赤本を使用してくださったすべての読者の皆様に、厚く御礼を申し上げます。

以下に、創刊初期の「赤本」のはしがきを引用します。これからも引き続き、受験生の目標の達成や、夢の実現を応援してまいります。

本書を活用して、入試本番では持てる力を存分に発揮されることを心より願っています。

編者しるす

＊　＊　＊

学問の塔にあこがれのまなざしをもって、それぞれの志望する大学の門をたたかんとしている受験生諸君！　人間として生まれてきた私たちは、自己の欲するままに、美しく、強く、そして何よりも人間らしく生きることをねがっている。しかし、一朝一夕にして、この純粋なのぞみが達せられることはない。私たちの行く手には、絶えずさまざまな試練がまちかまえている。この試練を克服していくところに、私たちのねがう真に人間的な世界がはじめて開かれてくるのである。

人生最初の最大の試練として、諸君の眼前に大学入試がある。この大学入試は、精神的にも身体的にも、大きな苦痛を感ぜしめるであろう。あるスポーツに熟達するには、たゆみなき、はげしい練習を積み重ねることが必要であるように、私たちは、計画的・持続的な努力を払うことによって、この試練を克服し、次の一歩を踏みだすことができる。厳しい試練を経たのちに、はじめて満足すべき成果を獲得できるのである。

本書は最近の入学試験の問題に、それぞれ解答を付し、さらに問題をふかく分析することによって、その大学独特の傾向や対策をさぐろうとした。本書を一般の参考書とあわせて使用し、まとはずれのない、効果的な受験勉強をされるよう期待したい。

（昭和三十五年版「赤本」はしがきより）

目　次

解答用紙は、赤本オンラインに掲載しています。
https://akahon.net/kkm/rit/index.html

※掲載内容は、予告なしに変更・中止する場合があります。

掲載内容についてのお断り

- 本書には、一般選抜全学統一方式二月一日、二月三日、二月四日実施分の「国語」を掲載しています。
- 立命館大学の赤本には、ほかに左記があります。

『立命館大学（文系―全学統一方式・学部個別配点方式）／立命館アジア太平洋大学（前期方式・英語重視方式）』
『立命館大学（理系―全学統一方式・学部個別配点方式・理系型3教科方式・薬学方式）』
『立命館大学（英語〈全学統一方式3日程×3カ年〉）』
『立命館大学（文系選択科目〈全学統一方式2日程×3カ年〉）』
『立命館大学（ＩＲ方式〈英語資格試験利用型〉・共通テスト併用方式）／立命館アジア太平洋大学（共通テスト併用方式）』
『立命館大学（後期分割方式・「経営学部で学ぶ感性＋共通テスト」方式）／立命館アジア太平洋大学（後期方式）』
『立命館大の英語』（難関校過去問シリーズ）

TREND & STEPS

傾向と対策

問題の「傾向」を分析し、具体的にどのような「対策」をすればよいか紹介しています。まずは出題内容をまとめた分析表を見て、試験の概要を把握しましょう。

注意

「傾向と対策」で示している、出題科目・出題範囲・試験時間等については、二〇二四年度までに実施された入試の内容に基づいています。二〇二五年度入試の選抜方法については、各大学が発表する学生募集要項を必ずご確認ください。

立命館大学の全学統一方式は試験日が異なっても出題傾向に大きな差はないから過去問をたくさん解いて傾向を知ることが合格への近道

立命館大学の入試問題は，「**同じ入試方式であれば，学部を問わず統一の出題形式・問題傾向（英語は全日程・全学部問題傾向が同じ）で，学部ごとの対策は不要**」であると公式にアナウンスされています。また，同じ入試方式内であれば試験日が異なっても出題形式・問題傾向に大きな差はみられません。

受験する日程にかかわらず多くの過去問にあたり，苦手科目を克服し，得意科目を大きく伸ばすことが，立命館大学の合格への近道と言えます。

立命館大学「全学統一方式」の赤本ラインナップ

総合版　まずはこれで全体を把握！

✓『**立命館大学**（文系－全学統一方式・学部個別配点方式）／立命館アジア太平洋大学（前期方式・英語重視方式）』

✓『**立命館大学**（理系－全学統一方式・学部個別配点方式・理系型３教科方式・薬学方式）』

科目別版　苦手科目を集中的に対策！（総合版との重複なし）

✓『**立命館大学**（英語〈全学統一方式３日程×３カ年〉）』

✓『**立命館大学**（国語〈全学統一方式３日程×３カ年〉）』

✓『**立命館大学**（文系選択科目〈全学統一方式２日程×３カ年〉）』

難関校過去問シリーズ

最重要科目「英語」を出題形式別にとことん対策！

✓『**立命館大の英語**〔第10版〕』

国語

年度	番号	種類	類別	内容	出典
2024 ◑ 二月一日	〔一〕	現代文	評論	選択：空所補充、内容説明、語意、内容真偽、文学史 記述：書き取り、読み、箇所指摘、空所補充	「食客論」 星野太
	〔二〕	現代文	評論	選択：空所補充、内容説明、欠文挿入箇所、内容真偽	「理科系の読書術」 鎌田浩毅
	〔三〕	古文	評論	選択：文法、空所補充、人物指摘、指示内容、内容説明、内容真偽、文学史 記述：口語訳	「紫文要領」 本居宣長
	〔四〕	漢文	思想	選択：書き下し文、空所補充、内容真偽 記述：読み	「孔子家語」
二月三日	〔一〕	現代文	評論	選択：空所補充、欠文挿入箇所、内容説明、内容真偽、文学史 記述：書き取り、読み、空所補充、箇所指摘	「『鬱屈』の時代をよむ」 今野真二
	〔二〕	現代文	評論	選択：空所補充、欠文挿入箇所、内容説明、内容真偽	「日本アニメの革新」 氷川竜介
	〔三〕	古文	説話	選択：口語訳、文法、内容説明、敬語、空所補充、内容真偽、文学史 記述：口語訳	「十訓抄」
	〔四〕	漢文	説話	選択：空所補充、書き下し文、内容真偽 記述：読み	「樵談」

年度	日程	番号	項目	内容	設問形式	出典
2024 ◑	二月四日	〔一〕	現代文	評論	選択：欠文挿入箇所、内容説明、空所補充、内容真偽、文学史 記述：書き取り、読み、箇所指摘、空所補充	「アニメ療法」パントー・フランチェスコ
		〔二〕	現代文	評論	選択：欠文挿入箇所、内容説明、空所補充、内容真偽	「朗読の理論」東百道
		〔三〕	古文	俳文	選択：内容説明、空所補充、文法、内容真偽、文学史 記述：口語訳	「鶉衣」横井也有
		〔四〕	漢文	随筆	選択：書き下し文、空所補充、内容真偽 記述：読み	「墨荘漫録」張邦基
2023 ◑	二月一日	〔一〕	現代文	評論	選択：文学史、空所補充、内容説明、内容真偽 記述：読み、書き取り、箇所指摘	「なぜ批評は嫌われるのか」速水健朗
		〔二〕	現代文	評論	選択：空所補充、内容説明、内容真偽	「リスクコミュニケーション」福田充
		〔三〕	古文	物語	選択：敬語、文法、指示内容、内容説明、内容真偽、文学史 記述：口語訳	「夜の寝覚」
		〔四〕	漢文	説話（詩）	選択：書き下し文、内容真偽 記述：読み、空所補充	「雲渓友議」范攄
	二月三日	〔一〕	現代文	評論	選択：空所補充、欠文挿入箇所、内容説明、内容真偽 記述：読み、書き取り、箇所指摘	「『オピニオン』の政治思想史」堤林剣・堤林恵
		〔二〕	現代文	評論	選択：四字熟語、内容説明、空所補充、内容真偽	「他者と生きる」磯野真穂
		〔三〕	古文	説話	選択：文法、人物指摘、口語訳、内容説明、内容真偽 記述：口語訳	「今昔物語集」
		〔四〕	漢文	思想	選択：書き下し文、空所補充、内容真偽 記述：読み	「韓非子」
	二月四日	〔一〕	現代文	評論	選択：空所補充、内容説明、語意、内容真偽 記述：読み、書き取り、箇所指摘	「理不尽な進化」吉川浩満
		〔二〕	現代文	評論	選択：欠文挿入箇所、空所補充、内容説明、内容真偽	「ブルシット・ジョブの謎」酒井隆史
		〔三〕	古文	説話	選択：内容説明、古典常識、文法、内容真偽 記述：口語訳	「古本説話集」
		〔四〕	漢文	随筆	選択：空所補充、書き下し文、内容真偽 記述：読み	「晩晴楼文鈔二編」土屋鳳洲

年度	日程	番号	種類	類別	内容	出典
2022◑	二月一日	〔一〕	現代文	評論	選択：語意、空所補充、欠文挿入箇所、内容説明、内容真偽、文学史 記述：読み、書き取り、箇所指摘、古典常識	「蕪村」 藤田真一
		〔二〕	現代文	評論	選択：内容説明、空所補充、ことわざ、内容真偽	「『うつわ』的利他」 伊藤亜紗
		〔三〕	古文	日記	選択：文法、口語訳、内容説明、空所補充、内容真偽 記述：口語訳	「菅笠日記」 本居宣長
		〔四〕	漢文	説話	選択：空所補充、書き下し文、内容真偽 記述：読み	「続斉諧記」 呉均
	二月三日	〔一〕	現代文	評論	選択：内容説明、空所補充、欠文挿入箇所、内容真偽、文学史 記述：書き取り、読み、箇所指摘	「言葉をもみほぐす」 赤坂憲雄・藤原辰史・新井卓
		〔二〕	現代文	評論	選択：欠文挿入箇所、内容説明、空所補充、内容真偽	「『自分らしさ』と日本語」 中村桃子
		〔三〕	古文	物語	選択：空所補充、口語訳、内容説明、文法、内容真偽、文学史 記述：口語訳	「源氏物語」 紫式部
		〔四〕	漢文	文章	選択：空所補充、書き下し文、内容真偽 記述：読み	「欧陽文忠公集」 欧陽脩
	二月四日	〔一〕	現代文	評論	選択：欠文挿入箇所、空所補充、内容説明、内容真偽、文学史 記述：書き取り、読み、箇所指摘、空所補充	「日本という方法」 松岡正剛
		〔二〕	現代文	評論	選択：欠文挿入箇所、空所補充、内容説明、内容真偽	「死者の沈黙」 若松英輔
		〔三〕	古文	歴史物語	選択：文法、人物指摘、内容説明、和歌修辞、内容真偽、文学史 記述：口語訳	「大鏡」
		〔四〕	漢文	説話	選択：書き下し文、空所補充、内容真偽 記述：読み	「澠水燕談録」 王闢之

（注）●印は全問、◑印は一部マークセンス法採用であることを表す。
文学部は〔一〕〔二〕〔三〕または〔一〕〔三〕〔四〕を解答。その他の学部および立命館アジア太平洋大学は〔一〕〔二〕〔三〕を解答。

傾向　現・古・漢とも基礎力の充実を 漢字・文学史は得点源に

一　出題形式は？

文学部は現代文・古文・漢文各一題または現代文二題・古文一題のいずれかを選択、その他の学部と立命館アジア太平洋大学は現代文二題・古文一題の出題である。記述式とマークセンス法による選択式の併用だが、選択式の割合が大きい。解答用紙は記述式と選択式で一枚となっている。記述式の設問は、漢字の書き取りや読み、空所補充、箇所指摘、口語訳などで、自分で文章を組み立てなければならない説明問題は出されていない。試験時間は八〇分。

二　出題内容はどうか？

多彩な出典や設問となっているので、幅広くオールマイティーに対応できるようにしておくことが第一である。過去問にあたる際には、掲載分すべてに取り組んでおくとよいだろう。

現代文

評論が多いが、随筆や随筆的で軽妙な筆致の評論の場合もあり、小説も出題されたことがある。

評論のジャンルでみると文化論・社会論・文学論が多い。文化論・社会論では言語や音楽関連、現代社会の状況を扱ったもの、一般的な日本文化論などが出題されている。

設問は書き取り、読み、空所補充、内容説明が必出である。空所補充は、接続詞や副詞的な語句、キーワードになるような抽象語などの選択問題が多い。その他、欠文挿入箇所、箇所指摘、内容真偽などが出題されている。文学史もよく出題されている。

古文

物語の系統に属する作品が多く出題されている。

設問は一〇字程度の短い記述式の口語訳が必出。選択式での口語訳も出題されることが多い。人物指摘、内容説明や内容真偽など、本文全体の内容の把握を前提とした問いが多い。文法・文学史もよく出題される。文法は助動詞などの基本を問う設問が多い。

漢文

比較的読みやすい内容のものが中心で、設問も標準的。漢字の読み、書き下し文が必出で、基本的な句法と文構造に関わる設問が多い。内容真偽などで全文の内容の把握も求められている。

三 難易度は？

現代文・古文・漢文ともに標準的な問題である。古文は年度によっては文章の量が多く比較的難しいこともあるが、いずれも基礎的な学習をしっかり積んでおくことが基本となる。設問によってはやや難度の高いものも含まれているので、このような設問には時間を取られすぎないよう注意し、他の基本的な設問で確実に得点したい。

時間配分としては、分量の多い〔一〕に十分な時間を使いたい。〔三〕を二〇分、〔二〕あるいは〔四〕を二〇分でそれぞれすませ、残りの時間を〔一〕と見直しにあてるとよいだろう。

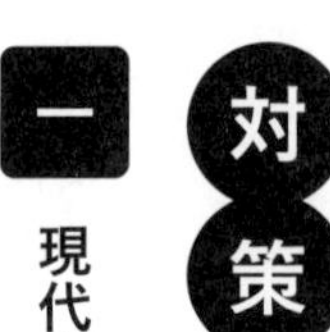

対策

一　現代文

評論を中心に、随筆的な文章についても学習を進めるのがよいだろう。『高校生のための現代思想エッセンス　ちくま評論選』（筑摩書房）などで多くの文章を読み、読解力をきたえよう。空所補充・箇所指摘・内容説明などの設問では文中の他の箇所との関係や論理の流れを把握できているかどうかが問われている。その対策として、『体系現代文』（教学社）のような解説の詳しい問題集を利用するとよい。文章の構造を読み解き、必ず文中の根拠を確認したうえで正答を導く練習をすることが大切である。特に、以下の点に注意しながら問題演習をするのが効果的である。

(一)指示語の内容を確認する。

傍線部内の指示語は気づきやすいが、傍線部に含まれていなくても、傍線部の直前に指示語がある場合はその内容も確認することを意識する。

(二)キーワード・キーセンテンス（＝筆者の主張が読み取れる部分）をおさえる。

ⓐ繰り返される言葉に注目する。

キーワードであるから、筆者は繰り返し使用する可能性が高い。

ⓑ接続関係に注目する。

- 「Aではなく、Bである」という文型であれば重要なのはBである。
- 「つまり」「要するに」などのまとめの言葉があれば、その後ろの部分が重要である。
- 具体例やたとえの部分があれば、その前か後ろに例やたとえを使ってまで説明したかった重要な内容がある。

(三)段落相互の関係、文章全体の流れを把握する。

　段落冒頭の接続語に注意して、段落間の関係をつかもう。

また、後の四五でも述べるが、文学史と漢字については、確実に得点できるよう、対策を講じておくべきである。

古文

古文については、基礎力をしっかりかためたうえで、応用力をつけることが肝要である。

《基礎》

(一)文法

・助動詞は、文法的意味、訳し方、接続についてマスターしておくこと。

・助詞は、係助詞・副助詞を中心に整理しておくこと。係助詞については、係助詞に絡んだ独特の用法の理解、副助詞は「だに」「すら」「さへ」が特に重要。

・識別問題を多くこなしながら、整理するのが効率的である。「に」「なむ」「の」などは頻出である。

・敬語は、主体、客体の把握にも有効である。どの種類の敬語が使われているかということだけでなく、敬語が使われていないことも、主体や客体を把握するうえで重要な情報であるので、注意すること。また、尊敬と謙譲、謙譲と丁寧など、二種類の敬意を持つ語はわずかしかないので、きちんと整理しておくこと。

(二)単語

　単語集を利用して覚えるだけでなく、授業で学習した教材を使って単語を覚えることも効果的である。授業で扱った教材は、時間をかけて、しっかり内容も把握しているはずであるし、定期テスト用に勉強もしている。生きた文脈の中での単語に接しているわけである。高校三年間で習った古文単語はかなりの数になる。過年度も含め、既習の文章を読み直して忘れていた単語を覚え直したり、それを単語集と連動させて覚えたりしよう。

《応用》

応用力とは解釈力である。この力は初見の文章をいくつ訳したかに、正確に比例して伸びる。数をこなすしかない。その際、常に「誰が誰にした（言った）」ということを確認・意識しながら読むこと。

また、和歌は古文では頻出であり、必ず対策しておきたい。和歌の修辞については、掛詞・序詞を中心に学習しておくこと。また、和歌の場合は普通の文章と違って、口語訳ができても、結局その歌で何を伝えたいのか、どんな気持ちが込められているのかがわからないと解釈したことにならない。和歌に込められた気持ちを読解するのにちょうどいい練習になるのが「百人一首」である。どのような心情が詠まれやすいかを知るうえでも、「百人一首」の和歌を復習しておくとよいだろう。

古典常識では、月の異称、宮中の行事、清涼殿の部屋などについて、便覧などを利用して整理しておくべきである。『大学入試　知らなきゃ解けない古文常識・和歌』（教学社）を利用して古典常識や和歌を含む問題を集中的に解くのもよいだろう。

三　漢文（文学部）

国語において勉強した努力が一番得点に結びつきやすいジャンルが漢文である。

漢文の基礎は句形と単語である。句形では、疑問形、反語形、否定形、受身形、使役形の五文形は特に重要である。抑揚形もおさえておきたい。単語については、複数の読みがある語、同訓異字を中心に学習しておくこと。『共通テスト漢文　満点のコツ』（教学社）は、入試で頻出の単語と句形のポイントが要領よくまとめられているので、これを使って基本事項をマスターするのが効果的である。

応用力をつけるには、古文と同じで、数多く初見の漢文を口語訳するしかない。本書の過去問の文章にていねいに取り組んでおこう。

四　文学史

古典では、平安～鎌倉期を中心に主な作品について、作者はもちろん、作品の内容についての知識も必要。それが読解の助けになることもある。たとえば、『沙石集』などの仏教説話集なら、結局は信心深い者にご利益があるという結末になるし、『落窪物語』が継子いじめの話だと知っていたら、ストーリーが予測しやすい。こういった知識があると、かなり有利である。授業で習ったり、問題集で勉強したりした作品については、作者名と、おおざっぱにどんな話かということを確認する習慣をつけておけば、入試本番で思わぬ得をする可能性がある。

現代文では、作者と作品の知識、所属する流派など文学史的位置について頭に入れておくこと。過去には中国文学史や福沢諭吉の著作が問われるなど、通常の日本文学史の範囲から外れた出題もみられたので、日頃から一般常識・歴史の知識としても特に有名な著作物に関しては記憶にとどめておくとよいだろう。

五　漢　字

漢字は必出である。ここで点を落とさないようにしたい。

常用漢字を中心に、読みについては常用漢字表外の漢字にまで手を広げて知っておく必要がある。できるだけ早くから、一定の時間を割いて学習したい。一日五分でもかまわないので、毎日もしくは週に三回など、計画を立ててルーティンワークにするのがよい。漢字は覚えても忘れるものである。一冊の問題集を何度もやり直してもよいし、書き込み式が性格に合うなら何冊も書きつぶすのもよい。故事成語・四字熟語などにも目を通しておくこと。

立命館大「国語」におすすめの参考書

- ✓『高校生のための現代思想エッセンス ちくま評論選』（筑摩書房）
- ✓『体系現代文』（教学社）
- ✓『大学入試 知らなきゃ解けない古文常識・和歌』（教学社）
- ✓『共通テスト漢文 満点のコツ』（教学社）

2024年度

問題と解答

二月一日実施分

問題

（八〇分）

解答に字数制限がある場合には、句読点・カッコも一マスとすること。
受験学部・受験方式によって解答すべき問題を指定しているので注意すること。

方式	学部	問題
全学統一方式（文系）	文学部以外	一　二　三
	文学部※	一　二　三　または　一　三　四
前期方式	APU	一　二　三

※文学部は二（現代文）と四（漢文）が選択問題。両方とも解答した場合は高得点の方を採用。

一　次の文章を読んで、問いに答えよ。

石原吉郎（一九一五―一九七七）が、八年におよぶシベリア抑留を経て舞鶴港に降り立ったのは一九五三年一二月一日のことだった。十代の頃から文芸に親しみ、その語学力を買われて戦時中は諜報（ちょうほう）活動に従事していたこの人物は、帰国後に膨大な量の詩を書きはじめ、なかでもその第一詩集『サンチョ・パンサの帰郷』（一九六三）で日本の戦後詩に不動の地位を確立した。さらにそうしたひとりの詩人であることを超えて、石原吉郎という人物は、戦後の収容の日々を圧倒的なヒッチ①によって綴(つづ)った比類なきエッセイストとしても記憶されている。その石原がシベリアで体験したことは、一九六九年から書きはじめられた一連の文章――いわゆる「シベリア・エッセイ」――により、今日ひろく知られるところとなっている。

まずは『日常への強制』（一九七〇）のはじめに来る「ある〈共生〉の経験から」を読んでみよう。これは発表時期（一九六九年三月）から言っても、数ある「シベリア・エッセイ」のうちもっとも早い時期のものであると言ってよい。「共生」という言葉を掲げたその文章は、こんなふうに始まる。

〈共生〉という営みが、広く自然界で行なわれていることはよく知られている。たとえば、ある種のイソギンチャクはかならず一定のヤドカリの殻の上にその根をおろす。一般に共生とは二つの生物がたがいに密着して生活し、その結果として相互のあいだで利害を共にしている場合を称しており、多くのばあい、それがなければ生活に困難をきたし、はなはだしいときは生存が不可能になる。　私が関心を持つのは、たとえばある種の共生が、一体どういうかたちで発生したのかということである。たぶんそれは偶然な、便宜的なかたちではじまったのではなく、そうしなければ生きて行けない瀬戸ぎわに追いつめられて、せっぱつまったかたちではじまったのだろう。しかし、いったんはじまってしまえば、それは、それ以上考えようのないほど強固なかたちで持続するほかに、仕方のないものになる。これはもう生活の智恵というようなものではない。

連帯のなかの孤独についての、すさまじい比喩である。（「ある〈共生〉の経験から」）

最後にいささか唐突に導入される「連帯のなかの孤独」については、のちほど詳しく見ることにしよう。ここに登場するヤドカリとイソギンチャクは、互いを拠(よ)りどころとすることにより、それぞれの利害を共にしている。それは、おそらく石原が言うように「せっぱつまったかたちで」始まったのであり、なまじ A な「共生」という言葉をあてるより、むしろ「寄生」と言ってしまったほうが実態にそくしている。そもそもあらゆる共生＝寄生は、すべてそうした「せっぱつまったかたちで」始まったものではなかったか。

　続けてこの詩人は、みずからにこうした考えをもたらした「奇妙な」共生の経験について語りはじめる。それは言うまでもなく、敗戦後のソ連軍による抑留を経てラーゲリ（強制収容所）に送られた直後の「未曽有の経験」のことである。この詩人が証言するところによれば、大部分が食器を携えてソ連に入った一般捕虜とは異なり、民間の抑留者を主体とするこの収容所にあっては、そもそも食器の数が極端に足りなかった。そのため、旧日本軍の飯盒（これが「食器」である）を最大限に活用するために、抑留者はやむなく二人一組のペアをつくることになった。収容所における「共生」のはじまりとなったこのペアを、かれらはおそらく自虐的に「食罐組」とよんでいた。「一つの食器を二人でつつきあうのは」――とこの詩人は言う――「はたから見ればなんでもない風景だが、当時の私たちの這いまわるような飢えが想像できるなら、この食罐組がどんなにはげしい神経の消耗であるかが理解できるだろう」。

　こうした説明を経たのちに、石原は次のような戦慄すべき一節を書きつける。それは、あえてこういう言い方が許されるのなら、自分の周囲にいるあらゆる他者を抹消する究極的な孤食の光景である。

> 　食事の分配が終わったあとの大きな安堵感は、実際に経験したものでなければわからない。この瞬間に、私たちのあいだの敵意や警戒心は、まるで嘘のように消え去り、ほとんど無我に近い恍惚状態がやってくる。もはやそこにあるものは、相手にたいする完全な無関心であり、世界のもっともよろこばしい中心に自分がいるような錯覚である。私たちは完全に相手を黙殺したまま、「二人だけの」食事を終るのである。このようなすさまじい食事が日に三度、かならず一定の時刻に行なわれるのだ。（同前）

　この「未曽有の経験」を経て、石原吉郎が到達した「連帯」をめぐる思想は、大いに逆説的な相貌を帯びる。この詩人が言うように、以上のような精神を削る食事の分配において、各人が抱くのは何よりも目の前の人間に対する憎悪であり、不信感である。なぜなら、そこで他人はすべて「自分の生命に対する直接の脅威として立ちあらわれる」からだ。しかしそうした憎悪や不信感こそが、囚人たちのあいだにもっとも強い絆をもたらした――「孤独」と「連帯」をめぐるこのうえなく逆説的な思想は、まさしくここにおいて浮かび上がる。

シベリアから帰還した石原吉郎の「口」は、いわゆる飲食とはべつの行為に支配されていた。それは、ラーゲリでの痛々しいまでの「沈黙」の後遺症ともいうべき、とめどもない「饒舌」である。

一九五三年末、舞鶴から東京へと帰還した詩人を待ち受けていたのは、周囲からの決定的な「疎外」であった。そのなかにはもちろん、シベリア帰りということで親類から投げつけられた心ない言葉や、就職をめぐる不当な処遇なども含まれる。だが、石原本人が「決定的」であると考えたその最大の要因は、何よりおのれのとめどない饒舌によってもたらされた。

つづいて私自身の、環境からの疎外を決定的なものにしたのは言葉である。それはまず、生理的な欲求に似た、とめどもない饒舌ではじまった。それは、悪夢のような記憶をただ切れぎれにつづりあわせるだけの、相手かまわずの、さいげんもない饒舌である。あきらかに、べつなかたちでの失語の段階に、私は足をふみいれていたのである。記憶はたえず前後し、それぞれの断片は相互に撞着した。記憶の或る部分だけを取りあげて語るということが、私にはできなくなっていた。「一切を」語りたいという欲求から、さいごまで私はのがれることができなかった。私はしばしば話の途中で絶句し、途方にくれた。そしてこのような饒舌のなかで、私は完全に時間の脈絡をうしなっていた。（「強制された日常から」）

石原吉郎の戦後は、まずもってこの「饒舌」からの回復の過程であったと言っても過言ではない。「饒舌のなかに言葉はない」という認識にいたったこの詩人は、いったん沈黙へとたどりつき、次第にそれを詩作品として発表するにいたった。そうして石原は、のちに『サンチョ・パンサの帰郷』としてまとめられる詩を雑誌や同人誌に書きはじめ、「時間の脈絡をうしなった」「とめどもない饒舌」からの見事な回復をみせるのである。

この詩人は抑留からの解放後もさまざまな生活上の困難に見舞われた。そのどれが原因ということもないだろうが、石原吉郎の「口」は、ここに至って「食べる」ことから「飲む」ことをめぐる悲喜へと結びつけられることとなった。アルコールである。

詩人として、そしてエッセイストとしての絶頂期にあった一九七〇年代の石原吉郎は、いつしかアルコールを手放せない軀になっていた。それは、当時この人物を知るものにとって、ほとんど周知の事実だったのだろう。「私の酒」（一九七三）という文章には、なんとか節酒に努めようとするこの詩人の姿が赤裸々に、しかしどこかユーモラスに綴られている。

ひとつだけはっきりしているのは、帰国後すぐにおそるべき「饒舌」に苛まれた石原吉郎の口は、最終的に「アルコール」に支配されたままその役目を終えたということである。だが、その悲劇的な結末にむかう途中に、ふとさわやかな「風」が吹き抜けた一場面がある。そのきっかけとなった飲食物は、酒ではなく、一杯の茶であった。

この詩人が晩年に書いたもののひとつに、「出会わぬこと」（一九七六）と題された小さな文章がある。詩人・小林富子の家で開かれた茶会についての、何ということはない随想である。『礼拝と音楽』という掲載媒体にも由来するのか、ここには「シベリア・エッセイ」のような切り詰めた厳しさは微塵もない。ただ、ほとんど虚空にむけて放たれたような、どこか悟りにも似た認識だけが綴られている。そこで詩人はこんなことを言っている。

薄茶を立てながら、小林さんが話された事で、今でもあざやかに記憶に残っている言葉がある。お茶はなんのために立てるのか、ということである。「人に出会うため」というのが、その時小林さんの口から聞くことのできた、お茶の目的の一つである。

運よく出会えたと思えるときは、ほんとうにうれしい。しかし対座はしても、誰にも出会わない時がある、といったあとで小林さんの口から、㋒「それはそれでよろしいのです」という言葉を聞いたときのさわやかなおどろきは、今も私に持続している。まさしく㋓頂門の一針であった。茶室を通りぬける風のすずやかな音を聞いたように、私は思った。（「出会わぬこと」)

③清廉な一節である。そしてこれに続く段落のなかで、詩人は㋔おもむろに「母」について語りはじめる。「生を受けてすら、母と出会わぬすれちがいの生のさわやかさに、我にもあらず向きあった思いであった。あるいは、ひとはそれぞれに、身近かな人に、身近かな故にこそ出会わないのであろうか」。この一節を読むとき、まず思い出されるのは、石原吉郎の実母・秀のことである。この母は、吉郎を含む二児を出産してすぐに亡くなっており、そのためこの詩人に実母の記憶はない。ここで「母と出会わぬすれちがいの生」と書きつけたとき、その④ノウリに去来していたのは、母なきままに過ごした幼少期の記憶であったはずだ。しかしながら、これに続く次の一節は、そうした経験的な次元を超えて、ほとんど形而上学的な議論へと転じている。

母が終生子に出会わず、妻が夫に出会わぬ人生があるであろう。それはそれまでの生である。この父と母の間にこそとの悲願のもとに、この世に生をうけたのではおそらくはない。というのであってみれば、生涯に一人の人と出会わずとも、それはそれなりに自然であるのではないか。(同前)

この文章はいったい何を言おうとしているのだろうか。「母」と「子」が、そして「妻」と「夫」が出会わない人生というのは、経験的にはそもそもありえないことである。「母」は「子」がいるからこそ「母」なのであり、「妻」は「夫」がいるからこそ「妻」なのである。だとすれば、ここでいう「出会い」を欠いた人生というのは、おそらく文字通りのそれではない。それは現実には出会っていながら、不幸にも互いを十全に識ることなく終わった、そんな人生の悲哀のことであろう。

「わたし」は「あなた」とたしかに出会った。しかし、わたしたちが本当の意味でわかりあうことは、死ぬまでなかったのかもしれない。あるいはまた、「わたし」のまわりには、現実には出会うことなく、それでも深いところで出会ってしまった「あなた」がいるのかもしれない。石原吉郎がここで書き記しているのは、そんな悟りにも似た認識である。

むさぼるように生きついで来たことへの、一途なうしろめたさに、ふいに向きあったような思いであった。出会ったとたしかに思った人に、実は出会ってもおらず、なにげなくすれちがった人に、深いところで実は出会っているのではないか。「出会い」という言葉すら、そこではすでに不要なのではないか。（同前）

この啓示の大きさは、どこか計りしれないものがある。かつて鮎川信夫は、二三歳の石原吉郎が直面した「大きな躓き」――具体的にはキリスト教への入信時のトラブル――にふれながら、この「一期」の発見がもつ意味について論じたことがある。ここにはたしかに、数えきれぬほどの苦汁を舐めてきたこの詩人が到達した軽やかな認識が、あたかも風のように吹きぬけている。

かつて詩人はラーゲリでの経験を反芻しながら、周囲の人間をひとり残らず消去する、絶対的な「孤食」について語っていた。そしてここに記されているのも、やはりすべての他者が消えた光景であると言って差し支えない。出会ったと思った人に、実は出会っていなかった。あるいは、なにげなく擦れ違っただけの人と、実は［B］いた――ここには、通常の意味での「他者」をめぐる遠近法が存在しない。むろんこの二つの光景には、ほとんど比較を絶した隔たりがある。石原吉郎が最終的に到達したのは、もはや「出会い」という言葉すら不要であるような、ただたんに無数の他者が充満した世界である。

シベリアからの生還ののち、あくまで「生を放棄する」ことなく、「地味な、執念ぶかい生活者として」生きることを宣言した石原吉郎は、その言葉どおりに生涯を全うした。

（星野太『食客論』による。なお一部を改めた）

問1　傍線①、④のカタカナを漢字に改めよ。楷書で正確に書くこと。

問2　傍線②、③の読みをひらがなで書け。

問3　［A］に入れるのに、最も適当な語を、次のなかから選び、その番号をマークせよ。

1　偶発的　2　文学的　3　静態的　4　動物的　5　短絡的　6　人道的

問4　傍線㋐に「『孤独』と『連帯』をめぐるこのうえなく逆説的な思想」とあるが、「逆説的」である理由として、最も適当なものを、次のなかから選び、その番号をマークせよ。

1　「食罐組」のペアは生存に欠くべからざる食事を分かち合うことで連帯するが、しょせんは他人でありそれぞれは孤独であるしかないから

2　食事の時間は一人だけの孤独な時間をもたざるを得ないが、それ以外の時間は他者といえども同じ場所に収容されて生活する共生者たちだから

3　食事の分配における他者への不信と憎悪によって互いに孤独であるものの、生きるためには利害を共にしている互いが強く結びつかざるを得ないから

4　「食罐組」はペアであるとはいえ完全なる他者であり、その意味で孤独であると言わざるを得ないが、同じ収容所で共に三度の食事をとることで連帯の意識をもつことになるから

5　食事の分配では他者への不満と敵意をもちながらも、いざ食するとなれば食事という同じ行為をとることで結びつきを強めることができるから

問5　傍線㋑に「べつなかたちでの失語の段階」とあるが、その説明として、最も適当なものを、次のなかから選び、その番号をマークせよ。

1　すべてを語ろうとして、断片や脈絡にとらわれすぎて、話しの途中で言葉を失った段階

2　環境からの疎外を避けるために脈絡なく饒舌になることで、周囲からは違和感をもたれ沈黙されたという段階

3　すべてを語り尽くしていくことで、語ることはもうこれ以上ないという意味においての言葉を失った段階

4　環境に対する共生を求めて語り尽くすことで、周囲がその痛々しさに共感して言葉を失ったという段階

5　すべてを語りたいという欲求が先行し、何の脈絡もなく断片的な言葉をとめどなく吐き出す段階

問6　傍線㋒に「『それはそれでよろしいのです』」とあるが、このことを最も端的に述べている部分を、本文中から三十五字以内でそのまま抜き出して、始めと終わりの五字を書け。

問7　傍線㋓の「頂門の一針」の意味として、最も適当なものを、次のなかから選び、その番号をマークせよ。

1　先鋭な思想　2　人生の道標　3　突然の衝撃　4　痛切な忠告　5　得意の絶頂

問8　傍線㋔の「おもむろに」の意味として、最も適当なものを、次のなかから選び、その番号をマークせよ。

1　急いで　2　ゆっくりと　3　こっそりと　4　ひたすらに　5　突然に　6　はずかしげに

問9　［B］に入れるのに、最も適当な部分を、本文中からそのまま抜き出して、十字で書け。

問10　本文の内容に合うものを、次のなかから一つ選び、その番号をマークせよ。

1　石原吉郎は、シベリア抑留を経て日本に帰還するやいなや「シベリア・エッセイ」を書き、現地の人々の連帯に加わることができない日本人の孤独を描いた。

2　抑留者たちが自虐的に呼んでいた「食罐組」という言葉には、旧日本軍の飯盒を二人で共有することによる望郷の念と共感による共生の安堵感が含まれていた。

3　石原吉郎は、強制収容所での食をめぐるすさまじい経験によって「口」を強く意識した結果、帰還後の日常においてとめどない食欲とさいげんもない饒舌に苛まれた。

4　抑留から帰還後の饒舌と食欲が呼応したように、沈黙は過剰な飲酒を呼び込んだが、節酒への努力によって『サンチョ・パンサの帰郷』の刊行が可能となった。

5 石原吉郎は、最終的に、出会うか出会わないかというような現実的な次元を超えて、世界には距離感の差異のない他者たちが充ちているという考えに至った。

問11 鮎川信夫らが戦後に創刊し、石原吉郎が同人となった詩誌名を、次のなかから一つ選び、その番号をマークせよ。

1 文学界 2 明星 3 荒地 4 スバル 5 白樺 6 心の花

二 次の文章を読んで、問いに答えよ。

本が難解なのは、著者と「フレームワーク」が合わないからではないかと、あるとき気がついた。フレームワークとは「考え方の枠組み」「思考パターン」「 A 」のことである。

人は誰しも固有のフレームワークでものを考えている。よって、フレームワークの合う人同士は話が通じやすく、それが異なる人とは円滑なコミュニケーションが取りにくい。考え方の枠組みが違う場合には、つきあいがうまくいかないのだ。私たちはフレームワークに強く支配されている。たとえば、好きな本ばかり読もうとしたり、いつも決まった結論を下したりするのが、その例である。

私がフレームワークの重要性をはじめて認識したのは、専門の火山学を市民に伝えようとしたときだ。二〇〇〇年三月に北海道の有珠山(うすざん)が噴火し、私は全国ネットのテレビのニュース番組で解説することになった。

私が言いたかったのは、「噴火予知には成功しており、今後も火山学者が観測データを見ているから心配ありません」という趣旨だった。しかし、視聴者には「大学の専門家が怖い顔をして、早口でまくしたてている。有珠山に大変なことが起こりそうだ」という、㋐私の意図とは逆のメッセージが伝わってしまった。

ここで私はフレームワークに「壁」があることを知った。市民と科学者とでは、自然現象に対する認識がまったくと言っていいほど異なる。一般市民のフレームワークに通じなければ、科学者の言いたいことは何も伝わらないことを痛感したのである。よいコミュニケーションのキーポイントは、このフレームワークにある。自分と他人のフレームワークの違いを意識することが、人づきあい上達の秘訣（ひけつ）なのである。自分のフレームワークを相手へ上手に橋わたしできたときに、意思の疎通がはじめてうまくいく。私はこの方法を「フレームワーク法」と名づけた。

この方法を、難しい文章や本を読み解くことに応用してみよう。フレームワーク法は、知的でややこしい抽象的な内容を理解しようとするときにもっとも役に立つ。この能力を身につければ、新聞・雑誌のわかりにくい記事や難解な哲学書を読み解くときにも威力を発揮するのである。どんな著者でも固有のフレームワークを持っている。まず著者のフレームワークとリテラシーを知ることから始めてみよう。

世のなかには、なぜか自分には理解しづらい文章がある。しかし、内容に興味が持てないが、読まなければならないレポートや本があるときは、どうすればよいか。

ここでは「相手の関心に関心を持つ」というテクニックを使う。「相手の関心に関心を持つ」とは、相手の置かれた立場や状況に関心を持ってから、考えの中身へ迫ることを言う。どんな著者も何らかの意図や関心があって外部へ意思表示しているのだが、著者の関心にこちらの関心を寄せるのである。ここでは短く「関心法」と呼んでみよう。

「関心法」は、自分に遠い専門分野の新聞記事を読み解くときにも有効である。新聞記事は、起きた事件を事実に沿って正確かつ公平に記述しようとする。そこには記者の感情や価値観を入れないことが前提となっている。そうした前提を念頭に置かないで新聞記事を読むと、おもしろくも何ともないと腹を立てることになる。

さらに新聞記事のなかでも、その記事の掲載されるのが文化面か経済面かで担当者の書き方もフレームワークもまったく異なる。したがって、新聞記者の関心はどのようなものかということをどれだけ推測できるかで、内容の理解度は大きく異なってくる。〈　1　〉

この方法は、官僚の文章や裁判所の判決文、代議士の国会答弁を読み解く際にも使える。わかりにくいと言われる官僚の文章も、その人の立場を知り、また官僚のよく使う決まり文句に慣れていけば、文章の意図を理解するのにさほど困難はない。基本的に官僚の文章は、前例を踏襲したものである。〈　2　〉彼らは保守的なフレームワークを維持するのが仕事だから、この点さえ押さえれば、大して難解な内容を述べてはいないことに気づくだろう。哲学書や文学作品のほうが、実ははるかに頭を使って書かれていることが多い。〈　3　〉

まず、言葉を分解し、それぞれの機能を明らかにして、全体の内容に迫る。そして、何ごともそうなのだが、最後は慣れである。官僚の文章には型というものがある。〈　4　〉

私自身、若い頃に官庁の外郭団体に勤務した経験があるが、一年も経つと誰にも揚げ足を取られない、すなわち、組織をきちんと防衛するような文章が書けるようになった。いったん型が見えてくると、他の役所が出した通達文のポイントも、たちどころにわかってくる。

最近ではＡＩ（人工知能）が凡例を学習して、裁判官よりも的確な指示を出し、官僚よりも正確な文書を作成できるまでに進化した。そもそもＡＩに可能なことは、人間にもできるのであり、型がわかれば誰でも読みこなせるものである。〈　5　〉

わけのわからない話をしているように聞こえる国会答弁も、まったく同じ構造である。議員には議員のフレームワークがあり、その範疇（はんちゅう）で相手にもっとも効果的なプレゼンテーションをしている。すなわち、議員同士のフレームワークでやり合っているわけだから、はじめて国会中継を見た視聴者がついていけないのは当然である。

このような場合には、前もって新聞記事などを読んでおき、議員が持つフレームワークを確認しておく必要がある。フレームワークの橋わたしが上手にできるには準備が必要だというのは、この場合も同じである。

一見難しい内容のように感じる場合でも、実は難しいのは表面的な言葉だけである。著者の使っている言葉が読者のフレームワークに合っていないので、難解に感じるだけなのだ。

もしやさしい言葉に代えてもらったら、内容は実に簡単だということも多い。哲学書であれ、科学書であれ、官僚や政治家の文章であれ、言葉のトリックを知るだけでかなり理解できる。〈 6 〉

このフレームワークを決める最大の要素は、そこに込められた言葉の意味である。いわば、それぞれの世界で独自に用いられている言葉の「ラベル」であり、[B]。難しい専門用語とは、著者が自分の考えを圧縮して入れ込んだだけのものなのである。

まず、著者が自分のフレームワークに基づいて用いているラベルに照準を当てて、ここだけを解読することから始めてみよう。名づけて「ラベル解読法」である。著者の貼ったラベルの背後にあるフレームワークを解読する、と言ってもよいだろう。ここで、「言葉の意味」ではなく「フレームワーク」をあえてターゲットとする点に注意を向けていただきたい。

たとえば、どの章にも繰り返し用いられるキーワードがあったとする。これは何度も使われているので、意味がよくわからなくても、キーワードであることは形式的に判断できる。英語の文章で、単語の正確な意味がわからなくとも、何度も出てくるので文中で大事な単語であることがわかるのと同じである。このような構造がわかれば、あとは比較的スムーズに読み進めることができる。

キーワードがわかったあとで、気をつけなければいけないことがある。キーワードの字面(じづら)から推測される意味と、文章中での意味とがしばしば異なる場合があるのだ。読者がイメージする内容と、著者がイメージしたものが違っているわけで、読者は何のことを言っているのかわからなくなってしまうのである。

この場合、読者は自分のイメージをいったん忘れ、著者のイメージに合わせなければならない。著者のフレームワークと読者のフレームワークが違っているのは当たり前である。さらに昔の本を読む場合には、時代も常識も異なるので多少面倒なことも多いのだが、読者のほうから合わせてあげればよい。

こうして、常に著者の気持ちに沿って、そのフレームワークに合わせて、本を読み進めるのである。これで、哲学者だろうが宗教家だろうが科学者だろうが、自由に話ができるのである。難解と言われる本の著者特有の表現、すなわち「ラベル」に合わせるのだ。相手のフレームワークに合わせられれば、読書上の問題はほとんど解決してしまう。

（鎌田浩毅『理科系の読書術』による。なお一部を改めた）

問1　［A］に入れるのに、最も適当なものを、次のなかから選び、その番号をマークせよ。

1　イデオロギー　2　固定観念　3　思想信条　4　趣味嗜好　5　読解能力　6　共感力

問2　傍線㋐に「私の意図とは逆のメッセージが伝わってしまった」とあるが、その理由として、最も適当なものを、次のなかから選び、その番号をマークせよ。

1　一般市民の自然現象に対する偏見を理解していなかったため
2　怖い顔をして早口で説明してしまったことで、噴火の危険性が強調されたため
3　複雑で抽象的な内容を市民に伝えるコミュニケーション能力を欠いていたため
4　専門家と一般市民との考え方の枠組みの違いを考慮に入れず意思疎通を図ろうとしたため
5　専門家と一般市民とでは噴火現象に対する知識に差があり、市民の理解力が不足していたため

問3　次の一文は、本文中の〈 1 〉～〈 6 〉のどこに入れるのが最も適当か。その番号をマークせよ。

それに慣れることが重要である。

問4　［B］に入れるのに、最も適当なものを、次のなかから選び、その番号をマークせよ。

1　ラベルの背後には著者特有のフレームワークがある
2　ラベルには著者のかけがえのない人生が凝縮されている
3　ラベルに著者独特の思考過程の痕跡をみることができる
4　ラベルには著者独自の言葉のレトリックがしかけられている
5　ラベルの奥にはその専門分野の研究の歴史が刻印されている
6　ラベルをはぎとれば、著者があえて難解な言い方をしていることがわかる

問5　本文の内容に合うものを、次のなかから一つ選び、その番号をマークせよ。

1　人は誰しも固有のフレームワークでものを考えており、フレームワークの合う人同士はコミュニケーションが取りやすいが、それが異なる人とは円滑なコミュニケーションが取りにくい。そのことを理解しておくと、難しい文章や本を理解する事の難しさの理由も明らかとなる。したがって、自分のフレームワークに即した本を選んで読むべきである。
2　難解な文章や本を読み解くためには「相手の関心に関心を持つ」ことが肝要である。どんな著者も何らかの意図や関心があって外部へ意思表示しているのだから、自分の理解度の範囲内に著者の関心を寄せることによって、表面的に難しく感じられる言葉も理解しやすくなるのである。
3　最近ではAI（人工知能）が、裁判官よりも的確な指示を出し、官僚よりも正確な文書を作成できるまでに進化した。このAIが解読するフレームワークを利用することによって、官僚の文章や裁判所の判決文、代議士の国会答弁を誰でも読みこなせるようになるのである。

4　一見難しい内容だと感じる場合でも、そう感じるのは読者が専門用語の修辞法に慣れていないからである。読者が日常使用するやさしい言葉に置き換えて読んでみれば、内容は実に簡単だということも多い。決まり文句に慣れていけば、文章の意図を理解するのにさほど困難はないのである。

5　キーワードの表面的な意味と、文章中での意味とがしばしば異なる場合があるが、読者は自分のフレームワークをいったん忘れ、著者のフレームワークに寄り添うことが必要である。そのようにして難解と言われる本の著者特有の表現が理解でき、哲学者や宗教家、科学者の人たちと意思疎通が可能になるのである。

三　次の文章を読んで、問いに答えよ。

作り物語にもせよ、紫式部が心に源氏の君をよしとして書けるなり①。源氏の君をよき人にしたるは、人情にかなひて物の哀れを知る人ゆゑなり。源氏の君に限らず、一部の中のよき人とし、よきこととする、みなこの心ばへなり。

かの女三の宮のことによりて病つきてはかなくなりぬる衛門の督(かみ)のことよ、あるが中にも哀れなるものなり。この衛門の督も、尋常(つね)の議論にていはば、人の室家(しっか)を奸(かん)して子を生ましむる②不義大なれば、何ほどよきこと外にありとも、称するにたらぬことなるを、かへりてそれゆゑに死したる心をあはれみ、世の人に惜しまれ、源氏の君さへ深く惜しみあはれみ給ふこと、他に異なるさまに書けること、物の哀れを先とすることを知るべし。またそれをあはれむ源氏の君は、尋常の了簡(れうけん)にていはば大なる［A］といふべし。しかるに己が恨み怒りをばさしおきて、物の哀れを先とし給ふこと、㋐これもかれもよしとすること、尋常のよきといふとは指すところ変はれり③。

さて女にてよき人のためしにする人は、一部の中にて薄雲の女院・紫の上などなり。その中に女院は不義あれども、そのこと

はすこしも悪しきとて貶したることはなくて、「薄雲」の巻に云はく、

かしこき御身のほどと聞ゆる中にも、御心ばへなどの世のためにもあまねく哀れにおはしまして、豪家にことよせて、人の愁へとある事などもおのづからうちまじるを、いささかもさやうなる事の乱れなく、人のつかうまつる事をも、世の苦しびとあるべき事をばとどめ給ふ云々、何と分くまじき山伏などまで惜しみ聞ゆ。をさめ奉るにも、世の中響きて、悲しと思はぬ人なし。

かくのごとくにほめ申したり。その中に、「世のためにもあまねく哀れにおはしまして」といへる、「哀れ」といふ詞に心をつくべし。下の品々はその哀れにおはします中の事なり。源氏の君に逢ひ給へることも、物の哀れにしのびぬ御心のありしゆゑなれば、いひまはせば「哀れにおはします」といふ中にこもるべきなり。薄雲の女院をよき人とせること、かくのごとし。

さて紫の上のよきことは、巻々にその心見えて、今別にいふに及ばず。その紫の上の心ばへをいはば、「螢」の巻の絵物語のことをいへる段に云はく、

上、「心浅げなる人まねどもは、見るにもかたはらいたくこそ」

「上」とは紫の上なり。紫の上の詞を書けるところなり。「人まねども」とは、物語どものことなり。人の身の上にある事どもをまねてかける物ゆゑに、「人まね」といふなり。「心浅げなる」とは、心浅きあだあだしき女の有様を書けるは、見るにもかたはらいたき、となり。「見るにも」といへるにて、ましてさやうの事する女のかたはらいたきと思ひ給ふこと、知るべし。

「『宇津保』の藤原の君の女こそ、いと重りかにはかばかしき人にて、あやまちなかんめれど、」

この人は『宇津保物語』にある人なり。この人はかの「心浅げなる」といへる女の反対にて、多くの人々の懸想を聞き入れず、つれなかりしかば、かの人々恨みて、あるいは死にけるもありしかども、すこしも哀れとも思はざりしなり。かやうの女は、尋常の論にていはば最も貞烈なりとてほむべきさまなり。されば「あやまちなかんめれど」といへり。俗にいはば、さやうの人は

しそこなひはあるまじけれども、となり。

「すくよかにいひ出でたるしわざ、さも女しきところなかんめるぞ、一やうなんめる」とのたまへば、「すくよか」は、木などのまつすぐにすつと立ちのびたるばかりの心なり。「女しき」は、「女らしき」なり。女はあまりさやうなるもよろしからぬ、となり。「一やう」とは、一偏にかたよることなり。この文を見て紫の上の心ばへを知るべし。心浅くあだあだしき女はかたはらいたきことは勿論なり。さればとてかの藤原の君の女のやうに、一偏に貞烈を立て人になびかぬ㋔すくよかさもあまりにて、女に相応せずといへるは、紫の上の心にも、好色の方にも物の哀れは知れとの心あらはなり。されば一部の中によしとする紫の上の心も、尋常の書によしとするところとは変はりあり。貞烈なる女を「一やうなり」とのたまふにて知るべし。

（『紫文要領』による）

注　一部＝作品の全体。　女三の宮＝源氏の君の正室。　衛門の督＝源氏の君の友人の息子、柏木。
人の室家＝他人の妻。　薄雲の女院＝源氏の君の義母、藤壺。　「薄雲」・「螢」＝『源氏物語』の巻の名。
豪家＝権勢のある家。　下の品々＝「薄雲」の引用文の「哀れに」以下に述べてある事柄。
貞烈＝女性の操が優れて堅いさま。

問1　傍線①の「る」、②の「しむる」、③の「り」、④の「まじき」の文法的説明として、最も適当なものを、次のなかから選び、その番号をマークせよ。

1　尊敬の助動詞の連体形　2　打消推量の助動詞の連体形　3　完了の助動詞の終止形
4　完了の助動詞の連体形　5　過去推量の助動詞の連体形　6　使役の助動詞の連体形

問2　[A] に入れるのに、最も適当なものを、次のなかから選び、その番号をマークせよ。

問3 傍線㋐の「これもかれも」の意味として、最も適当なものを、次のなかから選び、その番号をマークせよ。

1 悪しき者　2 剛の者　3 好き者　4 痴れ者　5 洒落者

問4 傍線㋑の「さやうの事する女」の説明として、最も適当なものを、それぞれ次のなかから選び、その番号をマークせよ。

1 「女三の宮」も「人の室家」も
2 「源氏の君」も「衛門の督」も
3 「衛門の督」も「人の室家」も
4 「人の室家」も「源氏の君」も
5 「女三の宮」も「衛門の督」も
6 「源氏の君」も「女三の宮」も

1 空想を膨らませ物語の創作ばかりする女
2 滑稽な振る舞いで好かれようとする女
3 思慮が浅く軽薄な行動をとってしまう女
4 物語を単なる絵空事だとして否定する女
5 礼節を知らずに配慮を欠く発言をする女

問5 傍線㋒の「はかばかしき人」、㋓の「つれなかりしかば」を、それぞれ十字以内で現代語訳せよ。

問6 傍線㋔の「すくよかさもあまりにて」の説明として、最も適当なものを、それぞれ次のなかから選び、その番号をマークせよ。

1 正義感が強すぎると角が立ち協調性が感じられない。

2 言い寄る相手を拒絶する頑固な態度は度が過ぎている。
3 まっすぐで正直な物言いばかりでは融通が利かない。
4 まじめに恋愛をしようとする姿勢は堅苦しさを感じる。
5 恋愛は無意味だとする考えではあまりにあじけない。

問7 本文の内容に合うものを、次のなかから二つ選び、その番号をマークせよ。

1 衛門の督は生前に称賛できない行ないをしたが、その死を誰もが非常に悲しみ惜しんだと、作者は述べている。
2 衛門の督の死を源氏の君が悲しんだ理由は、その最期があまりにも惨めだったからではないかと、作者は推測している。
3 世の無常を感じたり源氏の君と契りを交わしたりする薄雲の女院を、「物の哀れ」の代表だと、紫式部は述べている。
4 今の物語は先人の創作物の登場人物を利用した二次創作ばかりだと、具体例を挙げながら紫式部は紹介している。
5 後世の倫理観と隔たるが、紫式部は『源氏物語』では何よりも「物の哀れ」を優先していると、作者は指摘している。
6 「物の哀れ」の心で女性に寄り添うことができる男性が理想的だとする紫式部の考えは空論だと、作者は非難している。

問8 『紫文要領』の作者で、「もののあはれ」論を展開した人物を、次のなかから選び、その番号をマークせよ。

1 上田秋成　2 賀茂真淵　3 契沖　4 菅江真澄　5 本居宣長

四　次の文章を読んで、問いに答えよ（設問の都合上、訓点を省略した部分がある）。

曾子耘瓜、誤斬其根。曾晳怒建大杖以撃其背、曾子仆地而不知人久之。有頃乃蘇、欣然而起、進於曾晳曰、「嚮参得罪於大人、大人用力教参。得無疾乎。」退而就房援琴而歌、①欲令曾晳聞之知其体康也。孔子聞之而怒、告門弟子曰、「参来、勿内。」曾参自以為無罪、使人請於孔子。子曰、「汝不聞乎。昔瞽瞍有子曰舜。舜之事瞽瞍、欲使之、未嘗不在於側。索而殺之、未嘗可得。小棰則待過、大杖則逃走。故瞽瞍不犯不父之罪、而

舜ハ不レ失ハ二烝（じょう）烝之孝ヲ一。今参事ヘテレ父ニ委ネテレ身ヲ以テ待チ二暴怒ヲ一、殪シナントスルモ而不レ避ケ。既ニ身死シテ而陥レバ二父ヲ於不義ニ一、其ノ不孝②孰大ナランヤレ焉（これ）ヨリ。汝ハ非ズ二天子之民ニ一也（や）。殺サバ二天子之民ヲ一、其ノ罪③何若。」曾参聞キテレ之ヲ曰ハク、「参ノ罪大ナリト矣。」遂ニ造（いた）リテ二孔子ニ一而謝スレ［A］ヲ。

（『孔子家語』による）

注　曾子＝孔子の弟子の曾参（しん）。　曾皙＝曾参の父。孔子の弟子。　不知人＝意識不明。　欣然＝喜ぶさま。
大人＝父親。　瞽瞍＝伝説上の聖天子である舜の父。舜の弟を可愛がり舜を殺そうとした。
小棰＝短い棒。　烝烝＝孝心の厚いさま。

問1　傍線①の「欲令曾皙聞之知其体康也」の書き下し文として、最も適当なものを、次のなかから選び、その番号をマークせよ。

1　曾皙をして之を聞かしめんと欲し、其の体の康（やす）きを知るなり
2　曾皙をして之を聞き、其の体の康きを知らしめんと欲するなり
3　曾皙をして之を聞きて知らしめんと欲すれば、其の体は康きなり

4　曾皙をして之を聞きて、其の体を知らしめんと欲すること康きなり
5　曾皙をして之を聞きて知らしめんと欲するは、其の体の康ければなり
6　曾皙をして之を聞かしめんと欲するは、其の体を知ること康ければなり

問2　傍線②の「孰」、③の「何若」の読み方を、送りがなも含めて、それぞれひらがなで書け。

問3　[A] に入れるのに、最も適当なものを、次のなかから選び、その番号をマークせよ。

1 礼　2 喜　3 康　4 孝　5 過　6 怒

問4　本文の内容に合うものを、次のなかから一つ選び、その番号をマークせよ。

1　曾子は、孔子から舜の故事を聞いて、父の過酷な体罰を受けても親の身を気遣うことが孝道であると確信した。
2　曾子は、父の意に背いて激しく反論することも孝の道であるという舜の故事を孔子から教わり、行いを改めた。
3　曾子は、孔子から父が人の道に外れないようにすることが孝であると舜の故事を引いて諭され、反省した。
4　曾子は、わずかな過失で父の激怒を被ったのは不当であると孔子に訴えたところ、舜の故事を教わって孝道を知った。
5　曾子は、舜の故事のように、人の道に外れる父の行いは説得してやめさせるのが孝であると孔子から諭された。

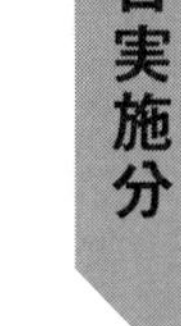

二月一日実施分

解答

一

出典　星野太『食客論』〈第九章　飲食〉（講談社）

解答

問1　①筆致　④脳裏（脳裡）

問2　②どうちゃく　③せいれん

問3　6

問4　3

問5　5

問6　生涯に一人〜はないか。

問7　4

問8　2

問9　深いところで出会って

問10　5

問11　3

要旨

シベリアで抑留されていた石原吉郎は、帰還後、強制収容所での沈黙の後遺症とでもいうべき饒舌に支配され、その饒舌からの回復の過程として多くの詩を書いた。収容所経験を綴るエッセイストとしても記憶されており、初期のエッセイでは、強制収容所での食事の経験について語られている。極度の飢えと限られた食料という条件のもとで、他者が「自分の生命に対する直接の脅威として立ちあらわれる」という経験である。饒舌から回復した石原はアルコールに支配されることになるが、晩年、茶会出席をきっかけに、「出会わぬこと」という随想を書き、「身近かな人」に「出会わない」人生の悲哀に思いを馳せる。そこから「出会い」という言葉すら不要な、ただたんに無数の他者が充満した世界という、悟りにも似た認識に達するのである。

解説

問3　語感を問う問題である。空欄A直前の「なまじ」、空欄Aの少し後の「より、むしろ」という語句をヒントにして「せっぱつまった」や「寄生」と対比できるニュアンスの語を選ぶ。消去法で対応するのがよい。2の「文学的」、3の「静態的」、4の「動物的」、5の「短絡的」などは対比にならないので不適と判断する。1の「偶発的」については、確かに「共生」は「偶発的」に発生するが、「寄生」との対比にはならないので不適と判断する。6の「人道的」の第三者的な余裕のイメージが「せっぱつまった」や「寄生」と対比できると判断する。

問4　食事の分配における心理は、第六段落第二文にあるように「目の前の人間に対する憎悪であり、不信感」である。ここには連帯は生まれないので、1の「食事を分かち合うことで連帯する」、4の「三度の食事をとることで連帯の意識をもつ」、5の「食事という同じ行為をとることで結びつきを強めることができる」は不適。2については、「孤独な時間をもたざるを得ない」という表現に違和感がある。第五段落の引用部分に「食事の分配が終わったあとの大きな安堵感」とあり、食事における「孤独な時間」は「もたざるを得ない」という消極的なニュアンスのものではない。憎悪や不信感はあるが、飢えをしのぎ生き延びるためにはその相手と結びつかざるを得ないという感覚である。そういう形になっているのが3である。

問5　第八段落の引用部分の「とめどもない饒舌」「それぞれの断片は相互に撞着した」「『一切を』語りたいという欲求から、さいごまで私はのがれることができなかった」などから5と判断する。「べつなかたちでの失語」に陥ったのは石原吉郎自身であるのに、2・4では、言葉を失っているのは周囲の人間になっている。1は「脈絡にとらわれすぎて」が不適。「脈絡」のない饒舌だったのである。3は「すべてを語り尽くしていく」「語ることはもうこれ以上ない」が不適。

問6　「それ」の指示内容は「誰にも出会わない」ことである。〈誰にも出会わなくてもかまわない〉という内容になる部分をさがす。三十字や四十字ではなく、「三十五字以内」という微妙な字数制限がヒントになる。該当箇所は、第十五段落の引用部分にある。

問7　「頂門の一針」は〝相手の急所を突くような強烈な戒め〟の意。この「戒め」という意味に当たる語を含むのは4である。

問8　語意の問題である。

問9　空欄Bを含む一文が対句形式になっていることに留意する。「出会ったと思った人に、実は出会っていなかった」ならば「擦れ違っただけの人（＝出会ったといえない人）」とは、〈実は出会っていた〉という対応関係になると類推される。空欄Bの前後のことばに合うような十字の表現をさがす。該当箇所は、第十七段落第三文にある。

問10　5は第十九段落の内容に合致する。1は「帰還するやいなや」が不適。第一段落によると、石原が日本に帰還したのは一九五三年、「シベリア・エッセイ」を書きはじめたのは一九六九年である。2は「共感による共生の安堵感」が不適。正反対に近い心理である。3については、石原の「口」はアルコールに「支配されていた」と筆者は評しているが、石原自身が『口』を強く意識した」わけではない。また「とめどない食欲」という内容は本文中にない。4については、「節酒への努力」より『サンチョ・パンサの帰郷』の刊行のほうが時期として先であるし、「によって」という因果関係も不適である。

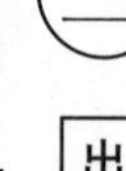

出典 鎌田浩毅『理科系の読書術』〈第2章 難解な本の読み方〉(中公新書)

解答

問1 2
問2 4
問3 4
問4 1
問5 5

要旨

よいコミュニケーションのキーポイントは、自分と他人のフレームワークの違いを意識することである。わかりにくい文章を読むときにも、相手のフレームワークを理解しようとするのがよい。そのためには、相手の関心にこちらの関心を寄せる必要がある。相手のフレームワークや関心を理解するためには準備が必要である。そこで最大の要素となるのは、相手の用いる言葉の意味である。それぞれの世界で話し手(書き手)が独自の意味を込めている言葉の「ラベル」を解読することだ。相手のフレームワークに合わせられれば、読書上の問題はほとんど解決してしまう。

解説

問1 第二段落第一文「人は誰しも固有のフレームワークでものを考えている」、同段落第四文「私たちはフレームワークに強く支配されている」を参考にする。「誰しも」が支配されている「固有」のものを選ぶ。1の「イデオロギー」や3の「思想信条」にすべての人が支配されているわけではないし、4の「趣味嗜好」については無関心な人もいるだろう。5の「読解能力」や6の「共感力」は、空欄Aの前の「考え方の枠組み」「思考パターン」とは言葉の質や方向が違うので、並列させるには無理がある。

問2 傍線㋐のようなことが起こってしまった理由は、直後の段落で説明されている。科学者である筆者が一般市民のフレームワークに通じていなかったからである。それぞれ、1は「偏見」、3は「コミュニケーション能力」の欠如、5は「市民の理解力」不足という点が、理由として不適。2の内容は、「怖い顔をして早口で説明してしまった」が必ずしも事実ではなく、視聴者の印象であるため不適。

問3 挿入文に「それ」という指示語があることに留意する。それぞれの箇所の直前に、「それ」の指示内容としてふさわしい「慣れる」べき何かがあるかどうかを確認する。「慣れ」については第十二～十五段落で取り上げられているので、〈2〉〈3〉〈4〉に絞って考える。〈3〉の直前の部分は、「慣れる」べき官僚の文章の話ではないので不適。〈2〉と〈4〉のどちらにも挿入できそうだが、第十五段落も手がかりにすると、「慣れる」べき何かとして「官僚の文章」の「型」がふさわしいと判断できるため、4が適当である。

問4 空欄B直後に「難しい専門用語とは、著者が自分の考えを圧縮して入れ込んだだけのものなのである」とあることをヒントにして、1と判断する。2の「著者のかけがえのない人生」とは書かれていない。3の「思考過程の痕跡」も不適。時間的な経過を読み取ることは不可能である。4は「レトリック」（＝修辞）が不適。ここには「言葉の意味」もしくは「フレームワーク」という語が入るべきである。5は「研究の歴史が刻印」が不適。6は「あえて難解な言い方をしている」が不適。

問5 5は最後の三つの段落の内容に合致している。1の「自分のフレームワークに即した本を選んで読む」、2の「自分の理解度の範囲内に著者の関心を寄せる」などのように、自分のフレームワークにこだわる態度には筆者は反対している。3の「AIが解読するフレームワークを利用する」という内容は本文中にはない。4は「修辞法」が不適。問4の選択肢4と同じく、ここには「言葉の意味」もしくは「フレームワーク」という語が入るべきである。

三

出典　本居宣長『紫文要領』〈巻上〉

解答

問1　①―4　②―6　③―3　④―2

問2　4

問3　2

問4　3

問5　㋒しっかりした人（十字以内）　㋓冷淡であったので（十字以内）

問6　2

問7　1・5

問8　5

全訳

作り物語にもせよ、紫式部が（自分の）心に源氏の君をよしとして（『源氏物語』を）書いたのである。源氏の君をよき人にしたのは、（源氏の君が）人情にかなって「もののあはれ」を知る人だからである。源氏の君に限らず、物語全体の中でよき人とし、よきことと評価するのも、みんなこの心（＝もののあはれ）によるものである。

あの女三の宮のこと（＝衛門の督が源氏の君の妻の女三宮と密通したこと）が原因で病気になって亡くなってしまった衛門の督のことよ、（物語の内にいろいろ）ある中でも（最も）哀れなことである。この衛門の督も、世間の普通の議論でいえば、他人の妻と密通して子供を産ませた不義は大きなものなので、どれほどよいことがほかにあっても、ほめるに値しないことなのに、かえってそれ（＝不義の恋の苦悩）のせいで亡くなってしまった心を「あはれ」に感じ、世の中の人に惜しまれ、源氏の君までも深く惜しみあわれみなさること、（衛門の督の死を）他の人とは違ったように書いたことから、（作者が）「もののあはれ」を優先していることがわかるだろう。またそれをあわれむ源氏の君は、（衛門の督が自分の妻と密通したのだから）世間の普通の分別でいえば、たいそうな愚か者というべきである。しかし自分の恨みや怒りをさしおいて、「もののあはれ」を優先なさること、これもあれも（＝源氏の君も衛門の督も）よしとすることは、世間でいう普通のよしということとは指し示すところが違っている。

さて女でよき人の例とする人は、作品全体の中で薄雲の女院・紫の上などである。その中で女院は不義はあるけれども、（作者は）そのことは少しもいけないことだとけなしたことはなくて、「薄雲」の巻でいうことは、

尊い御身分と申し上げる（方々の）中でも、（女院は）お気立てなどが世の人に対して広く情け深くいらっしゃって、権勢をたのんで、人々の悩みとなるようなことなども（たいていの場合は）自然と出てくることだけれども、（女院は）少しもそのような乱れたところもなく、人が（すすんで女院のために）ご奉仕することでも、（莫大な費用がかかるために）世の中の苦しみになるようなことはやめさせなさるなど、何もわきまえないような山伏などまで（その死を）惜しみ申し上げる。ご葬儀をし申し上げるにも、世の中が大騒ぎして、悲しいと思わない人はいない。

このようにほめ申し上げている。その中に、「世のためにもあまねく哀れにおはしまして」といった、「哀れ」という語に留意するべきである。以下に述べることはその「哀れ」でいらっしゃる中のことである。源氏の君に逢いなさったことも、「もののあはれ」を堪えられないお心であったせいなので、別の言い方をすると「哀れにおはします（＝情け深くいらっしゃる）」という中に含むべきである。薄雲の女院をよき人とすることは、このようである。

さて紫の上のよきことは、巻々にその心が見えて、いまさら別にいうにも及ばない。その紫の上の気立てをいうならば、「蛍」の巻の絵物語のことをいっている段でいうことには、

上、「心浅げなる（＝軽薄な）人まねどもは、見ていても見苦しく思われる」

「上」とは紫の上である。（この部分は）紫の上のことばを書いたところである。「人まねども」とは、物語のことである。人の身の上に起こった出来事などをまねて書いたものであるから、「人まね」というのである。「心浅げなる」とは、軽薄で浮気っぽい女の有様を書いているのは、見るにつけても見苦しい、ということである。「見るにも」といっていること

で、（物語でさえ見苦しいのに）ましてそのようなことを（実際に）する女を見苦しいと思っていなさることと知るべきである。

「『宇津保物語』の藤原の君の娘こそ、とても思慮深くしっかりした人で、間違いはないようだが、」この人は『宇津保物語』にでてくる人である。この人はあの「心浅げなる」といえる女の反対で、多くの人々の求愛を聞き入れず、冷淡であったので、あの人々（＝求愛を受け入れられなかった人々）が恨んで、あるいは死んでしまった者もあったけれども、（この人はそれを）少しも哀れと思わなかったのだ。このような女は、世間の普通の考えでいうならば最も貞烈であるとほめられるべき様子である。だから「間違いはないようだが」といっている。俗にいうならば、そのような人は失敗はないだろうが（趣きはない）、ということである。

「すくよかに（＝無愛想に）（返歌を）詠み出したやり方は、いかにも女しき（＝女らしさ）がないようなのが、一やう（＝かたくな）であるようだ」とおっしゃると、

「すくよか」は、木などがまっすぐにすっと立っているだけの心である。「女しき」は「女らしさ」である。女はあまりそのようであるのもよくない、ということである。「一やう」とは、一方に偏ることである。この文を見て紫の上の心の持ちようを知るべきである。軽薄で浮気っぽい女は見苦しいことはもちろんである。そうかといってあの藤原の君の娘のように、かたくなに貞烈にこだわって（求愛する）人になびかない生真面目さも極端で、女にふさわしくないといっているのは、紫の上の心にも、好色の方面でも「もののあはれ」を知れという思い（があることは）はっきりしている。だから作品全体の中で（あるものを）よしとする紫の上の心も、普通の書物でよしとするところとは違っている。貞烈な女を「一やうなり」とおっしゃることで（それを）知るべきである。

解説

問1 助動詞の識別の基本問題である。

問2 源氏の君は、自分の妻と密通して子供を産ませた衛門の督をあわれんでいるのである。「尋常の了簡（＝世間の普

通の分別)」でいえば、烈火のごとく怒り憎むのが当然だろう。それなのに、加害者である衛門の督をあわれんだ源氏の君をどうとらえるべきかと考える。いわば常識外れなのである。

問3　「これもかれもよしとする」という考えは、作者の紫式部の考えである。傍線㋐の直後の「尋常のよきといふとは指すところ変はれり(=世間でいう普通によしということとは指し示すところが違っている)」という部分を参考にする。作者が「よしとする」「これもかれも」は、世間の普通の常識ではよくないものである。この段落で書かれているよくないものは、源氏の君の妻と密通した衛門の督と、本来憎むべきその衛門の督をあわれむ源氏の君である。

問4　「さやうの事する女」とは「心浅きあだあだしき女」のことである。「心浅し」は〝軽薄だ、思慮が足りない〟の意。「あだあだし」は〝浮気っぽい、いいかげんだ〟の意。

問5　語意の問題。傍線㋒の「はかばかし」は〝しっかりした、はっきりした〟の意。傍線㋓の「つれなし」は〝冷淡だ、薄情だ、無関心だ〟の意。「しか」は過去の助動詞の已然形。〈已然形＋ば〉で確定条件を表す。

問6　傍線㋔直前に「すくよかさ」の例として「一偏に貞烈を立てて人になびかぬ(=かたくなに貞烈にこだわって、求愛する人になびかない)」藤原の君の娘のことが書かれている。紫の上は、そのような態度はあまりにもやりすぎだと考えているのである。以上の点から、2を選ぶ。「貞烈」は〝女性の操が優れて堅いさま〟の意で、1の「正義感」、3の「まっすぐで正直な物言い」ということとは意味がずれる。4の「まじめに恋愛をしようとする」は逆方向である。5の「恋愛は無意味だ」とまで思っていたかどうかは確認できない。

問7　1は第二段落の前半部分に合致する。5は第二段落の後半に合致するし、また、本文全体で筆者が述べようとしている論旨に当たる内容でもある。2は源氏の君が悲しんだ理由が不適。悲しんだのは、〈もののあはれ〉を重視したせいであり、また「最期があまりにも惨めだった」という記述は本文中にない。3については、薄雲の女院が「世の無常を感じた」という内容は本文中にない。4については、本文中に出てくる「人まね」とは〝人の身の上に起こった出来事〟という意味であり、「先人の創作物の登場人物を利用した二次創作」ではない。6については、「非難している」わけではない。筆者は紫式部の考え方を解説しているだけである。

出典　『孔子家語』（巻第四　六本　第十五）

解答

問1　2

問2　②いづれか　③いかんと

問3　5

問4　3

全訳

曾子が瓜畑の雑草取りをしていたときに、誤って瓜の根を斬ってしまった。（父の）曾皙は怒って大杖を振り上げて、その杖で曾子の背を打ち、曾子は地に倒れて長い間意識不明になった。しばらくして意識を取り戻すと、（曾子は）喜んで起きあがり、曾皙の前に進み出て言ったことは、「先ほど私はお父様に罪を得て、お父様は力をふるって私に教えてくださいました。（お父様の）お体に異常はありませんか」と。（曾子は父のもとを）退いて（自分の）部屋に入り琴を弾いて歌い、曾皙にそれを聞かせて自分の体が健やかであることを知らせようとした。孔子はこのことを聞いて怒り、弟子に告げて言ったことは、「参（＝曾子）が来たならば、内に入れてはいけない」と。曾参（＝曾子）は自分に罪はないと思い、人に頼んで（そう言ったわけを）孔子にたずねさせた。孔子が言ったことは、「お前は聞いていないのか。昔瞽瞍に子がいた。（名を）舜という。舜が瞽瞍に仕えることは、（瞽瞍が）舜を使おうとすれば、未だかつて側にいなかったことはない。（瞽瞍が）探して舜を殺そうとすれば、（舜は逃げ出して）未だかつて（瞽瞍のたくらみは）うまくいったことがない。小さな杖（で打たれるとき）は終わるのを待ち、大きな杖（で打たれるとき）は逃げ出した。だから、瞽瞍は（子を殺すという）父としてするべきでない罪を犯すことはなく、舜は厚い孝心を失わなかった。今曾参が父に仕えて（自分の）身を（父に）委ねて乱暴な怒りを待ち、死ぬかもしれなかったが、それを避けようとしなかった。（そのために）自分が死んでしまって父を（子殺しの）不義に陥れたならば、その不孝はこれより大きなものはあるだろうか。お前は天子の民ではないのか。（曾皙が）天子の民を殺したなら、その罪はどうであるのか」と。曾参がこれを聞いて言ったことは、「私の罪は大きいです」と。遂に孔子のところにやってきて、自分の過ち（＝考えがいたらなかったこと）を謝罪した。

読み 曾子瓜を耘り、誤りて其の根を斬る。曾皙怒りて大杖を建げ以て其の背を撃ち、曾子地に仆れて人を知らざること之を久しくす。頃有りて乃ち蘇り、欣然として起ち、曾皙に進みて曰はく、「嚮に参罪を大人に得、大人力を用ひて参に教ふ。疾むこと無きを得んか」と。退きて房に就き琴を援て歌ひ、曾皙をして之を聞き、其の体の康きを知らしめんと欲するなり。孔子之を聞きて怒り、門弟子に告げて曰はく、「参来らば、内るること勿かれ」と。曾参自ら以て罪無しと為し、人をして孔子に請はしむ。子曰はく、「汝聞かざるか。昔瞽瞍に子有り舜と曰ふ。舜の瞽瞍に事ふる、之を使はんと欲すれば、未だ嘗て側に在らずんばあらず。索めて之を殺さんとすれば、未だ嘗て得べからず。小棰は則ち過ぐるを待ち、大杖は則ち逃走す。故に瞽瞍は父たらざるの罪を犯さず、舜は烝烝の孝を失はず。今参父に事へて身を委ねて以て暴怒を待ち、殪なんとするも避けず。既に身死して父を不義に陥れば、其の不孝孰れか焉より大ならんや。汝は天子の民に非ずや。天子の民を殺さば、其の罪何若」と。曾参之を聞きて曰はく、「参の罪大なり」と。遂に孔子に造りて、過ちを謝す。

解説

問1 文構造を考える。最も大きな構造は〈欲……也〉であり、〝……ということを欲するのである〟の意。次に〈……〉部分を見る。この部分は使役形である。使役形は「令」の後の部分のことをさせるという句形である。傍線①では「令」の後の部分には主述関係と〈述語＋目的語〉という関係の二組があり、一組目は〈曾皙が之を聞く〉、二組目は〈其の体が康きことを知る〉である。使役の助字「令」が複数の述語動詞にかかる場合、最後の述語動詞だけは未然形にして「しむ」に接続するが、それ以外の動詞は〈連用形〉もしくは〈連用形＋て〉の形で下に続ける。以上の条件から2と判断する。

問2　②「孰」は、〈いづれか〉（選択疑問）、〈たれか〉（人物疑問）の二つの意味があるが、人物疑問では意味が通じない。直後に「大」という比較のニュアンスを含んだ語があることもヒントになる。

③「いかん」と読む。状態・程度を問う〈何若（何如）〉と、方法・処置を問う〈若何（如何）〉との違いをおさえる。多くの場合、〈若何（如何）〉であれば送りがなに「せん」が必要になるのに対し、〈何若（何如）〉であれば送りがなは必要ないが、発言の最後の部分なので、送りがなとして「と」を付ける。

問3　曾子が孔子に何を「謝」（＝謝罪）したのかを考えればよい。曾子は自分の父親に対する対応は、自分では何も悪いところはない（「曾参自以為無罪」）と考えていたのである。しかし、孔子の話を聞き、そう考えていた自分のいたらなさ（＝過失）に気づいて謝罪したのである。

問4　曾子は父親の行為を尊重することが〈孝〉と考え、過酷な体罰も受けたのである。しかし、孔子から舜の話を聞いて、父親のすることをすべて認めることはかえって父親を不義に追いやり、〈不孝〉になる可能性があると気づいた。これらの点から3を選ぶ。1は、「父の過酷な……孝道である」は孔子の話を聞く以前に曾子が「確信」していたことで、孔子の話を聞いて気づいた内容とは全く逆になっている。2は、「激しく反論する」、5は「説得してやめさせる」が、それぞれ不適。舜の故事にはそのような内容はない。4については、「わずかな過失で……孔子に訴えた」などということを曾子はしていない。

二月三日実施分

問　題

（八〇分）

解答に字数制限がある場合には、句読点・カッコも一マスとすること。
受験学部・受験方式によって解答すべき問題を指定しているので注意すること。

方式	対象	解答すべき問題
全学統一方式（文系）	文学部以外	一　二　三
	文学部※	一　二　三　または　一　三　四
前期方式	APU	一　二　三

※文学部は二（現代文）と四（漢文）が選択問題。両方とも解答した場合は高得点の方を採用。

一　次の文章を読んで、問いに答えよ。

新型コロナウイルスのような感染症が大流行したことは過去にもあり、またいろいろな規模で、戦争が繰り返されてきた。疾病の他にも地震や台風、大雨による自然災害もある。そうした事態に<u>ソウグウ</u>①した時、人は平静ではいられない。いろいろな感情がわきあがり、いろいろな気持ちになる。人は自身の気持ち、感情と向き合い、他者の気持ち、感情と向き合って生きていかなければいけない。

いろいろな「気持ち」「感情」がある中で、②潑剌とした気持ちや、喜びという感情ではなく、不安な気持ち、憂鬱な気持ち、鬱屈した気持ちや感情などに焦点を絞り、そうした気持ちや感情がどのように言語化されてきたかを「よむ」ことをテーマとしたのが本書だ。「言語化されてきたか」と述べたが、うまく言語化されない場合もあるだろう。それをも含めて「言語化された気持ち・感情」について考えてみたい。

ここで筆者の考えているモデルを紹介しておきたい。本書も、このモデルに基づいて述べていくことにする。その言語を書きあらわすための文字をもっている言語には「はなしことば」と「書きことば」とがある。本書の観察対象は「書きことば」である。ただし、つねに「はなしことば」「書きことば」両方を視野に入れておきたい。「はなしことば」であれば、「話し手」と「聞き手」、「書きことば」であれば、「書き手」と「読み手」を想定することができる。「話し手」「書き手」を情報の「発信者」ととらえ、「聞き手」「読み手」を「受信者」ととらえて、「発信者／受信者」という表現を使うことにする。

情報の発信者の脳内には、他者に伝えたい「情報」があるとまず考える。この「情報」は最初かたちをもっていないと前提しておく。そう前提すると「かたち」を与えるためのなんらかのプロセスがあることになる。言語によってこの「情報」にかたちを与えるプロセスを「言語化」と呼ぶことにしよう。

発信者は自身の「気持ち・感情・感覚」を内包した「情報」を言語化しようと思っているとしよう。「内包した」と表現したのは、「気持ち・感情・感覚」がそのまま、いわばストレートに言語化されるとは限らないと思われるからだ。「気持ち・感情・感覚」を核としてそのまわりに、なんらかの他の「情報」が附加されていることもある。

例えば、詩人の萩原朔太郎（一八八六〜一九四二年）は、「詩の表現の目的」は「感情そのものの本質を凝視し、かつ感情をさかんに流露させることである」と述べている（『月に吠える』序）。「気持ち・感情・感覚」を言語化しようとすることによって、自身の「気持ち・感情・感覚」がどういうものであるかという、その「本質を凝視」するという段階、プロセスがあることを意識している。感じていることをすぐに口に出す、ということではないことには留意しておきたい。思ったことをそのまま言うのがなぜ悪い、思ったことは事実なのだ、という場合には、「 A 」というプロセスがないので、「生体反応」にちかい。「うるさい」と感じた瞬間に「うっせぇわ」と怒鳴るのはまさしく「生体反応」だろう。

「感情をさかんに流露させる」の前には「かつ」がつけられており、朔太郎は「凝視」というプロセスを経て、その後に「感情をさかんに流露させる」という順番があるとみている。言語化されていない、発信者の脳内にある「気持ち・感情・感覚」は言語化されていないのだから、かたちをもっていない、不定形なものだ。その不定形なものに、言語で B のが言語化であるが、どの語によって B か、どのような言語表現によって B か、を考える必要がある。「気持ち・感情・感覚」を言語化しようとしているのだから、その時には「何を言語化しようとしているか」は決まっている。ただし、その「何」がまだかたちをもっていない。ここに「気持ち・感情・感覚」の言語化の難しい点がある。この「気持ち・感情・感覚」を伝えたい、しかしその「気持ち・感情・感覚」をどう言語化すればいいかはまだ決まっていない。〈 1 〉その際には、この語で言語化するのがいいか、この表現で言語化するのがいいかという「言語と気持ちとの照らし合わせ」が必要になる。その「照らし合わせ」も「言語」によって行なうしかない。このように、「気持ち・感情・感覚」を言語化するにあたっては、自身の気持ちにぴったりかどうかという振り返り、検証を慎重に丁寧に行なう必要がある。

しかしまた、言語によって、自身の気持ちにレッテルを貼り、レッテルを貼ることによって、自身の気持ちはそうか「憂鬱」なのだ、とか「恋情」なのだとか「嫉妬」なのだとかわかる、納得するということもある。〈 2 〉レッテルを貼ることができるのは、自身の気持ちを大きく抽象化できる場合で、大きな抽象化であるから、比較的単純な言語化、「回収」のしかたともいえよう。「鬱屈」した気持ちを「重たい空気」と表現すると、自身のこの「なんともいえない気持ち」を「重たい空気」という言語表現によって「象徴」したことになる。例えば、「重たい空気」というタイトルの詩をつくって、「なんともいえない気持ち」を詩的言語として表現するということだ。その詩作品は「象徴詩」ということになる。右の説明は「なんともいえない気持ち」を「鬱屈」とみなし、その「鬱屈」をさらに「重たい空気」と表現し換えてから「鬱屈」をはずして、「なんともいえない気持ち」を「重たい空気」と表現するというプロセスの説明となっている。そうではなくて、「なんともいえない気持ち」を（「鬱屈」という語を経由しないで）「重たい空気」といきなり表現することもあるだろう。

右では、「鬱屈」のような、「気持ち・感情・感覚」をあらわす一語を「レッテル」と呼んでみた。「レッテル」がある程度蓄えられていくことによって、その「レッテル」を③バイカイとして、簡単には「レッテル」を貼ることができないような複雑な「気持ち・感情・感覚」が言語化できることもある。〈　3　〉しかし、そもそも「レッテル」を貼りにくい、複雑な「気持ち・感情・感覚」なのだから、ある程度「レッテル」が蓄えられてくると、なんとか言語化しようという④紆余曲折、プロセスを放棄し、省いて、安易に「レッテル」による言語化をする、ということも考えられる。㋐「レッテル」側に先回りして、そちら側から自分の複雑な「気持ち・感情・感覚」をみる、といってもよい。

自身の「なんともいえない気持ち」が「鬱屈」なのだ、と表現することは、「鬱屈」という語が「なんともいえない気持ち」の象徴であるとみることもできる。

レッテルを貼ることで納得し落ち着くこともある。しかし、レッテルを貼ることによって、無理に自身の気持ちをかたづけてしまうこともあるかもしれない。かたづけるためにレッテルを貼ることもあるだろう。気持ちがあって、それを表現する語がある、語によって気持ちを整理する、「気持ちが先か言語が先か」という循環的な状況がうまれてくる。〈　4　〉

レッテルが貼れない複雑な気持ちも当然あるはずで、それを言語に丁寧に移し換えていくと、詩ができあがるかもしれない。朔太郎の詩作品はそのような、複雑な「気持ち・感情・感覚」を言語化したものと思われる。

自分が「他者に伝えたいこと」を「情報」と呼ぶことにしよう。その「情報」は「明日は授業を休む」というような「ことがら」を主とする「情報」と、「明日は大学に行きたくないなあ」というような「ことがらと感情」が入り混じった「情報」と、「戦火に苦しむ人を見ると悲しい気持ちになる」というような「感情」を主とする「情報」とがあるだろう。「ことがら情報」であっても、「感情情報」であっても、「何を言語化しようとしているか」は（ほぼ、にしても）決まっている。「ことがら情報」は「感情情報」よりも言語化しやすいので、「明日は授業を休む」ということはすでに「情報」としてまとまっている。しかし、より重要なのは、「何を言語化しようとしているか」ではなく、「どのように言語化するか」であろう。〈　5　〉絵画作品であれば、「何が描かれているか」ではなく、「どのように描かれているか」に注目するということだ。リンゴが描かれている絵ですね、ではなく、そのリンゴがどのように描かれているかを注視しようということだ。

そう考えた場合、「ことがら情報」の言語化よりも「感情情報」の言語化がより困難の度合いが強いことになる。筆者は、文・文章を書くにあたって、㋑詩的言語をよむ、ということが重要であると考えている。それは、右のようなことが予想されるからであって、「ことがら情報」よりも複雑であると思われる「感情情報」がどのように言語化されているか、どのように言語化することができるか、ということを丁寧に「よむ」ことによって、言語の可能性を、自身の経験としてつかむことができる。そのことがきわめて重要だと考えている。

「気持ち・感情・感覚」がどこにあるか？と言われても、ここにある、とはいいにくいが、ヒトの身体（からだ）を考えた場合、「外」ではなく「内」にありそうだ。　C　「雨」という童謡を採りあげてみよう。「雨」は五連構成であるが、その一、二、五連をあげてみよう。

雨がふります。雨がふる。／遊びに行き（ゆ）たし、傘はなし。／紅緒（べにお）のお下駄も緒が切れた。

雨がふります。雨がふる。／いやでもお家（うち）で遊びましょう、／千代紙（ちよがみ）折りましょう、たたみましょう。

雨がふります。雨がふる。／昼もふるふる。夜もふる。／雨がふります。雨がふる。

雨が降っている。遊びに行きたいが傘がない。だから「いやでもお家で遊」ぶことになる。外は雨が降っているので、内にこもる。雨によって、「外」と「内」とが鮮明に意識されることになる。昼も夜も降り続く雨は、「内」にこもることを強いる。それも鬱陶しいことであろう。雨は、濡れるという「感覚〈触覚〉」「皮膚感覚・身体感覚」によって自身が濡れたことを確認することができる。雨に濡れる場所は「外」で、それが自身でわかる。しかし、「外」に降り注いでいるものや「外」に漂っているものが、感染症のウイルスのように、ヒトという生物の五感、身体感覚ではとらえられないものであった場合、「外」と「内」との境界がわかりにくくなってしまう。そしてその「漂っているもの」が生物としてのヒトの生命維持にかかわるような「もの」であった場合には、いいようのない不安が生じることになる。「不安」はヒトに生じるのだから、ヒトの「内」に生じるとみるのが自然だろう。「不安」が大きくなったり、継続したりすると、それが「内」に蓄積する、あるいは膜のように「内」を覆う。

（今野真二『「鬱屈」の時代をよむ』による。なお一部を改めた）

問1　傍線①、③のカタカナを漢字に改めよ。楷書で正確に書くこと。

問2　傍線②、④の読み方をひらがなで書け。

問3　[A]に入れるのに、最も適当なものを、次のなかから選び、その番号をマークせよ。

1　自らの感覚を相対化する　　2　気持ち・感情・感覚を鋭敏にする
3　自らの感情を言語化する　　4　気持ち・感情・感覚を凝視する
5　自らの感覚を批判的に見つめる　　6　気持ち・感情・感覚を具体化する

問4　［B］に入れるのに、最も適当な部分を、本文中からそのまま抜き出して、七字で書け。

問5　次の一文は、本文中の〈 1 〉～〈 5 〉のどこに入れるのが最も適当か。その番号をマークせよ。

自身が言語によって自身の気持ちを確認するプロセスといってもよいかもしれない。

問6　傍線㋐に「『レッテル』側に先回りして、そちら側から自分の複雑な『気持ち・感情・感覚』をみる」とあるが、このことを最も端的に表現した部分を、本文中からそのまま抜き出して、十五字以内で書け。

問7　傍線㋑に「詩的言語をよむ、ということが重要である」とあるが、その説明として、最も適当なものを、次のなかから選び、その番号をマークせよ。

1　複雑な気持ちを言語化する過程に注目することで、言語の可能性を体験的に内在化することが重要である。
2　詩的言語を注視することで、「感情情報」を言語化することの困難性を実証してゆくことが重要である。
3　多くの詩作品から感情の言語化の過程を読み取り、文章表現の可能性を経験的に把握することが重要である。
4　「ことがら情報」と「感情情報」双方の言語化の過程を学び、文章表現の可能性を追求することが重要である。
5　「ことがら情報」と「感情情報」の困難度の違いは、自ら詩的言語を創作して明らかにすることが重要である。

問8　［C］に入れるのに、最も適当なものを、次のなかから選び、その番号をマークせよ。

1　ことばの厳選によって時代性の言語化に成功している
2　「外」と「内」の生活が雨を通して言語化されている
3　貧しい生活が雨と遊びをモチーフに言語化されている
4　懐旧の情が「外」と「内」を通して言語化されている
5　「外」と「内」とがわかりやすく言語化されている

問9　本文の内容に合うものを、次のなかから一つ選び、その番号をマークせよ。

1　感染症の拡大や大きな自然災害を前にしたとき、人は生き生きとした気持ちや、喜びを感じられなくなって「気持ち」「感情」をうまく言語化できなくなってしまい、より不安が増大するものである。

2　「気持ち・感情・感覚」を相対化せず、思ったことをそのまま言ったり、「うるさい」と感じた瞬間に「うっせぇわ」と怒鳴るなどの行為は、「生体反応」に近いので人間として慎むべきである。

3　「重たい空気」というタイトルで「なんともいえない気持ち」を表現するのは象徴詩だが、一流の詩人は「なんともいえない気持ち」をいったん「鬱屈」という語に置き換えてから「重たい空気」と表現するプロセスをとる。

4　レッテルを貼ることで納得し落ち着くこともあるが、レッテルが貼れない複雑な気持ちもあるはずで、そのような「気持ち・感情・感覚」の丁寧な言語化から詩がうまれる可能性がある。

5　「外」に漂っているものが「皮膚感覚・身体感覚」によってとらえられないものであった場合、人々は内面を守ろうとして不安が「内」に蓄積したり膜のように「内」を覆ったりすることになる。

問10　萩原朔太郎とほぼ同年代に活躍した詩人を、次のなかから一人選び、その番号をマークせよ。

1　三島由紀夫　　2　北村透谷　　3　北原白秋　　4　谷川俊太郎　　5　正岡子規

二 次の文章を読んで、問いに答えよ。

アニメーターの仕事とは、単にキャラを設定に似せて滑らかに動かすだけではありません。演出家が映像的な要件を指示する絵コンテの各カットに対し、芝居に必要な空間を創出し、カメラアングルやレンズの焦点距離、アイレベルを決めるのはアニメーターです。フレーム内全体の被写体――工程的にはキャラクターと背景に分離されて描かれるすべての「配置」を線画で決める。この設計図はディズニーでは古くから「レイアウト」と呼ばれていました。それは二次元の絵によって三次元的に齟齬(そご)のない「空間」を決める機能が重要だからです。

『ホルス』で見せた宮崎駿の創造性の発露は、まさに「アニメーションの変革」でした。カット内で完結するレイアウトの空間設計に留まらず、作品全体に拡がる空間全体、あるいは「その空間がなぜ出来たか」「その空間を支えるものは何か」、つまり「世界すべてをデザインできる才能」が、宮崎駿にはありました。それを言い換えると、「世界観の A 創出能力」になります。

世界観を先行して決めるのは、今では「当たり前」の発想になったかもしれません。しかし一九六八年時点では、実写映画でさえ「舞台と役者」があれば成立するという考え方が支配的でした。娯楽作の量産時期ですから、「世界観」も作品内容から事後的に決まる場合のほうが多かったのではないでしょうか。

『ホルス』の〝志〟は先進的過ぎて前例がなく、試行錯誤の結果として一年あまりも納期を超過し、会社側から問題視されます。高畑勲は次の映画を任されることなく、一九七一年に東映動画を去ります。そのとき宮崎駿とアニメーターの小田部羊一(こたべようい ち)に声をかけ、東京ムービー作品のアニメーション制作を担当していたAプロダクションに移籍します。

そこで得られた手ごたえをもとに、「高畑・宮崎・小田部トリオ」がズイヨー映像へ移籍して発展的に作り上げたのが『アルプスの少女ハイジ』(一九七四年)なのです。さらに同社の改組で新設された日本アニメーションでも、同じ布陣で『母をたずねて三千里』（一九七六年）が完成します。この二作は高畑勲の演出プランに基づき、宮﨑駿が全カットのレイアウトとラフ原画を毎週三〇〇カット規模で描いたうえで、小田部羊一が作画をまとめる異例の体制で制作されました。高畑の言によれば、それは宮﨑駿のカメラマン的資質がその役職に向いているからであり、「システム」のつもりはなかったとのことです。それでも現在では「レイアウトシステム」として定着しています。

高畑勲が宮﨑駿と実現したものを、自分なりに言語化すると以下のようになります。

「作品世界全体をひとりのカメラマン（宮﨑駿）が撮り続けることにより、一年間にわたるテレビシリーズの毎週分断をともなう〝時空間〟を単一の世界に接合できる。加えて作品世界に児童視聴者を引きこむことで、視聴習慣を根付かせるとともに、生活実感を登場人物と共有させる。そして現実世界における〝発見の喜び〟を習得させる」

ハイジが食事をするシーンを例にとると、こんな具合です。部屋の中にテーブルがある。自分で食器を探すハイジ。戸棚の中に何か発見する。では、棚まで何歩なのか、ハイジが目測した距離を動きで表現する。大人の手は借りない。自分で扉を開く。ハイジはそういう子だ。木でできた食器だから、誰かが作ったものだ。由来、来歴が宿っている。歩いた途中にはナベとかまどが見えた。チーズを焼く。かまどを使う。チーズは何で出来ているのか。ヤギの乳からだ。そのために大きなナベがあった。ヤギはどこにいるのか。どうやって育つのか。何を食べて乳になるのか……。

こんな具合に「ハイジの発見」が「因果の連鎖」で構築されていきます。〈　1　〉ですから、見守る視聴者も興味深く惹（ひ）きつけられ、世界の観察から共感が発生する仕掛けです。

やがて物語が進むと、ハイジはヤギ飼いのペーターと友人になる。ヤギの食べる草が提示される。草を育てる日光、澄み渡る空気。流れる清涼な水。画面に映し出されるすべてに連鎖が見えて、そこに美的な価値観が積み重なります。〝世界〟の正体とは、「連鎖で編み上げられた時空間の総体」なのです。実時間の流れを共有しつつ、一歩ずつ自分でも疑問を覚えてハイジと体験を共通化した視聴者は、「全体がひとつの世界」であることを〝自主的に発見する〟のです。だからこそ、言語を超えた実感が生まれる。『ハイジ』を体験した児童たちは、「自主的に日常から世界の連鎖を発見する機会」が増えていったはずです。

「人が世界をどうとらえるか」が「世界観」ですから、これこそが㋐「世界観主義」の本来的な姿なのです。ゲームや異世界アニメに多い「恣意的で便利な特殊設定」とは〝志〟の次元が異なるのです。高畑・宮﨑コンビによる演出で成功した「没入感を誘う世界観主義」は、やがてスタジオジブリ作品にも流儀として継承されていきますし、『機動戦士ガンダム』を経由して二次的な拡散をしたと考えています。

これを底流で支えた宮﨑駿の「レイアウト」の方法論も、標準となっていきました。〈　2　〉後年、「聖地巡礼ブーム」に結びつく「背景美術に想いを託す考え方」も、「レイアウトありき」です。背景画のうち、色、光、空気、質感などを除外した「線画で表現可能な要素」が「レイアウト」の本質ですから、被写体間の配置と空間、カメラワークを規定する「映像構築」の意識もスタッフ全体で高まったはずです。

『ハイジ』の特徴は、当時アニメでは異例とされたスイスロケハンにもありました。しかし、現地の写真撮影が主目的ではなく、宮﨑駿に至っては写真を撮らなかった。高畑勲監督的なリアリズムに基づく演出思想は「人が暮らす生活感、空気感」を現地で「体験すること」だから、脳に焼きつけたのです。その実感は宮﨑駿のレイアウト（クレジットは場面設定・画面構成）により、背景美術へ注入された。〈　3　〉たとえば木製の机と椅子、調理具など生活を支えるアイテムは、日本文化との差異、住人の性格など複雑な情報を宿しています。加えて季節や時刻の移ろい、木漏れ日や迫る暗雲など、背景に人物の内面にひそむ心理、情感を託す高度な映画表現も可能となりました。作画枚数が使えないテレビアニメだからこそ、レイアウトにクリエイションを集約する。そうすることで映画に近づける。だからこそ技術レベルを超えて、後のアニメの方向性を決定づけることになったのです。

「わざわざ人が絵に描いて動く映像にするアニメーション」だからこそ、画面内のすべてから「意味」を伝えることも可能。この演出の姿勢は、現在日本で作られるアニメにあまねく染みわたっています。「ありきたりの日常」に過ぎないのに、(イ)アニメにすると奇跡的に輝いて見える。女子高生がキャンプをするアニメ、原付に乗るアニメ等々……。そんな作品も激増しました。その芸術性の伝達メカニズムは、『ハイジ』の挑戦にルーツがある。これは、強調しておきたいことです。「誇張と省略の芸術」のアニメーションの可能性、動き以外の特性はもっと深い分析が必要ですし、この先も研究を発展させてほしいのです。〈 4 〉

異論を承知で言えば、これは背後に自然主義が繋(つな)がっている点で、「一コマ、二コマ打ちで滑らかに動く」とは異なる観点の「フルアニメーション」であり、発展形だとも考えられます。「東映動画の流れ」が生み出した「映画志向」ですし、虫プロダクション流の漫画、劇画、リミテッドとは異なるテレビ向けコストダウン表現なのです。

これと真逆の「アニメだからこそ非現実を優先して描くべきだ」という発想は、一九七〇年代までは支配的でした。以後もファンタジー志向、SFメカや魔法を中心にした作品群が多い一因になっていますし、商業作品が「通俗的」とみなされて芸術・学術面で別枠扱い、軽視されがちな原因もそこにあります。〈 5 〉

キャラクターを誇張された表現でとらえ、「喜怒哀楽」すべての感情を記号化し、セリフを多用し、定型めいた物語を提供する。いっときの慰めになるようなタイプの娯楽をあたえるアニメ作品群は、通俗だとしても大きな価値があり、自分も楽しみますから決して否定はできません。「ただ、それだけではないはずだ」と、およそ半世紀以上、様々なクリエイターが挑戦を続けてきた。その背後には「映画にしたい志向」があった。だから革新が起きて、現在のように「国際的に通じるアニメ文化」が成熟したと、筆者は考えているのです。

（氷川竜介『日本アニメの革新』による。なお一部を改めた）

注　『ホルス』＝高畑勲監督が演出（監督）、宮﨑駿が場面設計・美術設計を担当した、一九六八年公開の東映動画制作のアニメーション映画『太陽の王子　ホルスの大冒険』。

ロケハン＝ロケーション・ハンティングの略で、事前に作品の舞台とする場所を下見すること。

クレジット＝クレジットタイトル。映画などのスタッフ名を記したもの。

一コマ、二コマ打ち＝一秒間に一二～二四枚の絵を使用する「フルアニメーション」と呼ばれる制作方式。

虫プロダクション＝手塚治虫が設立したアニメーション制作会社。制作したテレビアニメ『鉄腕アトム』が大ヒットして以降、日本のアニメは「リミテッドアニメーション」が主流となった。

リミテッド＝「フルアニメーション」に対して、作画する枚数が少ない「リミテッドアニメーション」のこと。

問1 [A]に入れるのに、最も適当な語を、次のなかから選び、その番号をマークせよ。

1 超越的　2 観念的　3 相対的　4 写実的　5 根源的

問2 次の一文は、本文中の〈 1 〉～〈 5 〉のどこに入れるのが最も適当か。その番号をマークせよ。

だからこそ、日本製アニメは表現力を高めることができたのです。

問3 傍線㋐の「『世界観主義』の本来的な姿」の説明として、最も適当なものを、次のなかから選び、その番号をマークせよ。

1 作品全体を単一の時空間として描き出し、視聴者を作品世界に引き込むことによって登場人物と体験を共通化させ、現実世界においても観察による発見を促そうとするあり方

2 一人のアニメーターがキャラクターの作画をまとめることによって、単一のキャラクターとして視聴者に実感させ、作品世界を時空間の総体として発見させることを目指すあり方

3 レイアウトシステムによって三次元的に齟齬のない現実世界に忠実な作品世界を作り出し、視聴者に言語を超えた実感

を抱かせることを促そうとするあり方

4 「世界観」が作品内容から事後的に決まることの多かったテレビアニメにおいて、壮大な世界観を先行して設定することによって、視聴者に全体がひとつの世界であることを発見させようとするあり方

5 テレビアニメにおいてもロケハンを行い、現実世界を忠実にトレースすることによって、異世界アニメであっても視聴者の没入感を誘おうとするあり方

問4 傍線㋑に「アニメにすると奇跡的に輝いて見える」とあるが、「ありきたりの日常」に過ぎない描写がなぜ輝いて見えるのか。その理由として、最も適当なものを、次のなかから選び、その番号をマークせよ。

1 見慣れた日常の様子であっても、背景の色、光、空気、質感がリアルにレイアウトされていて、まるで現実のように表現されており、背景から複雑な情報を読み取れるため

2 見慣れた日常の様子であっても、季節や時刻の移ろい、木漏れ日や迫る暗雲など、実写映画では表現不可能な背景描写から、人が暮らす空気感を感じることができるため

3 見慣れた日常の様子であっても、誇張と省略、そして動きによって、その芸術性がきちんと視聴者に伝わるようになっており、ありきたりの日常が芸術的に感じられるため

4 見慣れた日常の様子であっても、リアリティに基づいて演出されているため、舞台となったロケ地をめぐる「聖地巡礼」が可能となり、アニメと同じ風景を見て感動できるため

5 見慣れた日常の様子であっても、複雑な情報を宿した背景美術から作り手が託した想いを読み取ることができ、日常生活で気づかなかったことを発見できるため

問5 本文の内容に合うものを、次のなかから一つ選び、その番号をマークせよ。

1 キャラクターと背景に分離されて描かれるすべての「配置」を線画で描き出し、世界観を創出する「レイアウト」の工程は、『アルプスの少女ハイジ』において高畑勲と宮﨑駿が発明したものである。

2 毎週、視聴の分断をともなうテレビアニメにおいて、その〝時空間〟を単一の世界に接合し、現実と遜色のない作品世界を作り出すことができたのは、これまで唯一、高畑勲・宮﨑駿コンビだけである。

3 高畑勲監督の『アルプスの少女ハイジ』におけるリアリズムに基づいた映像は、宮﨑駿の「世界すべてをデザインできる才能」によって支えられており、現実世界において世界の連鎖を発見する機会を視聴者に与えるものであった。

4 クリエイションのために作画枚数を徹底的に増やす高畑勲・宮﨑駿コンビの演出は、アニメーションの「誇張と省略の芸術」という特性を最も活かすものであり、後のアニメの方向性を決定づけることになった。

5 高畑勲・宮﨑駿コンビによる「アニメーションの変革」によって、『アルプスのハイジ』以降、「アニメだからこそ非現実を優先して描くべきだ」という古い考えによる作品はなくなり、日本のアニメ文化が国際的に通じるものとなった。

三　次の文章を読んで、問いに答えよ。

鳥羽院の御時、雨いと降りける夜、若殿上人あまた集まりて、古きためしの品定めもやありけむ、「誰か優に文書く女、知りたる」と、言ひ争ひ出でて、「今夜、(ア)ことさらむ。文やりて、返事、かたみに見て、劣り勝り定めむ」など言ふほどに、子一つばかりにもなりぬ。人々、宿直所(とのゐどころ)へ硯(すずり)、紙召しに遣はすとて、随身(ずいじん)どもを走らかさせ給ひけり。

その時、中院の大臣は中将にて、かたがた思ひめぐらし給ふ。花園内大臣家の督殿(かうのとの)こそあらめ。忘れて久しくなりにし人を思ひ出で給ひて、いみじき言の葉尽くし書き給へり。紫の七重薄様(うすやう)に書きて、同じ色に包まれたりける、夜目に暗くやありけむ。雅兼朝臣は大殿のもたれはといふがりやる。白き薄様とかや。

かやうにあまた書きてやる。さながら持ていぬ。おのおの興ある争ひのうちにも、「よくもがな」と(イ)心を尽くせる気色、をかしかりけるに、とばかりありて、返事どもありけるに、このもたれはが返事、なかに優れたりけり。花園の督殿はさりともと、頼もしく思はれたりけるに、こよなう書き劣りて、安からず思されけり。

後に人の言ひけるは、「花園の北の方は優なる人にて、さるべき折々の歌の返し、優なる文の返事などをば、見入れて教へ給へりければ、督殿、男、かれがれになる時は、この上をせめ聞こえけるに、その夜しも、上おはせざりけり。絶えて久しくなりたる人、にはかにおとづれたるに、心も心ならで、あわてて書きて、(ウ)名折りたる」とぞ言ひける。

これも心のすべなきによりてなり。はるかになりなむ人の、にはかに言ひ出でたらむにつけても、心を静めて、「いかなるやうのあるにや①」と案ずべし。そのうへ、例の人おはせずは、いよいよ、その夜、返事なからむは、まさりぬ②べし。これは待ちはかりたるにはあらねども、思ひはかりなきかたを言はむ③とてなり。

すべて(エ)文はいつもけなるまじきなり。あやしく見苦しきことなども書きたる文の、思ひかけぬ反古(ほぐ)の中より出でたるにも、見ぬ④世の人の心際(こころぎは)は見ゆるものぞかし。ただいまさしあたりて、はづかしからぬ人と思へども、落ち散りぬれば、必ずあいなきこともあれば、よく心得べきことなり。

かの北の方とかやは春宮大夫公実卿の女（むすめ）、待賢門院の御妹なり。女院につき参らせ⑤て、鳥羽院へも時々参り給ひけ⑥るが、花園に入り籠り給ひけるのち、かの家に菊の花の咲きたりけるを、鳥羽院より召しければ、参らせらる⑦るとて、枝に結びつけられたりける、

九重（ここのへ）にうつろひぬとも菊の花もとの籬（まがき）を思ひ忘るな

とありけるをば、ことに心おはするさまにぞ、このゆゑを知れる人は申しける。

かの貫之が娘の宿に、匂ひことなる紅梅のありけるを、内裏（うち）より召しけるに、鶯（うぐひす）の巣を作りたりけるを、さながら奉るとて、

勅なればいとも　A　鶯の宿はと問はばいかが答へむ

といふ歌をつけたりける古事（ふるごと）、思ひ出でられて、かたがたいとやさし。

（『十訓抄』による）

注　品定め＝『源氏物語』帚木巻における「雨夜の品定め」のこと。女性論が展開される。
中院の大臣＝源雅定。　花園内大臣＝源有仁。　督殿・もたれは＝ともに女房の名。
薄様＝薄手の紙。　雅兼朝臣＝源雅兼。　大殿＝源顕房。雅兼の父。
反古＝書き損じなどをして不用となった紙。　公実卿＝藤原公実。鳥羽院の伯父。
待賢門院＝藤原璋子。公実の娘で鳥羽天皇の后。女院も同じ。

問1　傍線㋐の「ことき らむ」の意味として、最も適当なものを、次のなかから選び、その番号をマークせよ。

1　対応を考えよう。

2　決着をつけよう。
3　様子を見てみよう。
4　意見を聞いてみよう。
5　縁を切ってしまおう。

問2　傍線㋑の「心を尽くせる」を十字以内で、㋒の「名折りたる」を十二字以内で、それぞれ現代語訳せよ。

問3　傍線①の「に」、②の「ぬ」、③の「む」、④の「ぬ」の文法的意味として、最も適当なものを、それぞれ次のなかから選び、その番号をマークせよ。

1　打消　　2　断定　　3　過去　　4　強意　　5　意志　　6　自発

問4　傍線㋓の「文はいつもけなるまじきなり」の理由として、最も適当なものを、次のなかから選び、その番号をマークせよ。

1　あいまいな書き方をすると、思いがけない誤解を生むこともあるから
2　無作法な書き方をすると、読む人によっては失礼になることもあるから
3　気を抜いた書き方をすると、人手に渡って不都合が生じることもあるから
4　思わせぶりな書き方をすると、嫌な相手から言い寄られることもあるから
5　素っ気ない書き方をすると、読む人に不快な思いをさせることもあるから

問5　傍線⑤の「参らせ」、⑥の「給ひ」、⑦の「参らせ」は、それぞれ誰に対する敬意を表しているか。その組み合わせとして、最も適当なものを、それぞれ次のなかから選び、その番号をマークせよ。

1　⑤＝待賢門院　　⑥＝鳥羽院　　⑦＝鳥羽院
2　⑤＝北の方　　⑥＝鳥羽院　　⑦＝北の方

3 ⑤＝待賢門院　⑥＝鳥羽院　⑦＝北の方
4 ⑤＝北の方　⑥＝北の方　⑦＝鳥羽院
5 ⑤＝待賢門院　⑥＝北の方　⑦＝鳥羽院

問6 [A] に入れるのに、最も適当なものを、次のなかから選び、その番号をマークせよ。

1 あたらし　2 いぶかし　3 うるはし　4 かしこし　5 まさなし

問7 本文の内容に合うものを、次のなかから二つ選び、その番号をマークせよ。

1 殿上人たちは、それぞれ関わりのあった女に手紙を送り、その返事を女の形見として見ようと考えた。
2 中院の大臣は、期待をかけていた督殿からの返事が他に比べ劣っていたことに対し、不満をおぼえた。
3 督殿の書く手紙が優れていると思われていたのは、花園の北の方が書き方を教えていたからだった。
4 督殿は、自分のもとに通っていた男が疎遠になると、花園の北の方の対応のせいだと言って責め立てた。
5 疎遠になっていた中院の大臣からの手紙に、急いで返事をした督殿の心情には、同情すべき点もある。
6 花園の北の方や貫之の娘にとって、求められた花や木に付ける和歌を詠むことなど、容易であった。

問8 紀貫之が編集に関わったとされる作品を、次のなかから一つ選び、その番号をマークせよ。

1 万葉集　2 古今和歌集　3 後撰和歌集
4 和漢朗詠集　5 梁塵秘抄　6 新古今和歌集

四　次の文章を読んで、問いに答えよ（設問の都合上、訓点を省略した部分がある）。

夏五小旱、井無掬泉。予俯睨、而責之曰、「吾謂汝炎夏涵冷、凜冬抱温、不趨其時者也。朝瓢氷澄、暮罌玉溜、不易其操者也。今衆源①猶活、爾泉独枯、泄竇塵積、甃縫煙生、始悔知汝者［A］、期汝者之太［B］也。予②寧休炊息飲、誓不屈耿恭之膝。」言訖、倦爾而睡。見童子蓬頭土面焦唇燥吻、喁喁而告曰、「吾井神也。使爾釜不生塵、衣不凝垢者、誰乎。使爾筆硯津津、濡雲染霧、樽罍灩灩、泛月浮花者、又誰乎。久済忘功、一渇成怨、何少

恩耶（や）。当ニ㆘シト扣（たた）キ㆓天閽（こん）ヲ㆒、闢（ひら）キ㆓泉戸ヲ㆒、償フ㆗子ニ無窮之汲ヲ㆖。」③覚不知其所之、但ダ聞クノミ㆓西ノ簷（のき）之雨ノ滴ルヲ㆒。

（『樵談』による）


注　夏五＝夏五月。盛夏。　瓢氷澄＝ヒョウタンを半分に割った容器で氷のように澄んだ水を汲む。

罌玉溜＝大きいかめに玉のように流れ出る水を貯える。　泄竇＝水が流れ出す穴。

甃縫＝井戸のまわりのレンガのすきま。

不屈耿恭之膝＝籠城中に井戸から水が出ることを祈った耿恭のまねはしない。耿恭は後漢の将軍。

倦爾＝疲れた様子。　蓬頭＝乱れた髪。　焦唇燥吻＝唇が渇ききっている様子。　喁喁＝口をパクパクする様子。

津津＝多くてあふれる様子。　濡雲染霧＝筆がうるおい紙がそまる。文字を書く。

樽罍＝酒器。ここでは水を入れる容器。　灩灩＝水がいっぱいに満ちる様子。　天閽＝天の門。

問1　傍線①の「猶」、②の「寧」の読み方を、送りがなも含めて、それぞれひらがなで書け。

問2　［A］、［B］に入れるのに、最も適当な組み合わせを、次のなかから選び、その番号をマークせよ。

1　A＝善　B＝悪	2　A＝悪　B＝善	3　A＝長　B＝短	4　A＝短　B＝長
5　A＝深　B＝浅	6　A＝浅　B＝深	7　A＝高　B＝低	8　A＝低　B＝高

問3　傍線③の「覚不知其所之」の書き下し文として、最も適当なものを、次のなかから選び、その番号をマークせよ。

1　覚むれば其の之く所を知らず
2　覚むれば其の所を知らずして之き
3　覚むれば知らざるも其の之く所は
4　其れを知らずして之く所を覚り
5　其の之く所を知らざるを覚り
6　知らざれども其の之く所を覚り

問4　本文の内容に合うものを、次のなかから一つ選び、その番号をマークせよ。

1　干ばつが起こってすべての井戸が枯れ、飲食もままならないので何とかしてほしいと村を代表して井戸に祈ったところ、夢に現れた井戸の神は、かわいそうなので生活に必要なだけの雨を降らせてやろうと、怒りながらも約束した。
2　干ばつが起こってすべての井戸が枯れたので、どんな時にも水が枯れることはないと思っていたのにと自宅の井戸を責めたところ、夢に現れた井戸の神は、今回だけは雨を降らせてやるから今後は水を大切に使うようにと、諭した。
3　少しの日照りで自宅の井戸だけが枯れたので、いつも変わらず水を供給してくれるものと思っていたのにと井戸を責めたところ、夢に現れた井戸の神は、わずか一度の渇水でこれまでの働きを忘れるとは恩義を知らないと、怒った。
4　少しの日照りで自宅の井戸だけが枯れたので、掃除をして世話をしてきたのに恩義を知らないと井戸を責めたところ、夢に現れた井戸の神は、家事や風雅な遊びに役に立ってきたことを思い起こさせるためだったと、言い訳して謝った。
5　日照りで自宅の井戸が枯れたので別に井戸を掘ることにし、これまでの働きに対して井戸に感謝を述べたところ、夢に現れた井戸の神は、これまでよく働いたのでこれからは永久に休ませてもらうと別れを告げて、最後の雨を降らせた。

二月三日実施分

解　答

一

出典　今野真二『「鬱屈」の時代をよむ』〈はじめに〉（集英社新書）

解答

問1　①遭遇　③媒介

問2　②はつらつ　④うよ

問3　4

問4　かたちを与える

問5　2

問6　語によって気持ちを整理する

問7　1

問8　5

問9　4

問10　3

要旨

鬱屈した気持ちがどのように言語化されるか。言語化の際には、まだ不定形な感情をそのまま言うのではなく、慎重に検証する必要がある。しかしまた、言語化によって自分の気持ちが把握できる場合もある。この作業を「レッテル」を貼ると呼ぶことにする。「レッテル」が貼りにくい感情を丁寧に言語化していくと詩ができるかもしれない。他者に伝えたいことには、「ことがら情報」と「感情情報」があるが、「感情情報」のほうが複雑で言語化しにくい。「気持ち」や「感情」は身体の「内」にありそうだが、身体感覚ではとらえられないものである場合、「外」と「内」の境界がわかりにくくなるし、「外」が不安を生じさせるものの場合、「内」にそれを蓄積させたり、「内」を覆ったりすることもある。

解説

問3 「思ったことをそのまま言う」場合には、「『［A］』というプロセスがない」のである。第六段落第二文にあるように、「プロセスがある」とは「『本質を凝視』するという段階」があることである。

問4 最初の空欄Bの前後は、「その不定形なものに、言語で［B］のが言語化であるが」となっている。「言語化」とは不定形なもの（＝「気持ち・感情・感覚」）を言語でどうすることなのかと考えればよい。第四段落最終文に「言語によってこの『情報』にかたちを与えるプロセスを『言語化』と呼ぶことにしよう」とある。

問5 挿入文の「といってもよいかもしれない」という文言に注目する。この文言から、挿入文の直前の部分は、挿入文の「自身が言語によって自身の気持ちを確認する」と同じような内容であると判断できる。このことから、挿入部分は〈2〉と判断する。〈1〉は、直前部分に「どう言語化すればいいかはまだ決まっていない」とあるので不適。〈4〉と〈5〉は、直前部分が別の内容になっているので不適。〈3〉の直前部分は、言語化できるという内容であり、気持ちを確認できるという内容ではない。

問6 傍線㋐は、「レッテル」によって言語化することで、自分の感情がこういうものだったと納得できたり、かたづけられたりすることを表している。その内容は二段落後にまとめられている。

問7 傍線㋑の直後の文が「それは」で始まり、その次の文は「そのことがきわめて重要だと考えている」となっている。だから、傍線㋑の内容は、傍線部の次の一文で説明されていると考えられる。「どのように」が1の「過程」に、「自身の経験としてつかむ」が1の「体験的に内在化する」に照応している。3がややまぎらわしいが、「文章表現の可能性」とある文言は「言語の可能性」とあるべきである。

問8　童謡の歌詞についての説明の部分で、「『外』と『内』」という語が繰り返されていることに注意する。これがキーワードである。だから、このキーワードを使っている2と4と5に絞って考える。2は「『外』と『内』の生活」という部分が不適。言語化されているのは「内」の生活だけである。4の「懐旧の情」は、歌詞にも本文中にもない。

問9　4は第十一・十二段落の内容に合致する。1は「不安が増大する」理由が「うまく言語化できな」いことになっている点が不適。「不安が増大する」理由は、第一段落にあるように「そうした事態に遭遇」したことである。2の「生体反応」の説明は問題ないが、「人間として慎むべきである」というような評価を筆者がしているわけではない。3については、「一流の詩人」として萩原朔太郎が挙げられているが、第十二段落第一文にあるように、朔太郎の方法は複雑な気持ちを「言語に丁寧に移し換えていく」という方法であって、「いったん」ある語に「置き換え」るという方法ではない。5の「内面を守ろうとして」という内容は本文中にない。

二

出典　氷川竜介『日本アニメの革新』〈第4章　スタジオジブリとアニメ受容の国民化〉（角川新書）

解答

問1　5

問2　2

問3　1

問4　5

問5　3

要旨

宮﨑駿にはフレーム内全体の配置を決めることにとどまらず、作品世界すべてをデザインできる才能があった。高畑勲は、宮﨑駿と小田部羊一とともに、『ホルス』『アルプスの少女ハイジ』という先進的な作品を作った。その先進性とは、テレビシリーズの毎週分断される時空間を、「連鎖で編み上げられた時空間の総体」としての一つの作品世界を構築し、そこに視聴者を引き込むことで、現実世界における発見の喜びを習得させることを目指した点である。この世界観主義はスタジオジブリ作品に継承され、二次的に拡散していく。そして、それを支えた宮﨑駿のレイアウトの方法論も標準となっていった。「誇張と省略の芸術」であるアニメは、画面内のすべてから意味を伝えることが可能であり、その演出の姿勢は現在日本で作られるアニメ全体に広がっている。いっときの娯楽のための通俗的作品群を否定するわけではないが、「映画にしたい」という志向による革新が、国際的に通用するアニメ文化を成熟させたのである。

解説

問1　空欄Aの直前にある「言い換えると」という接続語に注目する。「世界観の[A]創出能力」とは、「世界すべてをデザインできる才能」のことと判断できる。この「すべて」に置き換えられるニュアンスを持つ選択肢を選ぶ。

問2　挿入文が、宮﨑アニメのことではなく日本製アニメのことであり、しかも肯定的な内容であることをおさえる。〈1〉と〈3〉は、直前の部分が宮﨑アニメについての内容なので不適。〈4〉では、挿入文の「だからこそ」という論理関係が合わない。〈5〉の前の部分は、娯楽的作品についての否定的評価なので、「だからこそ」で始まる挿入文の内容とは合わない。

問3　1は第八～十段落で説明される第七段落の内容に合致している。2については、「単一のキャラクター」が不適。第七段落にあるように、「単一」であるのは「キャラクター」ではなく、「時空間」である。「〝世界〟の正体とは、『連鎖で編み上げられた時空間の総体』なのです」（第十段落第六文）とある。そのような「時空間」を実現させるために必要なことは、「（世界を）連鎖で編み上げ」ることであり、3のような「三次元的に齟齬のない」ということでも、4のような「壮大な世界観を先行して設定する」ことでも、5のような「現実世界を忠実にトレースする」ことでもない。

問4　5は第十四段落に合致する。「誇張と省略の芸術」であるアニメは「画面内のすべてから『意味』を伝えることも可能」(第十四段落第一文)なのである。1は「まるで現実のように表現」の部分が不適。2では、「季節や……など、実写映画では表現不可能な……」とあるが、それらは実写映画で表現可能である。3は「日常が芸術的に感じられる」が不適。日常が芸術なのではなく、日常を輝いて見せるのがアニメーションの芸術である。4は「リアリティに基づいて」とあるが、リアリティなら、アニメは映画に劣る。また、「聖地巡礼」はアニメを見る時とは別の時間の体験であるので不適。

問5 3については、「リアリズムに基づいた」は第十三段落第三文に、「世界すべてをデザインできる才能」は第二段落第二文に、「現実世界において……与える」は第十段落最終文に合致する。1は、「レイアウト」は「高畑勲と宮崎駿が発明したものである」という点が不適。第一段落第四文にあるように、「レイアウト」という設計図は、ディズニーで古くから使われていたものである。2は「これまで唯一」が不適。第十四段落にあるように、今や日本のアニメに「あまねく染みわたって」いるのである。4は「作画枚数を徹底的に増やす」が不適。第十三段落後ろから三文目に「作画枚数が使えないテレビアニメ」とある。5は「『アニメだから……古い考えによる作品はなくなり」が不適。第十六段落第二文に「以後もファンタジー志向……作品群が多い」とある。

三

出典 『十訓抄』〈第七　思慮を専らにすべき事　十五〉

解答

問1 2

問2 ㋑気をもんでいる(十字以内)　㋒評判を落としてしまった(十二字以内)

問3 ①―2　②―4　③―5　④―1

問4 3

問5 5

問6　4
問7　2・3
問8　2

全訳

鳥羽院の御代に、雨がひどく降った夜、若い殿上人がたくさん集まって、昔の（＝『源氏物語』の）例にある「雨夜の品定め」でもあったのだろうか、「誰か優美に手紙を書く女を、知っているか」と、議論になって、「今夜、決着をつけよう。（女に）手紙を送って、その返事を、互いに見て、優劣を決めよう」などと言ううちに、夜中の十一時ごろにもなってしまった。人々は、宿直所に硯、紙をお取り寄せになろうと、随身（＝身近に使っているお付きの者）たちを走らせなさった。

その時、中院の大臣は中将でいらっしゃって、あの方この方と思いめぐらしなさる。花園内大臣家の督殿がよいだろう。（と、昔親しくしていたが）忘れて随分長い間が経ってしまっていた人を思い出しなさって、たいそうすばらしい言葉を尽くして（手紙を）書きなさった。紫の七重重ねの薄手の紙に書いて、同じ色の紙で包みなさった。（紫は）夜目には暗い（色）だっただろうか。雅兼朝臣は大殿のもたれはという（女の）もとへ（手紙を）送った。白い薄手の紙だったとかいうことだ。

このように（それぞれが手紙を）たくさん書いて送った。（それを）そのまま（各人の従者たちが）持って行く。それぞれおもしろい競争のうちでも、「（自分の手紙への返事が）よいものであってほしいなあ」と気をもんでいる様子は、楽しいものであったが、しばらくして、返事が返ってきたが、このもたれはの返事が、その中でも優れていた。花園の督殿はそうであっても（＝長い間のご無沙汰であっても）、（必ずすばらしい返事をくれるだろうと）頼もしく思いなさっていたのに、たいへん出来が悪く、（中院の大臣は）心穏やかでおありでなかった。

後に人が言ったことには、「花園の北の方は優雅な方で、しかるべき時々の返歌、優美な手紙の返事などを、親身になって教えてくださっていたので、督殿は、男が疎遠になる時は、この北の方に（よい返事の書き方を）無理にお願いして（教えてもらって）いたが、その夜にかぎって、北の方はいらっしゃらなかった。長い間連絡がなかった人が、急に手紙を寄こしたので、わけもわからず、慌てて（返事を）書いて、評判を落としてしまった」と言ったということだ。

これも思慮がないことによって（起こったこと）である。長く離れてしまったような人が、急に何かを言ってきたような場合は、落ち着いて、「どんなわけがあるのだろうか」と思案すべきである。そのうえ、いつもの人（＝北の方）がいらっしゃらないのなら、いよいよ、その夜、返事を出さないほうがきっとよかっただろう。これはひっかけようとしたものではないけれども、思慮が足りなかった例を言おうということ（で挙げたの）である。

すべて手紙はいつでも普段通りであってはいけない。あきれるほど見苦しいことなども書いてある手紙が、思いもかけない古紙の中から出てきた時にも、会ったこともない昔の人の心根はわかるものだよ。今は当面たいした人ではないと思っても、（適当に書いた手紙が、後々）散り広がって、不都合なことになってしまうこともきっとあるので、十分気をつけておくべきことである。

あの北の方とかいう人は春宮大夫公実卿の娘で、待賢門院の御妹である。女院に付き申し上げて、鳥羽院へも時々参上なさったが、（花園内大臣と結婚して）花園にこもりなさった後、その家に菊の花が咲いていたのを、鳥羽院から御所望があったので、差し上げなさるということで、枝に結びつけられた（歌は）、

宮中に移って色あせてしまっても菊の花よ、もと咲いていたこの（私の家の）垣根を忘れてはいけないよ

とあったのを、特に心を込めていらっしゃった様子だと、この（北の方と鳥羽院の間の）事情を知っている人は申し上げたことだよ。

あの紀貫之の娘の家に、すばらしい色の紅梅があったのを、宮中から御所望があったので、鶯が巣を作っていたのを、そのまま献上するということで（付けた歌）、

帝のご命令なのでたいそう畏れ多いことです（この梅の木を献上いたしますが）鶯が私の宿はどうしたのですかと尋

ねてきたらどう答えたらよいでしょうか
という歌を付けたという昔の話を、自然と思い出されて、どちらもたいそう優美（な話）である。

解説

問1　「こときる」（事切る）は〝決着がつく、事が終わる〟の意。語意から判断できるが、状況的に「言ひ争ひ」の後にこのような提案があったと類推ができる。傍線㋐の後の「劣り勝り定めむ」（＝優劣を決定しよう）もヒント。

問2　㋑　手紙を出した後の結果待ちの状態である。「よくもがな」と期待する一方、不安も感じているのである。「る」は完了の助動詞の連体形。

㋒　「名」は〝評判、名声〟の意。それなりの評判、名声があったのに、「折りたる」（＝落としてしまった）のである。

問3　助動詞の識別の基本問題である。

問4　「け」は「褻」で〝普段〟の意。「晴」の対義語である。傍線㋓直後の二文の内容が答えになる。普段と同じような軽い気持ちでいいかげんな手紙を書くと、それがいつの間にか散り広がって、思いもよらない人の目につき恥ずかしい思いをする可能性があるということである。

問5　⑤と⑦の「参らせ」は謙譲語なので動作の客体（受け手）への敬意を表し、⑥の「給ひ」は尊敬語なので動作の主体（為手）への敬意を表す。

問6　「勅なれば」（＝天皇の命令であるので）に対してどういう心理になるかと考える。

問7　2は第三段落最終文に合致する。3は第四段落前半の内容に合致する。1は「形見」が不適。ここでは死ぬわけでも別れるわけでもない。4は「花園の北の方の対応のせいだと言って責め立てた」が不適。第四段落後半にあるように、男が疎遠になると、いい手紙を書けるように教えてほしいと北の方に無理に頼んで教えてもらっていたのである。5は「同情すべき点もある」が不適。むしろ「心のすべなきによりてなり」（＝思慮がないことによって（起こったこと）である）（第五段落第一文）と筆者は非難している。6の「容易であった」という内容は本文中にない。

四

出典　『樵談』

解答

問1　①なほ　②むしろ

問2　6

問3　1

問4　3

全訳

夏の五月少し日照りの時期が続き、（水が枯れて）井戸の水が汲めなくなった。私は（井戸を）のぞきこんで睨んで、これ（＝井戸）を責めて言ったことは、「私が思うことには、お前は炎暑の夏にも冷たい水を絶やすことなく保ち、寒い冬にも温かい水をたたえ、その季節に左右されないものだった。朝にはひょうたん型の容器で氷のように澄んだ水を汲み、夕暮れには大きいかめに玉のように流れ出る水を貯え、そういう姿をずっと守ってきたものである。今他の井戸はみな水を貯めているのに、お前の水だけが枯れ、水が流れ出す穴に塵が積もり、井戸のまわりのレンガのすきまはほこりだらけで、初めて、お前を知ることが浅く、お前に期待することがたいそう深かったことを後悔している。私はいっそ炊飯をやめ水を飲まなくても、誓って耿恭のように水が出ることを祈ったりはしない」と。（そう）言い終わって（私は）疲れて眠ってしまい、（夢の中で童子が出てきたが、その）童子を見ると、髪は乱れ土色の顔をしていて唇は渇ききり、口をぱくぱくとして（私に）告げて言ったことは、「私は（この）井戸の神である。お前の釜に塵を生ぜさせず、（お前の）衣服に垢をこびりつかないようにさせた者は誰か。お前の硯をあふれるほど多くたたえさせ、筆をうるおし文字を書かせ、容器に水を満たし、（そこに）月の姿をうつし花を浮かべさせた者は誰か（すべて私がしてやったことではないか）。長い間助けてやったのにそのありがたさを忘れ、一度水を切らすと怨み言を言う、どうして感謝の念が（そんなに）少ないのか。（私は）きっと天の門をたたいて、（天の）泉を開き、あなたに無限に水が汲めるようにしてやろう」と。（そこで）目が覚めると、その童子がどこに行ったのかはわからず、ただ西側の軒に（待ち望んでいた）雨が降る音を聞いただけである。

読み 夏五小しく旱り、井に泉を掬む無し。予俯き睨みて、之を責めて曰はく、「吾謂へらく汝は炎夏にも冷たきを涵れ、凛冬にも温かきを抱き、其の時に趨かざる者なり。朝には氷澄を瓢し、暮には玉溜を罌し、其の操を易へざる者なりと。今衆源猶ほ活くるに、爾が泉独り枯れ、泄竇には塵積もり、甃縫には煙生じ、始めて汝を知る者の浅く、汝に期する者の太だ深きを悔ゆるなり。予寧ろ炊を休め飲を息むとも、誓ひて耿恭の膝を屈せず」と。言ひ訖はり、倦爾として睡り、童子を見るに蓬頭土面にして焦唇燥吻、喁喁として告げて曰はく、「吾は井の神なり。爾の釜をして塵を生ぜず、衣をして垢を凝らせざらしむる者は、誰ぞや。爾の筆硯をして津津とし、雲を濡らし霧を染め、樽罍をして灩灩として、月を泛かべ花を浮かべしむる者は、又た誰ぞや。久しく済ふも功を忘れ、一たび渇すれば怨みを成す、何ぞ恩少なきや。当に天閽を扣き、泉戸を闢き、子に無窮の汲を償ふべし」と。覚むれば其の之く所を知らず、但だ西の簷の雨の滴るを聞くのみ。

解説

問1 ①「猶」は「なほ～ごとし」という再読文字の読みと、「なほ」という読みの二つがある。ここでは〝ごとし〟という比況の意は文脈的に合わないので「なほ」であると判断する。

②「寧」は、「いづくんぞ」という疑問・反語形の読みと、「むしろ」という選択形の読みがある。この傍線②の後の「息」の読みが、「やむとも」となっていること、文末を「ず」と読んでいることから、選択形と判断する。疑問・反語形であれば、文末は「ざる（か）」「ざらんや」などの読みになるはずである。〈寧Ａ不（無）Ｂ〉で〝いっそＡしてもＢするな（しない）〟の意である。

問2 今まで井戸にたいへん恩恵を受けてきたのに、それを意識していなかった。しかし、井戸が枯れたことによって、はじめてそのありがたさを思い知ったというわけである。空欄Aは意識していなかったに当たる内容を、空欄Bはたいへん恩恵を受けてきたに当たる内容を考える。

問3　「所」は〈A所B〉の形で「AのBする所」（＝AがBすること）と読む。だから、「不知其所之」は、「其の之く所を知らず」となる。この読み方をしているのは1と5だけである。「覚」については、傍線③の直前の井戸の神の言葉が夢の中での出来事であることをふまえ、〝目が覚めた〟の意に解釈して、1と判断する。

問4　1は「すべての井戸」が不適。枯れたのは「予（＝私）」の家の井戸だけである。また、「生活に必要なだけの雨」も不適。井戸の神は「無窮（＝無限）」の水を約束した。2も「すべての井戸」が不適。また、「今後は水を大切に……諭した」ということを井戸の神はしていない。4については、「恩義を知らない」と責めているのは、私ではなく井戸の神である。「言い訳して謝った」も不適。井戸の神は謝罪はしていない。5については、「別に井戸を掘る」ことはしていない。また、「井戸に感謝」を述べていないし、井戸の神が言った内容も違っている。

二月四日実施分

問　題

（八〇分）

解答に字数制限がある場合には、句読点・カッコも一マスとすること。
受験学部・受験方式によって解答すべき問題を指定しているので注意すること。

全学統一方式（文系）	文学部以外	一　二　三
	文学部※	一　二　三　または　一　三　四
前期方式	APU	一　二　三

※文学部は二（現代文）と四（漢文）が選択問題。両方とも解答した場合は高得点の方を採用。

一　次の文章を読んで、問いに答えよ。

現在の医学は「エビデンスベース医学」に基づいている。これは文字通りエビデンス（実証・証拠）の上に成立するものだ。実験・観察を伴う検証を重ねた上で法則を見つけ、一つの理論を練り上げる。仮にその理論と矛盾する観測データが得られた場合には、もちろん理論を立て直すことになる。このようなサイクルからなる科学的方法が医学を含む自然科学に対して、今日の信頼できる土台を用意した。科学的実証主義の根底にあるのは「再現可能性」という概念である。理論が正しく、また適切な条件の下であれば、一度観察された現象は必ず再現できるという意味である。

しかし社会学や心理学、そして精神医学においてはやや様相が異なる。というのも、これらの学問で主役となるのは人間の情緒だからである。情緒を扱う際には客観的なデータに裏打ちされた再現可能性を追い求めるよりも、個々の感情や体験が重要となる局面も多い。自然科学的な「客体」の世界とは違って、「主体」としての人間の世界には矛盾があるし、一貫性の①トボしい現象も見られる。〈 1 〉

こうした人間の感情体験を尊重するために誕生したのが「ナラティブベース医学」である。ナラティブベース医学の大きな特徴は、厳密な方法論に従わないことにある。〈 2 〉

このような立場は「社会構成主義」の考え方を②踏襲したものだ。社会構成主義によれば、客観的で絶対的な現実は存在しない。人間はコミュニケーションの中で各人の言葉や感情、立場といった要素の組み合わせの上に様々な、いうなれば相対的な現実を生成している。私たちの実感に照らし合わせても、現実をこのようなものとして解釈する立場はそれほど大それたものではないだろう。こうした見方の上に、ナラティブベース医学が成立する。

㋐エビデンスに基づく医学は強力かつ正しい。それに異論はない。実証的な［A］は、長きにわたって自然と向き合ってきた人間の知恵の結晶である。確たる法則に基づく世界を相手にする時、この上なく有効な手法であることは論をまたないだろう。だが、人間の感情までその世界に含めてしまってよいのだろうか。例えば、人の感情は「平均」という概念で割り切れるものではないだろう。平均値から③イツダツする人間が必ず存在する以上、平均値に代表される数字を盲信することは、時にその人の感情を蔑ろ（ないがし）にしてしまうことになる。〈 3 〉

ナラティブベース医学は、エビデンスベース医学では蔑ろにされがちであった部分を優しく拾い上げ、従来のケアにあった穴を埋めた。そこでのキーワードは「個人」や「相対」である。「絶対」な現実を志向し、「集団」としての人間からデータを収集するエビデンスベース医学とは異なり、それぞれの患者が体験したことを重んじる。

このため、ナラティブベース医学は「オーダーメイド医学」とも関係が深い。オーダーメイド医学は「疾患」ではなく「患者」中心の医療を、という考えを核とする。疾患は一つでも、それを抱える患者は一人ではない。〈 4 〉同じ病気に対して機械的に同じ治療法を適用することが必ずしも正しくないということを前提にする。

回り道をしたが、いよいよ物語療法の話に突入しよう。

物語療法は一九七〇〜一九八〇年代にかけて開発され、オーストラリアのソーシャルワーカーであるマイケル・ホワイトとニュージーランドの家族療法士デイヴィッド・エプストンによって初めて提唱された。

この治療法は患者自身の物語（ナラティブ）を巡って実施される。つまりそこで治療の対象となるのは、診断基準に基づく客体としての精神疾患ではなく、主体としての患者の人生の物語である。〈 5 〉物語療法は対話を中心とする精神療法の一種と定義できる。物語療法の目的は、患者の「支配の物語」を書き換えることにある。

私たちは通常、何らかの信念を抱えて生きている。この信念は私たちの人生における主要な物語となり、それに基づいてあらゆる人間関係を、言うなれば現実を構成していく。その人にとっての世界を形作るという意味で、その信念を「支配の物語」と呼ぶ。

この物語が持ち主の存在や価値を肯定する限り、大きな問題は生じない。たとえ物語に支配されていようとも（むしろ支配されている方が）、私たちは幸せに生きられる。ただし、物語がその主人公を否定するようなものであれば、人生は不幸なものへと転じてしまいかねない。

そもそもなぜ、私たちは自分自身を否定するような物語を抱えてしまうのか。簡単に言うと、失敗体験を感情的にも認知的にも誤って処理してしまうことがきっかけだ。言うまでもなく、人は誰しも失敗を経験する生き物で、失敗それ自体は珍しくない。ただし、それに対する心理的な処理がうまくいかない時がある。この誤った処理プロセスの結果、「私は敗北者である」という誤った信念が生まれるのだ。

失敗を経験した際に「私は失敗した」と認識することは健全である。しかし、そこから「私は敗北者である」という認識に飛躍するのは健全とは言えない。この考えは「私は今後も絶対に成功しない」「私には成功するだけの才能がない」という誤った信念に、容易につながり得る。それは不健全なだけでなく、端的に誤っているだろう。順序は逆で、「自分は敗北者であり、どうしたって成功できない」という人生の物語に支配されている人が、その物語を抱えた結果として失敗を繰り返すようになるのだ。

この人の物語を「今回は失敗したけれど、成功するだけの能力は備えているだろうから、今度こそ成功できるはずだ」というものに「書き換える」ことができたら、今度は積極的な行動を取れる確率が高くなる。

B ではないが、何かを信じていれば、思いがけずその結果が得られることは珍しくない。信念が行動を導くのである。これは決して魔法やスピリチュアルの類ではなく、心理学的にも定式化された「自己成就予言」という現象である。予言をした者はその後、予言に沿った行動を無意識に取りやすくなり、結果として予言が成就するという仕組みである。

悪い思い込みも事情は同じだ。誤った信念に従って行動すれば、④懸念していたことが現実となる。すると、やはり思い込みは当たっていたのだという錯覚が生じる。これが悪循環となって、一層誤った思い込みを信じやすくなる。「私は敗北者であるから、どうせ失敗するだろう」「私は負け組であるから、どうせ成功できないだろう」と信じ込むからこそ、結果的に失敗を誘発してしまうのだ。このような誤った信念、否定的な物語を覆すのが物語療法の目的である。セラピーを通じてクライアントに別の考え、もっと健全な人生の物語を与えるのだ。

「失敗から抜け出せない」という信念は、患者が自分自身と失敗とを同一視していることに由来する。つまり、自分はある一回の課題に失敗したのではなく、自分こそが失敗そのものなのだと誤った思考をしてしまうのである。患者自身と失敗が同一視される時、それは「内在化」されていると呼ばれる。内在化した失敗を当人と切り離すには、外在化技法と呼ばれる手法に頼る必要がある。

外在化のプロセスは、物語療法を行うセラピストにとって第一段階と言える。このステップを成し遂げるには、患者が抱えたもの以外のストーリー、人生の物語を紹介する。例えば「私の努力が足りなかった」以外に考えられる要因を、患者と一緒になって探る。仮に、本当に努力不足が原因だったとしても、(ウ)それは「自分は怠け者だ」という内在化された思い込みに起因していることが多い。この物語だけを持っていれば、当たり前ながら失敗を繰り返すおそれは高くなるだろう。こうしたクライアントに対して、セラピストは代替となる物語を紹介する。つまり、想像上の物語を用意し、それを言葉によって提示するのだ。

「物語」という語で思い出してほしいのが、小説、映画、アニメなどの存在だ。想像上の物語をクライアントに語って聞かせるよりも、綺麗な文章表現、あるいは画像や音楽からなる物語を提示する方が簡単である。この世界に存在する物語の全てが建設的なものだとは言えないが、物語療法に応用できる物語も多数あるだろう。こうした既存の物語を治療的に用いるという発想が映画療法や、この後紹介する読書療法のベースにある。

本来的には「娯楽」として生まれた物語を、エンタメとしてではなく、代替的な人生の物語として用いる。これが物語療法の核心である。より厳密な言い方をすれば、患者は物語を鑑賞することで間接的な観察学習を経験しているのである。

ここまでの話を整理しよう。物語療法においては、人生に支障をきたしている強い信念、つまり否定的な物語を切り替えるために、(エ)代替となる新たな物語を提示する。このために精神医療や心理学の専門家ができることは、カウンセリングにおいて、

「想像上の物語を紹介する」「作品を介して既存の物語を紹介する」の二つが主となる。

ここでは、まだ十分に触れてこなかった読書療法を見ておきたい。映画療法では実写映画が用いられるように、読書療法では本（小説または教育的な教科書）が用いられる。根幹となる発想は基本的に映画療法と変わらないが、読書療法はより多くの、科学的に裏付けられたデータが蓄積されている。本を読むだけで治療になるとは信じ難いかもしれないが、よく考えれば読書は私たちホモ・サピエンスの知恵を象徴する行為であると言える。

読書療法が持つ魅力の一つに、「自助療法」になり得る点が挙げられる。自助療法とは患者本人が治療の主体となる治療方法であり、医療従事者の介入を最低限に抑えられるのが特徴だ。自助療法の利点には治療を気軽に試せることや、標準的な医療よりもコストが抑えられることなどが挙げられる。加えてセラピストとのコンタクトが最低限に抑えられるので、治療に対する心的なハードルも下がると考えられる。つまり様々な意味において、患者への負担が小さい治療法なのである（映画療法についても同じことが言えるだろう）。

読書療法は、大きく二つのタイプに分類される。一つは知識の獲得を目的とする認知行動的な手法、もう一つは「治療的なストーリーテリング」を活用する方法だ。後者の治療的ストーリーテリングには、映画療法と同様に物語が含まれている。情報の収集による教育効果よりも物語のキャラクターに対する感情移入を重視し、これによって感情的な治癒を目指すのである。ただし、読書療法を実施する際の大きな制限として、クライアントの読解力に大きく依存することが指摘されている。このため、万人に効果が期待できる治療法であるとは言い難い。

現在の臨床心理学において最も広く知られた読書療法の有効性は、軽症および中症のうつ病に対する改善効果である。この結果をうけてイギリスでは二〇一三年から政府公認の下、本を処方できる医療システムが整備されている。これは紛れもなく物語療法の大きな貢献であると言えるだろう。

（パントー・フランチェスコ『アニメ療法』による。なお一部を改めた）

注　クライアント＝セラピーを受ける人のこと。患者。

問1 傍線①、③のカタカナを漢字に改めよ。楷書で正確に書くこと。

問2 傍線②、④の読み方をひらがなで書け。

問3 次の一文は、本文中の〈 1 〉～〈 5 〉のどこに入れるのが最も適当か。その番号をマークせよ。

要は、得体のしれないものなのだ。

問4 傍線㋐の「エビデンスに基づく医学」の問題点を、筆者はどのようなものだと考えているか。最も適当な部分を、解答欄に合うように、本文中から二十五字以内でそのまま抜き出して、始めと終わりの五字を書け。

〔解答欄〕 □□□□□ ～ □□□□□ 点

問5 A に入れるのに、最も適当な語を、本文中からそのまま抜き出して、三字で書け。

問6 傍線㋑に「物語に支配されていようとも（むしろ支配されている方が）、私たちは幸せに生きられる」とあるが、その説明として、最も適当なものを、次のなかから選び、その番号をマークせよ。

1　社会における支配的な物語に従って生きると、対立や葛藤などが生じにくくなるので、むしろ比較的ストレスなく生きていくことができるということ

2　あえて他人に与えられた支配の物語に従って生きることで、私たちは自分を相対化できるようになり、信念に縛られず楽になることができるということ

3　私たちは信念に基づきそれぞれの物語を形作っているので、それが肯定的なものならば、信じることが結果につながり、

よい現実を構成できるということ

4　私たちの抱えている信念は、私たちの人生における主要な物語となることで、それに基づいて自分自身を支配する生き方が自然に感じられること

5　あれこれと判断しながら生きていくのは辛いことなので、自分の信念に基づく物語の支配に身を任せた方がむしろ安心して生きられるということ

問7　B　に入れるのに、最も適当なものを、次のなかから選び、その番号をマークせよ。

1　「石の上にも三年」という格言　2　「意志あるところに道は開ける」ということわざ

3　「嘘から出たまこと」という名言　4　「絵に描いた餅」という戒め　5　「温故知新」という教訓

問8　傍線㋒に「それは『自分は怠け者だ』という内在化された思い込みに起因していること」とあるが、その説明として、最も適当なものを、次のなかから選び、その番号をマークせよ。

1　自分は怠け者だという誤った信念のため、努力不足から目をそらしてしまうということ

2　自分は怠け者だと認められないため、努力することに意味を見出せない状態にあるということ

3　自分は怠け者だという誤った信念のため、努力不足という事実を認められないということ

4　自分は怠け者だと認められないため、同じような失敗を繰り返してしまうということ

5　自分は怠け者であるという誤った信念にとらわれ、実際には十分に努力できなかったこと

問9　傍線㋓に「代替となる新たな物語を提示する」とあるが、それはどういうことか。その説明として、適当なものを、次のなかから二つ選び、その番号をマークせよ。

1　努力が足りなかったと思い込んでいる人に、一時的な不調や運の悪さなど、失敗の原因として別の物語が想像できるこ

とを紹介すること

2　失敗して落ち込み、自分自身が失敗そのものなのだと思い込んでしまった人に対して、小説や映画など既存の物語で気晴らしをしてもらうこと

3　自分自身と失敗とを同一視するような物語に支配されている人に対して、物語の支配から解き放たれて、現実に目を向けられるよう促すこと

4　自分は負け組で何をやっても成功しないと思っている人に、成功しても幸せになれるとは限らないことを描いた小説やアニメを紹介すること

5　自分が敗北者であると思い込んでしまった人に対して、セラピストが対話を中心に、クライアントの内在化された考えを外在化技法を使って変化させること

6　自分を否定するような物語に支配されてしまった人に、その物語とは違う考え方ができるような既存の映画や小説、アニメなどを紹介すること

問10　本文の内容に合うものを、次のなかから一つ選び、その番号をマークせよ。

1　現在のすべての医学は、実験・観察から得られたエビデンスに基づいた人間の知恵の結晶であり、自然や人間の世界を相手にするとき、この上なく有効な手法である。

2　人間がコミュニケーションのなかで、各人の言葉や感情、人間関係など様々な要素を組み合わせ、客観的で絶対的な現実とともに相対的な世界を生成していると考える立場を、社会構成主義という。

3　対話を中心とする精神療法の一種である物語療法は、心理的な処理を誤ることで生み出される支配の物語を、健全な人生の物語に書き換えることを目的としている。

4　映画療法は自助療法になり得るため、標準的な医療よりコストが抑えられたり、心的ハードルも低かったりと、負担が

小さい治療法であり、物語療法の中でも最も多くのデータの蓄積がある。

5　読書療法は臨床心理学でもうつ病に対する有効性が知られており、イギリスで政府公認の医療システムが整備されるなど、あらゆる人に効果的な治療法として大きな貢献をしている。

問11　精神科医でもあり文学者でもあった斎藤茂吉の代表作を、次のなかから一つ選び、その番号をマークせよ。

1　若菜集　2　即興詩人　3　邪宗門　4　みだれ髪　5　赤光　6　死刑宣告

二　次の文章を読んで、問いに答えよ。

表現としての言語の本質は、確かに意味を介した間接表現というところにある。これに間違いはない。しかし、言語は間接表現だけで、直接表現がまったくないか、というと、必ずしもそうではない。実は、言語にも、直接表現が存在するのである。まず、文字言語における直接表現を考えてみよう。たとえば書道である。書道は文字言語を昔ながらの毛筆で表現する芸術だが、そこでの文字は単なる言語記号として表現されているだけではない。書道においては、書かれた文字そのものに、書き手の個性、あるいは書き手が頭と心の中で想像・創造したその文字言語に関する意味的なイメージが、視覚的な形象として直接表現されている。特に漢字は象形文字であるから、たとえば「山」という文字の語源である《山》の視覚的な形象を、または「月」という文字の語源である《月》の視覚的な形象を、ある程度は絵画的に直接表現することができる。

ただし、書道のように、書き手が心情を込めて自分の手と筆で書くいわゆる肉筆の文字言語はいまや文字言語の中でもネグリジブル・スモール（無視しうるほど小さい）というような存在になってしまった。ほとんどの文字言語は、端正ではあるが規格化された活字体によって記されている。

したがって、現在、大部分が活字化してしまった文字言語の場合は、ほぼ純粋に間接表現だけになってしまった、といってもよい状況なのである。

次に、音声言語における直接表現を考えてみよう。

文字言語がほぼ純粋に間接表現だけになってしまったのに比べ、音声言語の方はかなり状況がちがっている。一部の例外を除けば、現在でも、大部分の音声言語は、生身の人間が自分の声帯を使った肉声によって表現されている。そして、この肉声は、昔から「声は人格なり」という格言があるとおり、人間の心情をよく直接表現するのである。この事実は、動物が発する鳴き声を思い起こせば明らかであろう。身近にいる犬や猫を観察すれば、動物は音声言語こそ持たないが、自らが発する鳴き声によって実にさまざまな感情を直接表現していることがわかる。喜怒哀楽といった感情ばかりではない、親愛や嫌悪や恐怖や威嚇といったさまざまな情念までも、もっぱらその鳴き声によって直接表現している。動物にとって、鳴き声は自分の感情や情念を直接表現するための最大・最強・最高の手段なのである。そして、あらためて考えてみれば、実は人間においても、肉声が発する音声言語は今なお、自分の心情を直接表現する最大・最強・最高の手段でありつづけている。昔から伝わる「声は人格なり」という格言は、現在でもまったくそのままあてはまるのである。

音声言語は、人間の心情をまさに直接表現するのである。この点こそが、文字言語にはない、音声言語の本質的な特性であろう。そして、この音声言語の本質的な特性は、朗読とはなにかを考えるさいの最重要なポイントなのである。〈　1　〉

この㋐文字言語と音声言語の本質的な相違点を、一つの例文によってさらに具体的に説明していこう。

例文：「その時、私は『お母さん』と言った」

見てのとおり、これはきわめて簡単な短い文である。きわめて簡単な短い文ではあるけれども、これを文字言語の表現として見るかぎり、これで一応完結しており、それなりに過不足のない一つの表現となっている。

しかし、これを音声言語によって再表現しようとする場合はどうであろうか。実際にこれを音声言語で再表現しようとすればすぐに分かることだが、実は、これだけでは、再表現するための前提条件がまったく不足しているのである。そのため、どのような音声言語にしたらよいか判断できず、こまってしまう。もちろん、放送アナウンサーがニュース記事を伝えるような無機質で［A］な表現、あるいは、子供や外国人がたどたどしくやるような棒読みでよいなら、何もこまることはない。ただ「ソノトキ、ワタシハ『オカアサン』トイッタ」と音読すればよいのである。しかし、内容にふさわしい的確な音声言語で表現しようとすると、たちまち立ち往生してしまう。なぜなら、音声言語は、表現主体の心情を直接表現することが可能なのだから、逆に、それにふさわしい直接表現をしなければ、われわれが日常会話としてなじんでいる当たり前の音声言語としては不十分なものになってしまうからである。したがって、表現主体の心情を直接表現するための諸々の前提条件が分からないかぎり、その内容にふさわしい音声言語の再表現ができないことになる。〈 2 〉

たとえば、この例文において「その時」とは一体どういう時（状況）なのか。また「私」とは一体どういう人物なのか。さらに、相手の「お母さん」とは「私」にとってどういう人物であり、どういう関係にあるのか。最後に、ここで「お母さん」と「言った」ときの「私」の心情はどういうものだったのか。これら諸々の前提条件によって、音声言語の表現、特に表現主体の心情にかかわる直接表現はさまざまに変わりうるし、また、変わらなければならないのである。

実際には、さらに細かな、さらに多様な前提条件が設定されていることが考えられるから、その組み合わせは実質的には無限というべきであろう。〈 3 〉

そして、それを音声言語で表現する場合には、その組み合わせごとに、それにふさわしい心情的な直接表現をしなければならない。

たとえば、小さな女の子である「私」が、新しいすてきなお人形を買ってもらいたくて、自分のやさしい「お母さん」に身をすり寄せて、小さな女の子らしく甘えながら「お母さん」と訴えかける場合の音声言語はどうであろうか。たとえば、中年の女性である「私」が、たまたま道路の向こう側を歩いていた老齢の「お母さん」がヨロヨロと倒れかかるところを目撃し、驚きかつ心配しながら「お母さん」と叫ぶ場合の音声言語はどうであろうか。たとえば、いまや老齢となった「私」が、すでに亡くなってしまった「お母さん」の墓参りに出かけ、少女の頃に新しいすてきなお人形を買ってくれたやさしい「お母さん」のことを思い出しつつ、なつかしさのあまり思わず「お母さん」と一人つぶやいてしまう場合の音声言語はどうであろうか。

これらさまざまな前提条件を自らイメージしつつ、それぞれにふさわしい心情を込めた肉声によって、実際に、

「その時、私は『お母さん』と言った」

と表現してみて欲しい。そうすれば、これが同じ音声言語か、と自ら驚くほど、それぞれの前提条件によってまったく違った音声言語が表現されていることに気づくはずである。そして、肉声による音声言語が人間の心情をどれほど的確に直接表現できるものか。あるいは逆に、いざ改まってその場にふさわしい心情を的確に直接表現をしようとすると、それがいかにむずかしいか。そういう事実がつくづくと実感できるはずである。〈　4　〉

文字言語と音声言語の本質的な共通点は、どちらも言語として意味を介した間接表現ができるが、絵画や音楽のように表現対象の形象を直接表現することはできない、という点にある。これを逆にいえば、絵画や音楽は表現対象の形象を直接表現することができるけれども、言語のように意味を介した間接表現はできない、ということになる。〈　5　〉

ただし、直接表現と一口にいっても、実は、二種類の直接表現がある。一つは形象の直接表現。他の一つは心情の直接表現である。そして、文字言語と音声言語の本質的な相違点には、この心情の直接表現が深くかかわっている。文字言語は心情の直接表現がほとんどできないのに対し、音声言語は心情の直接表現が得意中の得意である。人間の声帯によって発せられる音声は本

来的に、人間の心情を表現する最大・最強・最高の手段なのだから、これはいわば当然であろう。何回でも強調するが、この心情の直接表現が得意であること、これこそが、音声言語の本質的な特長なのである。

ちなみに、絵画は心情の直接表現が、まったく不可能というわけではないが、得意とまではとてもいえない。たとえば、人物画における人物の表情描写によって、その人物の心情をある程度は直接表現することができる。また、絵画全体の構図・色調・筆づかいなどで、描き手のだいたいの心情を直接表現することもできる。しかし、絵画世界や描き手における心情をこまやかに、あるいは、複雑かつ高度に直接表現することは不得意といわざるを得ない。

それに比べて、音楽は、この心情の直接表現がかなり得意である。ことによると、音楽は作曲家や演奏者の心情の直接表現そのものである、といってもよいのかもしれない。映画やテレビドラマなどでも、重要な場面には必ずバックに音楽（BGM）が流れてくる。この音楽（BGM）が流れるか否かで、その場面を視聴している側の心情的な盛り上がりはまったく違ってくる。また、世界中の人々、特に若者たちがミュージックに熱狂するのも、この音楽における心情の直接表現に深くかかわっている。特に歌唱は、歌詞（言語）による意味の間接表現と、歌声と伴奏（音楽）による心情の直接表現が、渾然（こんぜん）一体としてミックスされたものである。そういう意味で、歌唱が昔から人々に愛され、幾多の深い感動をもたらしてきたのも深くうなずける。

ともあれ、音声言語による表現の本質は、一方の言語における意味を介した間接表現と、他方の音声による心情の直接表現とを、統一的（調和的）に実現できるという点にある、ということを深く認識することが重要である。そして、その表現の前提として、表現主体の頭と心の中に、表現するものの内容が十分にイメージされていなければならない（表現イメージ）こと。さらに、その結果としては、表現された音声言語を受けとめて認識した認識主体の頭と心の中に、その認識したものの内容が十分にイメージされなければならない（認識イメージ）こと。㋑これらを深く認識することが重要である。

（東百道『朗読の理論』による。なお一部を改めた）

問1 次の一文は、本文中の〈 1 〉～〈 5 〉のどこに入れるのが最も適当か。その番号をマークせよ。

これらの点が音声言語の基本的な特性であり、また文字言語との大きな相違点なのである。

問2 傍線㋐「文字言語と音声言語の本質的な相違点」とあるが、その説明として、最も適当なものを、次のなかから選び、その番号をマークせよ。

1 文字言語は間接表現として機能しているが、音声言語は表現対象の形象を直接表現することができる。
2 文字言語は意味を介した間接表現だけだが、音声言語は直接表現だけでなく、間接表現も可能である。
3 音声言語はほぼ間接表現になってしまった文字言語と異なり、人間の感情を直接表現することができる。
4 音声言語は心情を直接表現するだけだが、文字言語は間接表現だけでなく、書道のように直接表現できる両面がある。
5 音声言語は動物の鳴き声に似ていて、感情を直接表現する最高の手段だが、文字言語は心情の再表現が不可能である。

問3 [A] に入れるのに、最も適当な語を、次のなかから選び、その番号をマークせよ。

1 素朴　2 生硬　3 平板　4 緻密　5 稚拙

問4 傍線㋑に「これらを深く認識することが重要である」とあるが、その説明として、最も適当なものを、次のなかから選び、その番号をマークせよ。

1 表現主体が表現と認識双方のイメージをもつためには、文字言語と音声言語の調和的実現を深く認識することが重要であるということ
2 表現主体の表現イメージと認識主体の認識イメージが調和するためには、音声言語の本質を深く認識することが重要であるということ
3 表現主体が表現内容をイメージするためには、音声言語、文字言語それぞれの本質的な特長を深く認識することが重要

であるということ

4　表現主体が表現内容をイメージし、それが認識主体に伝わるためには、間接表現と直接表現との調和を深く認識することが重要であるということ

5　表現主体と認識主体の両方に正しくイメージされるためには、直接表現と間接表現が渾然一体となることを深く認識することが重要であるということ

問5　本文の内容に合うものを、次のなかから一つ選び、その番号をマークせよ。

1　音声言語は人間の心情を直接表現するもので、表現主体の人格と深く関わっていることにその本質がある。

2　音声言語には心情の直接表現に優れているという特長があり、多様な前提条件に応じた表現が求められる。

3　絵画は構図・色調・筆づかいや人物の表情描写によって人間の心情を繊細に表現することが可能な芸術である。

4　音声言語の本質的な特質は直接表現にあって、表現主体の心情を再表現する種類や組み合わせは無限である。

5　表現としての言語の本質は意味を介した間接表現にあり、絵画や音楽はその機能を最も発揮した芸術といえる。

6　音楽は文字言語と同様に繊細な心情表現が得意であり、とくに歌唱は人々に幾多の深い感動をもたらす芸術である。

三　次の文章を読んで、問いに答えよ。

芭蕉翁は五十一にて世を去り給ひ、作文に名を得し難波の西鶴も、五十二にて一期を終はり、

　浮世の月見過ごしにけり末二年

の辞世を残せり。わが虚弱多病なる、それらの年もかぞへこして、今年は五十三の秋も立ちぬ。為頼の中納言の、若き人々の逃げ隠れければ、

　いづくにか身をば㋐寄せまし世の中に老いをいとはぬ人しなければ

と詠みて嘆かれけむも、やや思ひ知る身とはなれりけり。

　されば浮世に立ち交じらむとすれば、亡きが多くもなりゆきて、松も昔の友にはあらず。たまたま一座に連なりて、若き人々にも嫌がられじと、心軽くうちふるまへども、耳疎（うと）くなれば咄（はなし）も間違ひ、たとへ聞こゆるささやきも、当時のはやり詞（ことば）を知らねば、それは何事何ゆゑぞと、根問（ねどひ）・葉問（はどひ）をむつかしがりて、枕相撲も拳酒（けんざけ）も、騒ぎは次の間へ遠ざかれば、奥の間にただ一人、火燵蒲団（こたつぶとん）の島守となりて、「お迎へが参りました」と、問はぬに告ぐる人にも「かたじけなし」と礼は言へども、㋑何のかたじけなきことかあらむ。

　六十の髭（ひげ）を墨に染めて、北国の軍（いくさ）に向かひ、五十の顔に白粉（おしろい）して、三ヶの津の舞台にまじはるも、いづれか老いを嘆かずやある。歌も浄瑠璃も落し咄も、昔は今のに勝りしものをと、老人ごとに覚えたるは、おのが心の愚なり。物は次第におもしろけれども、今のは我がおもしろからぬにて、昔は我がおもしろかりしなり。

　しかれば、人にも疎まれず、我も心の楽しむべき身の置き所もやと思ひめぐらすに、わが身の老いを忘れざれば、しばらくも心楽しまず。わが身の老いを忘るれば、例の人には嫌がられて、あるは似げなき酒色のうへに、過ちをも取り出でむ。されば老いは忘るべし。また老いは忘るべからず。二つの㋒境まことに得がたしや。

今もし蓬萊の店を探さむに、「［A］の薬は売り切れたり。［B］の薬ばかりあり」と言はば、たとへ一銭に十袋売るとも、［C］を離れて何かせむ。不死はなくとも不老あらば、十日なりとも足りぬべし。陸放翁が「神仙［D］何事をか成す、只秋風に向かつて感慨多からむ」と薊子訓をそしりしも、さることぞかし。

願はくは、人はよきほどの終ひあらばや。兼好が「長くとも四十に足らぬほどにて死なむこそ、めやすかる［①］」と言ひし四十足らずの物好きは、㋓なべてのうへには早過ぎたり。かの杜甫が「古来稀なり」と言ひし七十まではいかがある［②］。ここにいささかわが物好きを言はば、辺り隣の耳にやかからむ。とても願ひの届く［③］には、不用の長談義言はぬは言ふに勝らむをと、この論ここに筆を拭ひぬ。

（『鶉衣』による）


注　為頼の中納言＝藤原為頼。平安時代中期の歌人。　根問・葉問＝根掘り葉掘り質問すること。

枕相撲・拳酒＝酒席で行う遊戯。

六十の髭を…向かひ＝『平家物語』に見える斎藤実盛の故事。

三ヶの津の舞台＝京・大坂・江戸の三か所の芝居。

落し咄＝しゃれや語呂合わせなどで落ちをつけて結ぶ話。

蓬萊＝蓬萊山。不老不死の仙人が住むとされる。　陸放翁＝中国宋代の詩人、陸游。

薊子訓＝三百年余り生きたとされる仙人。

問1　傍線㋐の「寄せまし」、㋓の「なべてのうへ」を、それぞれ十字以内で現代語訳せよ。

問2　傍線㋑の「何のかたじけなきことかあらむ」の理由として、最も適当なものを、次のなかから選び、その番号をマークせよ。

1　別室の騒ぎから離れて、のんびりとくつろいでいるところに水を差されたから
2　一見気遣いをされているようだが、実は体よく帰宅するよう促されているから
3　一人で帰宅できるのに、自分のことを必要以上に老人扱いしていると感じたから
4　別室で気分が悪そうにしているのを心配して、わざわざ迎えを呼んでくれたから
5　隣室からにぎやかな遊戯の様子を楽しんでいたのに、配慮が足りないと思ったから

問3　傍線㋒の「まことに得がたしや」と考える理由として、最も適当なものを、次のなかから選び、その番号をマークせよ。

1　老いを忘れて振る舞うと人から親しまれるが、老いを意識して振る舞うと人から尊敬され頼られるから
2　老いを忘れると酒色の上で失態を犯してしまうが、老いを意識すると酒色を楽しむ気もなくなるから
3　老いを忘れて振る舞うと人から嫌われてしまうが、老いを意識すると自分が楽しむことができないから
4　老いを忘れると自分が楽しい気持ちになれるが、老いを意識すると他人を楽しませることができるから
5　老いを忘れて振る舞うと他人を傷つけてしまうが、老いを意識して振る舞うと自分がみじめになるから

問4　［A］、［B］、［C］、［D］に入れるのに、最も適当な組み合わせを、次のなかから選び、その番号をマークせよ。

1　A＝不死　B＝不老　C＝不死　D＝不老
2　A＝不老　B＝不死　C＝不老　D＝不死
3　A＝不死　B＝不老　C＝不死　D＝不死

4　A＝不老　B＝不死　C＝不死　D＝不死
5　A＝不死　B＝不老　C＝不老　D＝不老
6　A＝不老　B＝不死　C＝不老　D＝不老

問5　①、②、③に入れるのに、最も適当なものを、それぞれ次のなかから選び、その番号をマークせよ。

1　べし　2　べき　3　べけれ　4　まじ　5　まじき　6　まじけれ

問6　本文の内容に合うものを、次のなかから二つ選び、その番号をマークせよ。

1　五十三歳となった今、為頼の中納言が「老いから逃れられない人はいない」と嘆いた気持ちがよくわかる。
2　老人が若い人々に嫌われまいと気安く振る舞うと、昔のことをあれこれ聞かれ、かえって煩わしいものだ。
3　戦場に向かう武士や舞台に立つ役者など、自分の経験が生かされる場のある者は、老いを嘆くこともない。
4　何事も時代を追っておもしろくなっていくのが道理で、昔はよかったと老人が思うのは愚かしいことだ。
5　人はあまり長すぎず、かといって短かすぎず、ほどほどの長さの寿命でこの世を終わりたいものである。
6　四十歳までに引退するのがよいというのは、あくまでも自分の好みであり、公言するのははばかられる。

問7　井原西鶴の作品を、次のなかから一つ選び、その番号をマークせよ。

1　東海道中膝栗毛　2　心中天の網島　3　浮世風呂
4　折たく柴の記　5　椿説弓張月　6　世間胸算用

四　次の文章を読んで、問いに答えよ（設問の都合上、訓点を省略した部分がある）。

蘇子由在政府、子瞻為翰苑。有一故人与子由兄弟有旧者、来干子由求差遣、久而未遂。一日、来見子瞻、且云、「某有望内翰以一言為助。」公徐曰、「旧聞有人貧甚、①無以為生乃謀伐塚、遂破一墓。見一人裸而坐、曰、『爾不聞漢世楊王孫乎。裸葬以矯世。無物以済汝也。』②復鑿一塚、用力弥艱。既入、見一王者、曰、『我漢文帝也。遺制、壙中無納金玉器。皆陶瓦、何以済汝。』復見有二塚相連、乃穿其在左者、久之方透。見一人、曰、『我伯夷也。羸瘠面有飢色、餓于首陽之下。無以[A]汝之求。』其人嘆曰、『用力之勤、無所獲、不若更穿西塚。或③庶幾有得也。』羸瘠者謂曰、『勧汝別謀於他所。汝視我形骸如此、舎弟叔斉豈能為人也。』故人大笑而去。

（『墨荘漫録』による）


注　蘇子由＝宋の蘇轍。子由は字。　子瞻＝蘇轍の兄である蘇軾の字。　翰苑＝詔勅を起草する役所。翰林院。

有旧者＝昔なじみ。　干＝ある目的をもって会見すること。　差遣＝役人としての実際の仕事。

内翰＝ここでは蘇軾を指す。　楊王孫＝前漢の楊貴。王孫は字。富豪だが厚葬を嫌い、裸で土葬するよう遺言した。

文帝＝前漢の皇帝。質素を重んじた。　遺制＝死去に際して君命を残すこと。

伯夷＝殷末の人。弟の叔斉とともに、周の殷討伐を批判して首陽山に隠れ、周の食べ物を口にせず餓死した。

問1　傍線①の「無以為生乃謀伐塚」の書き下し文として、最も適当なものを、次のなかから選び、その番号をマークせよ。

1　以て生の為には乃ち塚を伐くを謀ること無く
2　以て生の為には乃ち謀ること無く、塚を伐き

3 以て生を為すこと無く、乃ち謀りて塚を伐き
4 以て生を為し、乃ち謀りて塚を伐くこと無く
5 以為へらく生きては乃ち謀りて塚を伐くこと無しと
6 以為へらく生くるには乃ち謀ること無く、塚を伐くと

問2 傍線②の「復」、③の「庶幾」の読み方を、送りがなも含めて、それぞれひらがなで書け。

問3 [A] に入れるのに、最も適当なものを、次のなかから選び、その番号をマークせよ。

1 憤 2 反 3 恥 4 謝 5 応 6 換

問4 本文の内容に合うものを、次のなかから一つ選び、その番号をマークせよ。

1 昔なじみが、蘇轍に仕事を依頼したが断られたので、蘇軾に頼みに行った。すると、自分よりも蘇轍のほうが力を持っているから、諦めずもう一度頼みに行くようにとたとえ話で勧められ、納得して笑みを浮かべて帰った。
2 昔なじみが、蘇轍に仕事を依頼したがうまくいかないので、蘇軾に口添えを頼みに行った。すると、自分には世話をする力がなく、弟も同様だとたとえ話で返答されたが、話がおもしろかったので、機嫌よく笑って帰った。
3 昔なじみが、蘇轍に仕事を依頼したのに長らく返事がなく、生活に困り果てて墓を盗掘しようとした。しかし、蘇軾に見つかり、盗掘した男が幽霊にたたられた話をいくつも聞かされたので、笑ってごまかして帰った。
4 昔なじみが、蘇轍に仕事を依頼したが相手にされなかったので、蘇軾に口添えをしてもらおうとした。けれども、清貧の生活こそが理想の生き方であると蘇軾にたとえ話で諭され、豊かな心持ちになって笑顔で帰った。
5 昔なじみが、蘇轍に仕事を依頼したが断られた。そこで、蘇軾に蘇轍の仕打ちを訴えたところ、自分たち兄弟は貧しくそんな力を持っていないとたとえ話で打ち明けられたので、恥をかかせないように笑って帰った。

解　答

二月四日実施分

出典　パントー・フランチェスコ『アニメ療法——心をケアするエンターテインメント』〈第4章　アニメは娯楽以外の意味を持つか〉（光文社新書）

解答

問1　①乏　③逸脱

問2　②とうしゅう　④けねん

問3　1

問4　同じ病気に～を適用する

問5　方法論

問6　3

問7　2

問8　5

問9　1・6

問10　3

問11　5

要旨

「エビデンスベース医学」に基づく現在の医学に対して、それぞれの患者の感情体験を尊重するのが「ナラティブベース医学」である。対話を中心とする精神療法の一種である物語療法の目的は、患者の「支配の物語」を書き換えることにある。すなわち、内在化された失敗を抱いている患者に対して、セラピストはその代替となる想像上のあるいは既存の物語を紹介して、それを当人から切り離すのである。読書療法は「自助療法」になり得るのが魅力であり、知識獲得を目指す手法と、物語のキャラクターへの感情移入による感情的治癒を目指す手法に大別され、うつ病への改善効果が認められている。

解説

問3　挿入文が「要は」とまとめの言葉で始まり、「得体のしれないものなのだ」と続くことを意識して、空欄部の直前が「得体のしれないもの」の具体例となっているところを探す。すると、〈1〉の直前で、「自然科学的な『客体』の世界」との対比で、「『主体』としての人間の世界」について「矛盾があるし、一貫性の乏しい現象も見られる」と指摘されている。よって、1を選ぶのが適切である。

問4　第六・七段落では、傍線㋐の「エビデンスに基づく医学」と対比的な「ナラティブベース医学」について説明されている。その中で、第七段落に「同じ病気に対して機械的に同じ治療法を適用することが必ずしも正しくないということを前提にする」とあり、ここで「正しくない」とされているのが、傍線㋐の問題点であるとわかる。設問の指定により「同じ病気に……を適用する」を抜き出す。第五段落の「時にその人……ことになる」も候補となるが、限定的なケースでの問題点なので、「同じ病気に……」のほうが適切である。

問5　「エビデンスに基づく医学」は「エビデンスベース医学」であり、この特徴としては第一段落で「エビデンス（実証・証拠）の上に成立するものだ」と指摘されている。これと対比されているのが第三段落でいう「ナラティブベース医学」であるが、その大きな特徴は、「厳密な方法論に従わないことにある」と指摘されている。この両者を照らし合わせると、空欄Aに入るのは「エビデンス（実証・証拠）の上に成立する」、すなわち「厳密な方法論に従」うことと考えられる。空欄直前に「実証的な」とあることもあわせて考えると「方法論」が適切である。

問6　傍線㋑と似た表現として前段落に「支配の物語」とあり、それは「私たち」が「通常」「抱えて生きている」ところの「信念」のことでもある。この「信念」について、前段落で「私たちの人生における主要な物語となり、それに基づいてあらゆる人間関係を」「現実を構成」するものであり、「その人にとっての世界を形作る」と述べられている。そして、空欄Bの後に「何かを信じていれば……その結果が得られる」「信念が行動を導く」とあるので、3を選ぶのが適切。1・2は「支配的な（支配の）物語」がそれぞれ「社会」または「他人」に与えられるとしている点で不適。4は「主要な物語」になることで「自分自身を支配する生き方が自然に感じられる」が本文になく、不適。5は「あれこれと判断しながら生きていくのは辛いことなので」が本文になく、不適である。

問7 空欄Bの後の「何かを信じていれば、思いがけずその結果が得られる」や「信念が行動を導く」、あるいは「自己成就予言」についての説明である「予言をした者はその後、予言に沿った行動を無意識に取りやすくなり、結果として予言が成就するという仕組み」を根拠に選ぶ。となると、「意志あるところに道は開ける」とある2が適切である。3は「嘘」「まこと」という真偽の話になっている点で不適。

問8 傍線㋒の「それ」は、直前から「努力不足」であったことを指す。したがって傍線部は、「努力不足」であったのは、『自分は怠け者だ』という内在化された思い込み」のせいだ、という意味である。これと同意であるのは5である。2・4は「自分は怠け者だと認められない」が不適。1は「努力不足から目をそらしてしまう」、3は「努力不足という事実を認められない」がそれぞれ言い過ぎで不適。

問9 傍線㋓については、直後に「想像上の物語を紹介する」と「作品を介して既存の物語を紹介する」と説明されている。前者が1に、後者が6に合致している。2は「気晴らしをしてもらうこと」が、3は「物語の支配から解き放たれて、現実に目を向けられる」がそれぞれ不適。4は「小説やアニメ」の内容として「成功しても幸せになれるとは限らない」といった「否定的な物語」があげられている点で不適。5は「外在化技法を使って変化させる」とあるが、そのために〈代替の物語を提示する〉のであって、傍線㋓の直接の説明になっていない。

問10 1は「すべての医学」とあるが、第二段落によると「精神医学」が「ナラティブベース医学」に属するので不適。

2は「客観的で絶対的な現実」とあるが、第四段落によると「社会構成主義によれば、客観的で絶対的な現実は存在しない」とあるので不適。3は傍線㋑を含む段落から続く四段落の内容に見合っており、これを選ぶ。4は「映画療法」について「物語療法の中でも最も多くのデータの蓄積がある」としているが、終わりから四つ目の段落によると「映画療法」に比べて「読書療法はより多くの、科学的に裏付けられたデータが蓄積されている」とあるので不適。5は「読書療法」を「あらゆる人に効果的な治療法」としているが、終わりから二つ目の段落によると、「読書療法を実施する際の大きな制限として、クライアントの読解力に大きく依存する」とあるので、不適。

出典 東百道『朗読の理論――感動をつくる朗読をめざして』〈第二章　朗読の基本を考える〉（木鶏社）

解答

問1 4

問2 3

問3 3

問4 4

問5 2

要旨

表現としての言語の本質は、意味を介した間接表現という点にあるが、大部分が活字化した文字言語とは異なり、音声言語は人間の心情を直接表現できることがその本質的特性であり、それは朗読を考える上での最重要点である。音声言語による表現の本質は、言語における意味を介した間接表現と、音声による心情の直接表現とを統一的に実現できる点である。その前提として、表現主体の表現イメージの確立と、それが認識主体に十分イメージされることとが重要である。

解説

問1　挿入文は、「音声言語の基本的な特性」および「音声言語」の「文字言語との大きな相違点」が「これらの点」だと言っている。となると、傍線㋐を含む文で「文字言語と音声言語の本質的な相違点を、一つの例文によってさらに具体的に説明」するとして始まり、その内容の締めくくりにこの挿入文が来ると考えるとしっくりくる。〈4〉の直後で言語と絵画・音楽との対比という新しい話題が来ることを考えると、ここに挿入文を入れるのが適切である。

問2　本文冒頭で「表現としての言語の本質」について、「意味を介した間接表現というところにある」とした上で、「文字言語における直接表現」について考察した結果、第四段落で「現在、大部分が活字化してしまった文字言語の場合は、ほぼ純粋に間接表現だけになってしまった」と結論づける。一方「音声言語」については、端的には傍線㋐の前の段落で「人間の心情をまさに直接表現する」ことを「音声言語の本質的な特性であろう」と指摘している。以上二点を押さえた3が適切である。1は「音声言語」が「表現対象の形象を直接表現することができる」とあるのが、〈5〉のある段落の記述と合わない。2は「音声言語」の本質を「直接表現」と受け取っている点が、本文冒頭と噛み合わない。4は書道について「ネグリジブル・スモール」と指摘する第三段落の内容と合わない。5は「心情の再表現」について、空欄Aのある段落では専ら「音声言語」について論じているので、その点でずれる。

問3　空欄Aを含む文によると、「放送アナウンサーがニュース記事を伝えるような」は「表現」を修飾し、つづく「無機質で」は空欄Aと並立の関係にあり、やはり「表現」を修飾する。したがって、それらと近い意味の語を選択肢に求めると、〝抑揚に乏しく趣がない〟という意の3「平板」を選ぶのが適切である。2の「生硬」は〝未熟で硬い感じがする〟という意味なので、少しずれる。

問4　最後の段落によると、まず「音声言語による表現の本質」として、「言語における意味を介した間接表現」と「音声による心情の直接表現とを、統一的（調和的）に実現できるという点」であることがあげられている。また「その表現の前提として、表現主体の頭と心の中に、表現するものの内容が十分にイメージされ」ること、さらに、その結果として「表現された音声言語を受けとめて認識した認識主体の頭と心の中に、その認識したものの内容が十分にイメージされ」ることが重要であると述べられている。以上の内容を傍線㋑の「これら」が受けているので、4を選ぶのが適切である。1は「表現主体が表現と認識双方のイメージをもつ」が不適。2は「表現主体の表現イメージと認識主体の認識イメージ」の「調和」は〈音声言語による表現の前提〉であることと噛み合わない。3は「文字言語」について「本質的な特長を深く認識することが重要」とあるのが本文とずれる。5は「直接表現と間接表現が渾然一体となる」が不適。

問5 1は「音声言語」について、「表現主体の人格と深く関わっていること」が「その本質」とまでは言えず、不適である。2は、前半は〈5〉の次の段落に「音声言語は心情の直接表現が得意中の得意」とあるのに、また後半は〈2〉の次の段落に「諸々の前提条件によって……変わらなければならないのである」にそれぞれ合致するので、適切である。3は、「絵画」について、〈5〉の二つ後の段落に「心情の直接表現」が「得意とまではとてもいえない」というのに合致しない。4は「表現主体の心情を再表現する種類や組み合わせは無限である」とあるが、空欄Aのある段落に、「表現主体の心情を直接表現するための諸々の前提条件」が不足すると「その内容にふさわしい音声言語の再表現ができない」とあり、「無限」とは言えない。5は、終わりから二つ目の段落で「音楽」について、「心情の直接表現がかなり得意である」とあるのに噛み合わず、不適。6は「文字言語」について「繊細な心情表現が得意」としているが、〈5〉の次の段落に「文字言語は心情の直接表現がほとんどできない」とあるので、不適。

三

出典　横井也有『鶉衣』〈後編上　歎老辞〉

解答

問1　㋐寄せたらよいだろうか（十字以内）　㋓一般の人の身の上（十字以内）

問2　2

問3　3
問4　2
問5　①―3　②―2　③―5
問6　4・5
問7　6

全訳

芭蕉翁は五十一歳で世を去りなさり、文章で名声を得た難波の西鶴も、五十二歳で一生を終え、

この楽しい現世の月を、晩年二年（も余分に）見て過ごしたことよ

の辞世の句を残した。私は虚弱にして多病であるが、彼らの年齢も通り越して、今年は五十三度目の秋を迎えた。為頼の中納言が、若い人々が逃げ隠れしたので、

どこにこの我が身を寄せたらよいのだろうか、世の中で老いを嫌に思わない人がいないので

と詠んでお嘆きになったとかいうのも、いくらか思い知る身となってしまったのだなあ。

そういうわけで世間に加わろうとすると、亡くなった人々が多くなっていって、（不死の象徴である）松も（人間ではないので）昔からの友ではない。たまたま仲間として加わって、若い人々にも嫌われまいと、気軽な感じでふるまうけれど、耳が遠くなるので話も聞き間違い、たとえ聞こえるささやき声も、今のはやりことばを知らないので、それはどういうことでどうしてかと、根掘り葉掘り質問するのをうるさがって、枕相撲や拳酒（といった酒席の遊戯）も、騒ぎは隣の部屋へと遠ざかるので、奥の間にただ一人、こたつ蒲団の番人となって、「お迎えが参りました」と、尋ねてもいないのに告げる人にも「ありがたい」と礼は言うけれども、どうしてありがたいことがあろうか。

（斎藤実盛のように）六十歳の（白い）髭を墨で染めて、北国の戦陣に向かったり、五十歳の顔に白粉を塗って、京・大坂・江戸の三か所の芝居に参加するのも、どちらが老いを嘆かないというのか（嘆いている）。歌も浄瑠璃も落ちをつ

ける話も、昔のは今のに勝っていたのにと、どの老人も皆思っているのは、自分の心の愚かさである。物事はだんだんと面白くなるのだが、今のものは自分が面白くないのであって、昔は自分が面白かったのである。

そういうわけで、人にも疎まれず、自分も心の楽しめる身の置き所があるだろうかと思いめぐらすと、我が身の老いを忘れないと、しばらくの間も心が楽しむことはない。我が身の老いを忘れると、いつものように人には嫌がられて、あるいは年甲斐もない酒や女性に関わることで、失敗を引き起こすだろう。だから老いは忘れるのがよい。また老いは忘れてはならない。（この）二つの境地が本当に得がたいのであるよ。

今もし（不老不死の仙人が住むという）蓬莱の店を探すとして、「不老の薬は売り切れた。不死の薬だけがある」と言うなら、たとえ一銭で十袋売るとしても、不老ということを離れて何の価値があろうか。不死（の薬）はなくても不老（の薬）があるなら、たとえ十日であるとしても十分満足だろう。陸放翁が「神や仙人が死なないといってもも何ができるだろうか、ただ秋風に向かってもの思いを多くするだけだろう」と薊子訓を非難したのも、もっともなことである。叶(かな)うことなら、人はほどよいくらいの臨終があってほしいものだ。兼好が「長生きしても四十歳に満たないくらいで死ぬのが、感じがよいだろう」と言った四十歳未満（がよいと）の物好きは、一般の人の身の上には早過ぎである。（逆に）あの杜甫が「昔から今に至るまでめったにないことである」と言った七十歳まではどうして生きようか（それは長過ぎるだろう）。ここで少々私の（何歳くらいで死にたいかという）物好きを言うなら、近所の人々の耳につくだろうか。とても願いが叶わないだろうからには、無用の長話であり言わないのは言うのに勝るだろうというわけで、この議論はここで筆をおくことにした。

解説

問1 ㋐ 助動詞「まし」には、反実仮想・ためらいの意志・不可能の希望などの意味があるが、ここは「いづくにか」という疑問の表現を伴っているので、ためらいの意志ととる。〝～しようかしら、～したらよいのか〟などと訳すとよい。

㊤「なべて」はここでは〝一般に〟くらいの意。「うへ」は重要な多義語であるが、ここは人や物事に関する事情や消息などを表すととって、〝身の上〟などと訳すとよい。

問2　前の文脈を追うと、「一座に連な」っても、年を取っていると「耳疎」かったり「当時のはやり詞を知ら」なかったりで、「騒ぎは次の間へ遠ざか」り、「奥の間にただ一人、火燵蒲団の島守とな」っているところに「お迎へが参りました」と、こちらから尋ねたわけでもないのに告げに来る人がある、となっている。このことを「体よく帰宅するよう促されている」と指摘する2を選ぶのが適切。1は「のんびりとくつろいでいる」、4は「気分が悪そうにしている」、5は「楽しんでいた」がそれぞれ不適。3は本文に全く合わない。

問3　直前の「二つの境」は「老いは忘るべし」と「老いは忘るべからず」を指す。後者については「わが身の老いを忘るれば、例の人には嫌がられて」、前者については「わが身の老いを忘れざれば、しばらくも心楽しまず」とある。以上二点を押さえている3を選ぶのが適切である。

問4　空欄Cを含む文の後に「不死はなくとも不老あらば、十日なりとも足りぬべし」とあり、「不死」よりも「不老」を高く評価していることに着目する。となると、空欄Cを含む文はこれを離れては何の価値もない、と読めるので、ここは「不老」。空欄Bの後は「薬ばかりあり」と言われて、それを「たとへ一銭に十袋売るとも」「不老」を離れるべきではない、とあるので、空欄Bは「不死」。よって空欄Aは「不老」である。空欄Dは「三百年余り生きたとされる仙人」である「薊子訓をそし」った文なので「不死」とすべきである。以上から2が選べる。

問5　空欄①は、後に「四十足らずの物好き」とあるので、「長くとも四十に足らぬほどにて死」ぬのは望ましい、となるはずで、助動詞は「べし」の活用形になる。上に係助詞「こそ」があるので、その結びとして已然形の3「べけれ」が適切。空欄②は、上に疑問・反語の副詞「いかが」があるので、連体形の2「べき」が入る。兼好の「四十足らず」では早過ぎ、杜甫の「七十まで」では長過ぎるという文脈なので、〝どうして生きないことがあろうか、いやきっと生きる〟という意味になる5「まじき」は入らない。空欄③は、文頭の「とても」が打消語と呼応して〝どう

して も〟という意味になることから、打消推量の助動詞「まじ」の活用形が入る。空欄直後の「には」は格助詞＋係助詞の形なので、空欄には連体形の5「まじき」が入る。

問6　1は「老いから逃れられない人はいない」が不適。和歌の後半に言うのは老いを嫌に思わない人はいない、である。2は「昔のことをあれこれ聞かれ」が本文にない。3は「老いを嘆くこともない」とあるが、本文に言う「いづれか老いを嘆かずやある」は、〝どちらが老いを嘆かないというのか（嘆いている）〟、と反語でとるべきところなので不適。4は前半が「物は次第におもしろけれども」、後半が「昔は今のに勝りしものをと、老人ごとに覚えたるは、おのが心の愚なり」に合致し、適切。5は最終段落の「願はくは、人はよきほどの終ひあらばや」以下の具体的説明に合致し、適切である。6は「四十歳までに引退する」とあるが、本文では兼好を引いて「長くとも四十に足らぬほどにて死なむ」と言っているので、不適である。

四

出典　張邦基『墨荘漫録』

解答

問1　3

問2　②また　③こひねがはくは

問3　5

問4　2

全訳

蘇轍は政府の一員で、兄の蘇軾は翰林院の所属であった。蘇轍兄弟と昔なじみである人がいて、（彼は）やって来て蘇轍に会い仕事を依頼したのだが、ずいぶんと時が過ぎたのにまだ仕事は終わっていなかった。ある日、やって来て蘇軾を見かけ、そして言うことには、「私はあなたにお願いがあります。ひとことお口添えをいただけませんか」と。蘇軾はゆっくりと口を開いて言うことには、「かつて聞いた話だがたいそう貧しい人がいて、生きていけないからということで、一計を案じて墓を荒らし、とうとう一つの墓を暴いた。そこに一人の人を見つけたのだが（その男は）裸で座っていて、言うことには、『お前は漢の時代の楊貴のことを聞いたことがないのか。裸で葬られることで世直しをしたのだ。お前を救えるものなどはない』と。再び一つの墓を掘ったのだが、力を込めたにもかかわらずいよいよ埒があかない。ようやく中に入って、一人の王を見つけたのだが、（彼が）言うことには、『わしは漢の文帝である。遺言を残して、墓の中に金や玉の器を納めることのないようにさせた。（ここにあるのは）全て陶器や素焼きのものなので、どうしてお前を救うことができようか』と。また二つの繋がっている墓があるのを見て、その左にある墓を掘って、ようやく掘り当てた。そこに一人の人を見つけたのだが、（彼が）言うことには、『私は伯夷である。疲弊し痩せて飢えたような顔色をしているのは、首陽山の麓で餓死したからである。だからお前の求めに応じることはできない』と。その人が嘆いて言うことには、『力を使って励んだけれども、何も得られなかったのだから、更に西側の墓を掘り出すしかない。もしかしたら得るところがないだろうか』と。疲弊して痩せた者が言うことには、『お前にはよそでやることを勧めるよ。私の姿がこんなふうであることを見たのだから、弟の叔斉がどうして人のために役立てようか』と」と。昔なじみは大笑いして去っていった。

読み　蘇子由政府に在り、子瞻翰苑たり。一故人の子由兄弟と旧有る者有りて、来たりて子由に于め差遣を求め、久しくするも未だ遂げず。一日、来たりて子瞻を見て、且つ云ふ、「某に内翰に望むこと有り。一言を以て助けを為せ」と。公徐ろに曰はく、「旧聞に人有りて貧しきこと甚だしく、以て生を為すこと無く、乃ち謀りて塚を伐き、遂に一墓を破る。一人を見るに裸にして坐し、曰はく、『爾は漢の世の楊王孫を聞かざるか。裸にして葬られ以て世を矯む。物の以て汝を済ふ無きなり』と。復た一塚を鑿ち、力を用ふるに弥 艱し。既に入りて、一王者を見るに、曰はく、『我は漢の文帝なり。遺制して、壙の中に金玉の器を納むること無からしむ。皆陶瓦なれば、何を以てか汝を済はん』と。復た二塚の相ひ連なる有るを見、乃ち其の左に在る者を穿ち、之を久しくして方めて透る。一人を見るに、曰はく、『我は伯夷なり。羸れ瘠せて面に飢色有るは、首陽の下に餓うればなり。以て汝の求めに応ずる無し』と。其の人嘆じて曰はく、『力を用ふることに之（これ）勧むれども、獲る所無ければ、更に西塚を穿つに若かず。或いは庶幾（こひねが）はくは得ること有らん』と。羸れ瘠せたる者謂ひて曰はく、『汝に別に他所に謀るを勧む。汝は我が形骸の此（か）くのごときを視（み）れば、舎弟の叔斉豈に能く人の為にせんや』と」と。故人大いに笑ひて去る。

解説

問1　空欄Aを含む文が傍線①と似た形なのでこれを参照すると、最初に読むのは「以て」。次に何が「無」いのかを考えると、直前に「貧しきこと甚だしく」とあることから生きていくこと、すなわち「生を為すこと」ができないと考えられる。そこで墓を暴いてそこに納められた副葬品をせしめようと考えたのである。以上から3を選ぶのが適切である。

問3　墓を暴く話が三つ出てきて、これはその最後の話である。一つ目の楊貴、二つ目の文帝の話では、前者が「物の以て汝を済ふ無きなり」、後者が「何を以てか汝を済はん」と、いずれもお前にやることのできる物はない、という返事であった。ここも同意だと考えらえる。空欄の直前は「汝の求めに」となるので、答えるといった意味の語として5「応」を選ぶのが適切である。ちなみにここでは「応ずる（こと）」と読むとよい。

問4　ポイントは蘇軾のたとえ話の解釈である。蘇軾と蘇轍とは兄弟であることから、とりわけ伯夷・叔斉兄弟の話に注目する。伯夷の墓を暴き、続いて叔斉の墓を暴こうとした男に伯夷が言ったのは、私がこのように痩せてやつれ、まして副葬品などないのだから、弟の叔斉も同様だ、ということである。このことから、兄弟で違いはないという趣旨で読める2と5に絞れる。5は「断られた」「仕打ちを訴えた」「恥をかかせないように」が不適である。以上から、2を選ぶのが適切である。

/////////////////// · memo · ///////////////////

//////////////////// · memo · ////////////////////

//////////////////// · memo · ////////////////////

2023年度

問題と解答

二月一日実施分

問　題

（八〇分）

解答に字数制限がある場合には、句読点・カッコも一マスとすること。
受験学部・受験方式によって、解答すべき問題を指定しているので注意すること。

方式	学部	解答問題
全学統一方式（文系）	文学部以外	一　二　三
	文学部※	一　二　三　または　一　二　四
前期方式	ＡＰＵ	一　二　三

※文学部は二（現代文）と四（漢文）が選択問題。両方とも解答した場合は高得点の方を採用。

一　次の文章を読んで、問いに答えよ。

以下に紹介するのは、現代の〝批評家〟をめぐる寓話（ぐうわ）である。

アメリカの小さな町の話だ。この町のレストランには、自分がグルメ評論家であると店主に伝え、特別な席やサービスを要求する客たちが増えつつあった。アメリカにも「食べログ」のような、飲食店の口コミサイトが存在する。彼ら（自称グルメ評論家たち）は、その口コミサイトのレビュアーたちである。ネットで低い評価をつけられることを恐れる飲食店側は、彼らの要求に応じざるをえない。自称グルメ評論家たちは次第に増長し、横暴になっていく。耐えかねた一人の店主が、勇気を持ってレビュアーたちを追い出すことに成功した。すると、町中の飲食店が、レビュアー立ち入り禁止の看板を立て始めた。誰も言い出せなかっただけで、レビュアーたちの横暴さに怒りを覚えていたのだ。それまで特別なサービスを与えられていた彼らは、もうレストランに足を踏み入れられないという罰を受けたのである。

この寓話から思い起こされるのは、かつて評論家の㋐大宅壮一が、テレビの登場した頃に指摘した言葉「一億総評論家」である。実はこの言葉は、彼が生み出したもう一つの流行語「一億総白痴化」を補足するために生まれたものだ。大宅は、テレビやラジオといった大衆向けの「マス・コミ」が登場したことで社会全体が低俗な側に引っ張られてしまうことを危惧し、「一億総白痴化」という造語を生み出した。その一方で、テレビの視聴者参加型番組や新聞、雑誌の投稿欄など双方向性の部分を「有意義な機能」として捉え、「一億総評論家」の語を提唱したのだ。

それから半世紀後、双方向の機能に特化したソーシャルメディアの登場は、Ⓧ「一億総評論家」的な状況をさらに前に進めた。この寓話が描いているように、ネットのレビュアーたちの口コミ評価は、数値化され、実社会（飲食店の来客数）に影響を与えた。そこで何が起きたか。人々の権力欲に火がついてしまったのだ。

寓話にはまだ続きがある。自称グルメ評論家の一人であるカートマンは、特別なサービスを受けられなくなったことに不満を感じ、レビュアーたちを集めた決起集会を開く。彼は演説し〝レビュアーが増え過ぎたこと〟に問題があるのだと主張した。カートマンはエセ評論家たちを追い出すことで、いったんは失った権威を再び取り戻すことができると考えたのだ。

［A］、カートマンは自分こそが本物で、集会に集まったレビュアーたちはエセ評論家だと思っている。しかし、集まった全員が、実は同じように考えていた。皆それぞれが自分こそは本物のグルメ評論家であり、その言説によって、レストラン選び

に迷っている一般の人々に対して強い影響力を持つ存在、ひいてはその活動を通して町全体を精神的にリードする指導者なのだと信じきっているわけである。カートマンの演説に①煽られたレビュアーたちは、自分たちの側に正義があると強く認識したようで、突如、行動を起こした。彼らが向かったのは、レビュアーたちを追い出した飲食店。町の平和は乱され、レビュアー対レストランの対立は、住民を震撼(しんかん)させる全面戦争へと発展していく――。

このアニメーションが放送されたのは、二〇一五年のこと。つまり、まだトランプ現象もキャンセル・カルチャー（過去のSNSなどでの発言をもとに、批判が殺到することで、現在の職や地位を失ってしまう現象。一九年に当時の前アメリカ大統領バラク・オバマが②ケイショウを鳴らした）の嵐も吹き荒れていないタイミングで描かれているのだ。右であろうが左であろうが、 B 時代にピープルズ・パワーが増大し、無用な争いが巻き起こることを、この寓話は少しだけ早くから予見していた。

この寓話とは、シニカルな内容で知られるアメリカのアニメーション番組「サウスパーク」の中の一話である。

この寓話の後半で皮肉として描かれているのは、レビュアー＝批評家たちの誰もが、自分こそがまともな意見の持ち主で、社会によい影響を与えていると信じて疑っていないというところ。実際、ネットの多くの炎上、さらに有名人らへの誹謗(ひぼう)中傷も、集団心理が引き起こしている現象ではない。個々人にとっては、 C 。その集合が、ネット炎上に見えているだけ、と認識している。ゆえに加害性などの自覚に結びつかず、同じことが何度も繰り返される。始末に負えない。

もう一つこの寓話から読み解くべき皮肉なポイントがある。

それは、誰もが批評家になっている時代にもかかわらず、批評家が一番嫌われてもいるという点である。この矛盾した構図こそ、最も重要な寓話的要素だ。ソーシャルメディア上では誰もが自由に発言、評論ができる。ブログやツイッター、フェイスブックの台頭を見てきた世代は、もちろんそれをポジティブなものとして捉えた。民主的で正しいことを言い合える場所の登場を誰もが無邪気に歓迎したのだ。そして、それまで机上の空論でしかなかった「集合知」を実現するためのツールを実装できたのだとすら考えていた。だが、その状況は想像以上に早い段階で崩れていった。民主的な発言の場のはずだったソーシャルメディアは、早々に「オルタナティブ・ファクト」を発生させる装置となり、Qアノンから都市伝説まで雑多な陰謀論の③バイヨウ液となり、政治的分断を進ませ、有名人が誹謗中傷で追い込まれる状況を生み続けた。

ただ、集合知がたちまち陰謀論に転じたわけではない。おそらく㋑集合知と陰謀論の間を埋める存在が「共感」だった。ソーシャルメディアでは、「いいね」のボタンを通じて共感を集めることができる。共感を多く集められる者が、発言の影響力を高め、いわゆるインフルエンサーと呼ばれる存在が生まれてきた。多くの企業が「インフルエンサー・マーケティング」として、数十万単位のフォロワー数を持っている発信者を通じて商品の宣伝などを行うようになるのは、二〇一〇年代以降。広告から口コミへ。効率的にモノを売る手法が変化したのだ。一方、彼らの目的が商品宣伝であることを隠したまま商品をすすめるステルスマーケティングが批判されることも増えている。フォロワー数が学歴、面接、試験の点数などと同様に、就職活動における採用の判断基準にされることもある。人に共感されることの価値が相対的に上がり、それを集めるインフルエンサーは、現代の特権階級となった。

一方、ソーシャルメディアが共感を集める競争の場になると、ネット上で批評家的な態度が嫌われはじめる。共感を集めることと相反する態度が批評だったからだ。

ただ、多くの人から集めた共感は、④脆いものでもある。共感が裏切られる瞬間に、その感情は反転することもあるのだ。

「やはり人類にインターネットは早すぎた感しかない」とつぶやいたのは、ソーシャルメディアの可能性をいち早く論じたITジャーナリスト津田大介だった。だが、「人類」もそれなりにはネットのネガティブ面に対処している部分もあるだろう。

物心ついた頃にすでにソーシャルメディアが存在していたデジタルネイティブ世代は、ネットの負の側面を自明のものとして育たざるをえなかったはずだ。おそらくもっともシンプルな対応策である〝批評家的な上から目線の物言いを避ける〟といった規範を、対処法として学ぶというよりも、空気を読むように踏まえているといっていいだろう。ネットにおいて批評家が嫌われるのは、このようなメディア環境の変化の中で自然に定着しつつある振る舞いの結果でもある。

世代によって異なる批評との距離についても考察が必要だろう。ポピュラー音楽研究者の大和田俊之は、著作『アメリカ音楽の新しい地図』の中で〝批評家が嫌われている〟という状況を、ミュージシャンのチャンス・ザ・ラッパーがスパイク・リー監督（一九五六年生まれ）の映画『シャイラク』にツイッター上で嚙(か)みついた話を取り上げながら論じている。

映画『シャイラク』は、シカゴのギャングの抗争が絶えない地域の女性たちが、抗議の意味で男たちとの関係をボイコットする物語で、古代ギリシャの戯曲『女の平和』を下敷きに仕立てたもの。チャンスは「リーの解釈行為そのものに苛立(いらだ)っている」のではないかと大和田はいう。シカゴの女性たちの置かれた状況を当事者以外が作品化すること。つまり女性でもシカゴ出身でもないリー（チャンスはシカゴ出身。リーはニューヨーク出身）が作品として描くことは、他者の置かれた状況を勝手に「解釈」することに他ならない。その暴力性をチャンスは咎(とが)め、嚙みついたのではないかと。

「批評」という行為のなかには、作品を分析し、解釈したり意味づけしたりといったことが含まれる。その中で「解釈」の部分が現代では嫌われつつある。そう捉えると腑(ふ)に落ちることも多い。一方、作品を作るという行為のなかにも批評性がある（むしろ多くを占めているともいえる）。例えば、スパイク・リーはシカゴの女性を描いてはいるが、同時に古代ギリシャ喜劇の地名をなぞらえるなど、作品にさまざまな意味を重ねている。これは「解釈」の積み重ねで作られた映画でもあるのだ。

スパイク・リーが「解釈」をする側に立つとして、それを批判するチャンス・ザ・ラッパーは、何の側に立っているのか。大和田の見立てでは「経験」だという。他者の置かれた状況は、あくまで他者の「経験」として受け止めるべきこと、つまり文化多様性をチャンスは重んじているのだと。この議論は、「モノ消費」から「コト消費」へという消費の潮流を前提としている。

チャンス・ザ・ラッパーは、ネットの配信で有名になったミュージシャンだ。主な収益源は、ライブ出演やグッズの販売。C

Dなどの商品を軸とするのが「モノ消費」。そうではなく、ライブなどの体験を重視するのが「コト消費」。チャンスが重視する「経験」「体験」は、ソーシャルメディア発展以降の価値観を持つ、共感の延長線上で登場してきたアーティストにとって必須の要素だ。「解釈」対「経験」――ここには㋒世代間の対立の側面もある。

チャンスの立場は、Z世代（一九九〇年代半ばから二〇〇〇年代生まれの世代）的だ。文化多様性を前提としたコミュニケーションに慣れ、作品も生み出してきた立場。そのなかでチャンスは、九三年生まれでZ世代と親和性の高いラッパー。

かたやリーはブーマー世代（アメリカにおいてのベビーブーマー世代の幅は広い）。シカゴとニューヨークという、彼らが代表する都市の違いだけでなく、さらに深い対立点として、世代の違いが、批評（解釈）へのスタンスにも結びついているのだ。

作り手と受け手の関係が近づき、フラットになりつつある。これは、情報とテクノロジーの進化がもたらしたものだ。すでに未来学者のアルビン・トフラーが半世紀近く前に予言していたことでもある。テクノロジーによって情報、通信のコストが低くなり、大手マスコミや国家の力が相対的に下がる。増大するのは、個人、大衆のパワー。つまり、誰もが批評家になる事態は、予測可能な範囲のことだった。

だが、誰もが批評家になる時代に、批評家が嫌われるようになることまで予測されていたわけではない。一億総評論家時代に批評が嫌われる。その矛盾に満ちた状況（「サウスパーク」的）が生まれたのは、生産者と消費者が同じ地平に立たされるなかで、批評家もまた同じ地平に立たされたということなのだろう。

ちなみに「サウスパーク」には、さらに続きがある。

飲食店と自称グルメ評論家たちが繰り広げている戦争を前にして、住民たちはとある解決策を思いつく。レビュアーたちを「町のエリート」として表彰し、公式に特別待遇を受けられるようにしたのだ。そして同時に、裏側ではまともでない食材を使って彼らに料理を提供することにした（つまり町の人々はレストラン陣営に味方したということ）。どうせ彼らは何を食べさせられたところで気づきはしないのだ。威張り屋の言うことは聞いたふりをして受け流せばいい。現代向けにアレンジされた「裸の王様」の教訓として受け止めることができる。

なぜ批評家は嫌われるのか。いくつかの現場で進行していることを記しながら、その内実を照らしたつもりである。だが、それもこのあたりでとどめておく。　D　。

（速水健朗「なぜ批評は嫌われるのか」による。なお一部を改めた）

注　オルタナティヴ・ファクト＝「真実に対するもう一つの事実」という意味で、事実とみなされていない事柄を真実と主張する立場のことを言う。

Qアノン＝アメリカを中心に広がった、政府や既存メディアの情報を信じず陰謀論を唱える団体。

ブーマー（ベビーブーマー）世代＝第二次世界大戦後に出生率が上昇した時期に生まれた世代。

問1　傍線①、④の読み方をひらがなで書け。

問2　傍線②、③のカタカナを漢字に改めよ。楷書で正確に書くこと。

問3　傍線㋐の「大宅壮一」と同時代の評論家で、「様々なる意匠」「私小説論」の執筆者を、次のなかから選び、その番号をマークせよ。

1　山本健吉　2　小林秀雄　3　坂口安吾　4　蔵原惟人　5　加藤周一　6　丸山眞男

問4　A　に入れるのに、最も適当なものを、次のなかから選び、その番号をマークせよ。

1　一方　2　もちろん　3　ただし　4　にもかかわらず　5　たしかに　6　また

問5　B　に入れるのに、最も適当な語句を、本文中からそのまま抜き出して、九字で書け。

問6　C に入れるのに、最も適当なものを、それぞれ次のなかから選び、その番号をマークせよ。

1　普遍的な連帯感に基づいた行動なのだ
2　自分の理性に従った合目的な行動なのだ
3　自分の正義感に基づいた素直な行動なのだ
4　あくまで趣味の範囲で行っている行動なのだ
5　むしろ博愛主義的な精神に基づいた行動なのだ

問7　傍線㋑に「集合知と陰謀論の間を埋める存在が『共感』だった」とあるが、その説明として、最も適当なものを、次のなかから選び、その番号をマークせよ。

1　自由に発言、評論できるソーシャルメディアは、民主的で正しいことを言い合える場のはずだったが、有名人を追い込むような誹謗中傷に対しても多くの「共感」を集められる場でもあった。
2　自由に発言、評論できるソーシャルメディアだったが、陰謀論や有名人に対する誹謗中傷、インフルエンサーによる商品の宣伝や彼らの特権階級化への「共感」も多く集められる場所となった。
3　自由に発言、評論できるソーシャルメディアは、若い世代からポジティブなものと捉えられたが、「いいね」のボタンを通じて多くの「共感」を集めることのできる発信の特権化により、当初持っていた民主性を失ってしまった。
4　民主的で正しいことを言い合える場所だと思っていたソーシャルメディアは、「いいね」のボタンを通じて「共感」を集めることで価値が上がることにより、インフルエンサーという特権階級を生み出し、陰謀論の土壌を作った。
5　民主的で正しいことを言い合える場所だと思っていたソーシャルメディアでは、「いいね」のボタンを通じて「共感」を集めることができるが、その共感が裏切られると反転し、批判を受け付けないひとりよがりなものとなることもある。

問8　傍線㋒に「世代間の対立」とあるが、スパイク・リーの世代が批判されている点として、最も適当なものを、次のなかから選び、その番号をマークせよ。

1　ライブ出演やグッズの販売、CD等の商品を軸にした「モノ消費」を重視する態度
2　シカゴの女性を描きながら、ギリシャ喜劇を下敷きにした作品を描くこと
3　ニューヨークという都市の視点から、文化多様性をないがしろにする姿勢
4　作品を作る行為のなかに、他者の置かれた状況に対する解釈を積み重ねた批評性があること
5　他者の置かれた状況を、自分自身の「経験」として共感できないこと

問9　D に入れるのに、本文の主旨を踏まえて、最も適当な文を、次のなかから選び、その番号をマークせよ。

1　あまり批評家っぽい解釈を披露すると嫌われる時代ゆえに
2　これはあくまで私個人の解釈にすぎないのだから
3　批評とはおのれにかえって、自己反省を迫るものゆえに
4　これ以上の発言は批評家の限界を露呈させるだろうから
5　誰もが批評家になれる時代にあえて批評家になろうとする必要はないのだから

問10　二重傍線Ⓧに「『一億総評論家』的な状況をさらに前に進めた」とあるが、その「前に進め」られた状況を端的に示している一文を、本文中から三十字以内でそのまま抜き出して、始めと終わりの五字を書け。

問11　本文の内容に合うものを、次のなかから二つ選び、その番号をマークせよ。

1　かつて評論家の大宅壮一は、テレビが登場した頃、「一億総評論家」という流行語を生みだした。それは、人々が、テレビやラジオといった大衆向けのメディアを受動的に享受するだけの低俗な存在となり得ることを指摘したものである。

2　アニメーション番組「サウスパーク」の登場人物である、自称グルメ評論家のカートマンは、自分自身がエセ評論家であることをつつみ隠して、自分を本物だと主張し、人々に対して精神的にリードする指導者であろうとした。

3　誰もがネットのレビュアーになって批評家として自由に発言・評論することができる時代は、想像以上に早く崩れてしまった。それは、雑多な陰謀論や誹謗中傷の横行によって、自ら言論を封殺することになったからである。

4　デジタルネイティブ世代は、ネットの負の面に対処するために、批評家的な物言いを避けるという振る舞いを自然に身につけていった。そのことは、他者の経験を受け止めるという当事者性や文化多様性を重んじることでもある。

5　チャンス・ザ・ラッパーは、スパイク・リー監督の映画『シャイラク』にこめられた、女性やシカゴ出身者の置かれた状況を理解しようとしない批評に暴力性を認め、咎め、嚙みついた、と大和田俊之は論じている。

6　情報とテクノロジーの発展によって、誰もが発信し、批評家になる事態は予測可能な範囲であったが、批評が共感と相反する態度という理由によって、批評家自体が嫌われるということは予想外だった。

二　次の文章を読んで、問いに答えよ。

日本では一言でまとめられる「危機管理」であるが、英語では論理的に多様な区別がある。例えば、「危機」という概念についても、英語では「リスク（risk）」と「クライシス（crisis）」、「ハザード（hazard）」、「ペリル（peril）」など様々な表現がある。

そしてリスクとは、危機がまだ発生していないが、［A］している状態を表し、よって危機が発生する可能性のことを意味する。ゆえに、「私がガンになるリスク」という場合には自分はまだガンになっていないし、「私が交通事故を起こすリスク」といった場合には自分はまだ交通事故を起こしていない、仮定のことを表現していることがわかる。

よって、学術的には、危機管理の中でも「リスクマネジメント」とは、危機が発生する以前の段階で、その危機の発生を防ぐための対策のことを意味する。よって、「リスクコミュニケーション」とは、その危機を防ぐために、様々なメディアを用いながら危機についてのコミュニケーションを実践し、そうした社会教育を通じて意識を共有し、議論しながら、リスクに対する政策のあり方について合意形成していく過程全体を意味する。

ドイツの社会学者、ウルリッヒ・ベックはかつて、現代を「リスク社会」として規定してリスク社会学の構築を提唱した。ベックがその主著の一つ『リスク・ソサエティ』（邦訳書『危険社会』）を著したのは一九八六年のことであり、そこにはチェルノブイリ原発事故を経験した人類が科学技術とどう向き合うべきか、人類を発展させてきた近代化と科学技術がこれから人類に何をもたらすのかが問われていた。

リスク社会とは、(ア)人々が生活行動をする際の判断基準としてリスクマネジメントを意識するようになる社会のことである。本来、自分にとってそれが便利であり、利益があると判断する「ベネフィット」の合理性に基づいて選択がなされたり、またはそれが自分にとって楽しく感じられて自分を幸せに豊かにすると判断する合理性に基づいて選択がなされたりすることが、人間の行動選択であったが、その行動選択の判断基準、根拠が「安全・安心」にシフトする社会こそがリスク社会である。このようなリスク社会では、リスクマネジメント、つまり危機管理こそが社会の重要な判断基準に変容するのである。リスク社会において、人生での重要な決断、または毎日の小さな選択の中に、リスクマネジメント、危機管理の論理が入り込んでいるのである。ベックはこの状況を、リスクの個人化、リスクの普遍化、リスクの遍在化、と呼んでいる。人々にとって、社会のあらゆるものがリスクマネジメントの対象となってしまったのである。

もう一つベックの指摘で重要な点は、「再帰的近代化」である。人類は古代から地震や台風、大雨、干ばつといった天変地異に悩まされてきた。それにより人々は住む場所や食べ物を失うことで危機に直面してきた。また同時に、病気やケガ、またペストやコレラといった疫病、感染症に直面することによって命が失われてきた。こうした自然災害や疫病といった天然由来の危機を乗り越えるために、人類は医療や土木工事などの科学技術を発展させてきたのである。つまり、人類にとって近代化とは、人々の生活の安全を確立して危機を回避するために始まったものである、というのがベックの考え方である。

こうして近代化によってリスクマネジメント、危機管理の考え方が誕生し、科学技術は進化を遂げたが、今度はその科学技術が新しいリスクを社会にもたらす。例えば、石炭や石油による火力発電という大きなエネルギーを生み出した人類は、化石燃料に依存する社会を構築した。一方で産業革命や生活の革新を生み、さらにテレビやパソコンによる情報化をもたらした。しかしその反面、石炭や石油による火力発電は、新しい安全保障リスクを生み出すこととなった。こうした現代社会を維持するために必要な石油や石炭などのエネルギーが、第二次世界大戦やその後の戦争の原因となり、世界に大きな災厄をもたらしたのである。またこれらの化石燃料によって排出される二酸化炭素が引き起こす地球温暖化などの気候変動危機に対応するために、世界各国が導入した原子力発電が、チェルノブイリ原発事故や福島第一原発事故といった原発事故という新しい危機を生み出したのである。

それ以外にも、資本主義の進化の過程で金融工学によって生み出された金融市場の様々なシステムが、リーマン・ショックのような新しい世界恐慌を引き起こすに至った。また老後の安心した社会生活を保障するために作られた年金制度も新しいリスクを生み出している。

ベックはこう分析する。人類の生活を豊かにするために進められた近代化によって科学技術が進化したが、今度はその科学技術が新しいリスクを生み出す。その科学技術が生み出した新しいリスクを解決するために、さらに新しい科学技術の開発が必要となる、と。こうして、科学技術の進化に基づいて発生する新たなリスクを克服するために新しい科学技術やそれをマネジメントする新たな法制度を進化させるというように、近代化の過程はリスクマネジメント、危機管理の視点から永遠に繰り返されるのである。この過程を、ベックは［B］と呼んだ。近代化（モダン）の後に、ポスト近代化（ポストモダン）が訪れると指摘したかつての現代思想の潮流と異なる、このベックの指摘は、現在のリスク社会の中でよりリアリティをもって評価されている。これがベックの言うリスク社会で、私たちはこうしたリスク社会、リスクの時代を生きているのである。

リスク社会において、危機管理能力（リスクリテラシー）が個人に求められる状況を、ベックはリスクの個人化と呼んだ。社会生活のあらゆる状況で個人がリスクを回避する判断、自己決定が求められる社会が、リスク社会で、「自分の身は自分で守る」という論理が「自助」である。これは近代化における個人主義の論理と深く結びついている。近代化において、市民が得た自由・人権は、自分で職業や結婚相手を選べるという自己決定、そして選挙における投票行動によって自分たちのリーダーを選ぶという民主主義社会をもたらした。つまり、近代化がもたらしたものはこの個人の自己決定に基づいた社会なのである。さらに再帰的近代化の過程で、危機管理という機能が近代化のシステムを補完するという文脈において、危機管理もまた個人主義化するというのは必然的な帰結であった。

次に自分を取り囲む家族や、隣近所の地域社会でお互いに助け合うことを「互助」と呼ぶ。互助会という表現があるように、日本社会では歴史的にこの互助の精神が受け継がれてきた。戦前・戦中には「隣組」という組織運営によって戦争に協力したネガティブな印象が付与されたが、戦後の災害対策においても、自主防災組織や消防団など、地域の住民で組織した自治会的な活動によってこの「互助」は実践されてきた。阪神・淡路大震災や長野県北部地震などにおいて、崩壊した建物から住民を掘り起こして助けたのは主に家族や隣近所の住民であったことが調査により判明している。消防や自衛隊などのファーストレスポンダー（初動対応者）の出動とそれによる住民の救出は極めて重要であるが、大規模災害においては住民の救助のすべてにこのファーストレスポンダーが対応することは困難であり、「互助」が重要となるのである。

続いて近年注目されているのが「共助」である。「共助」とは、国家や自治体に依存するのではなく、企業やＮＰＯなどのプライベート・セクターが率先して社会的責任を果たすための活動を行うことを指す。阪神・淡路大震災以降に日本にも定着し始めたボランティア活動はこの「共助」に含まれる。

最後に挙げるのが「公助」だ。「公助」とは、危機において政府や自治体など公的機関が国民、市民を守ることを指す。自然災害や大規模事故、テロ事件やミサイル発射のような国民保護事案、そして戦争・紛争の安全保障において国家や自治体が果たす役割は大きい。それゆえ、ハザード系リスクにおいては、この政府や自治体が重要な役割を果たすことは間違いない。しかし、阪神・淡路大震災では初動が遅れ、政府が迅速な危機管理を実行することはできなかった。また東日本大震災でも、津波に襲われた太平洋沿岸部の自治体では市町村役場が津波に流され、災害対策本部は機能しなかった。このように危機事態において、政府や自治体などの公的機関が完全なる危機管理を実践することが困難であることは認めなくてはならない。だからこそ、(イ)日本では現在、この「公助」依存体制から脱却して、「共助」「互助」「自助」を強化する必要があるのだ。

自助・互助・共助・公助のバランスを考えるとき、この関係性は国家の社会体制と関連している。危機管理や国家の運営において、自助優先の社会を構築するか、公助優先の社会を構築するか、それはそれぞれの国家のナショナル・アイデンティティに関わる問題であり、その国家がどのように運営されるべきかという、イデオロギー、思想的な問題である。そして同時に、これらの自助、互助、共助、公助のそれぞれの階層における危機管理体制の構築と社会教育が重要であり、それぞれの階層のトップダウン的、ボトムアップ的な相互作用がレジリエントな危機管理体制につながる。「危機管理学」では、こうした自助、互助、共助、公助のそれぞれの階層で求められる危機管理のあり方を探究する。

（福田充『リスクコミュニケーション』平凡社による。なお一部を改めた）

注　プライベート・セクター＝民間部門。　レジリエント＝回復力・弾力性のあること。

問1　［A］に入れるのに、最も適当なものを、次のなかから選び、その番号をマークせよ。

1　深刻化　2　偏在化　3　意識化　4　沈静化　5　潜在化

問2　傍線㋐に「人々が生活行動をする際の判断基準としてリスクマネジメントを意識するようになる社会」とあるが、その例として、適当でないものを、次のなかから一つ選び、その番号をマークせよ。

1　就職するとき、福利厚生が充実しているか、やりがいを持てるかを意識して会社を選ぶような社会
2　家を買うときの基準として、自然災害の有無や、治安面で不安がないかといったことを重視する社会
3　目的地へ移動するとき、行き帰りのルートの選択で事故などの危険性が少ないかを重視するような社会
4　食事をするときの店選びで、食品の情報開示をしているなど信頼できるかどうかを重視する社会
5　ネットショッピングをするとき、個人情報の保護なども意識しながら慎重に購入するような社会

問3　［B］に入れるのに、最も適当なものを、次のなかから選び、その番号をマークせよ。

1　リスクの遍在化　2　リスクの近代化　3　リスクの個人主義化　4　再帰的近代化　5　ポストモダン化

問4　傍線㋑に「日本では現在、この『公助』依存体制から脱却して、『共助』『互助』『自助』を強化する必要がある」とあるが、その説明として、最も適当なものを、次のなかから選び、その番号をマークせよ。

1　日本ではこれまで地域社会で自主的に運営される「公助」に頼りすぎていたので、それ以外の個人やＮＰＯなどの備えを強化していく必要があるということ

2　これまでの大規模災害ではファーストレスポンダーが対応しきれないことがあったので、そのようなことがないよう自衛隊などをより一層強化する必要があるということ

3　公的機関だけでは災害に対応しきれないことがあるので、個人や地域住民、企業などの危機管理上の役割をこれまで以上に強化していく必要があるということ

4　政府や自治体では対応しきれない災害もあるので、自主防災組織など地域住民を中心とした組織に個人で参加することで「共助」を強化しておく必要があるということ

5　戦争に協力したというネガティブな印象もあるが、日本では歴史的に「互助」の精神が受け継がれてきたので、それが持っている危機管理の役割を積極的に強化する必要があるということ

問5　本文の内容に合うものを、次のなかから一つ選び、その番号をマークせよ。

1　リスクマネジメントとは危機の発生を防ぐための対策のことを意味しており、それはリスクコミュニケーションを実践するうえで重要な役割を果たしている。

2　現代は科学技術が生み出した様々なリスクに直面しており、そのため私たちは、人生の大きな決断に対してはリスクを意識せざるをえない社会に生きている。

3　近代化がもたらしたものは個人の自己決定に基づいた社会であり、そこでは危機管理もまた個人主義化することを避け

ることができない。

4　近代化と科学技術は、それ自体が様々なリスクを生み出してはいるが、それでも戦争や災害などの人類の危機を回避するのに重要な貢献をしてきた。

5　自助・互助・共助・公助のバランスをどうとるかは国家の社会体制と関連しているが、そのうちのどれを優先するべきなのかを決めるのが危機管理学である。

三

次の文章を読んで、問いに答えよ。

（大納言との浮名が立ち、姉である大納言殿の上に憎まれて傷ついた姫君は、父の入道殿が隠居する嵯峨の広沢へ赴いた。）

九月ばかりなれば、嵯峨野の花も枯れ枯れに、空の浮雲心細く、もののみ悲しくておはし着きたれば、入道殿、心憂しと、思ひきこえたまへど、いと久しく見たてまつらせたまはぬも心弱くおぼつかなくて、渡り①たまへれば、菊の御衣(おんぞ)どもの色々なるうへに、いと薄き蘇芳(すはう)の、めでたくきよらなるを着まぜ②たまへるに、かかれる御髪(みぐし)は、散りのまよひなく、つやつやと隙(ひま)なくかかりて、いといたく面痩(おもや)せ③たまひつるかたちの、言ひ知らず薫りをかしげなる、にほひこぼれぬばかりらうたげにて、世を屈(くん)じしめりたまひつるなつかしさ、よそよそなるときは、「さやは思ひきこえし。思はずなりける御有様かな」と、㋐心づきなかりつれど、うち見たてまつり④たまふに、よろづの罪消えて、あはれにも悲しくもおぼえたまへど、「すこしはきこえ知らせむ」とおぼしつることも、むつかしくおぼし乱れむが心苦しさに、おぼしとどめて、「さばかり久しかりつる御心地に、さらに衰へたまはぬかな。御髪も落ちぬらむと思ひつるを、裾(すそ)も細らざめり。よろづのこと、さはれ、なおぼし入れそ。幾世なき世にめぐらひはべらむかぎりは、ただかくて見たてまつるべきなり。たち後(おく)れたまひなば、ただこの庵(いほり)にて世をつくさむと、おぼし離れよ。この世の栄えめでたけれど、仮のことなり。口惜しかりける御宿世なればこそ、母君にも見添ひきこえたまはず、おのれも、かく世を限る閉ぢめに逢ひたまふらめ。身を、いかで人並みにと思ひ急げど、前の世の宿世といふものあるべかんめれば、思ふにかなはぬわざなり」とばかりきこえ⑤たまひて、涙押し拭ひたまふ気色、いみじくあはれなり。

　御果物、御台など、手づから取り寄せつつ、あながちに(イ)そのかしたまひつつ、「思ひつづくるに、この人の咎かは。女子に、思ふ人添はず、そこはかとなくあるときは、ねんごろに言ひをかす人のあるに、心弱くあざむかるる、みな例のことなり。我にても知り⑥にき。さらに、かしこき人、心強き人、あながちに思ひ入る心ざしには、なかりしものなり。ただ、主強く定まりて、それがもてあがむるに、女は、強き心も、重りかなる気色をも、用ゐるものなり。この人のけはひ、有様を、ほのかにも見聞きたらむ人の、いみじき仏、聖といふとも、心をかけであるべきやうなし。ただ、我、ともかくもてなしたてで、はらからを頼もしきものに思ひて、譲りおきける怠りのみこそ、罪去りどころなくうしろめたけれ。人の悪しとも言ふべきにあらず。さばかりこそ、この君のことを、泣く泣く誰にも言ひおきしかど、我がある前に言ひ聞かせじ、聞くところありと、いみじき過ちありとも、思ひ憚る人やあり⑦ける。にくく、心づきなくおぼゆとも、世の聞き耳を忍びやかにもてなして、言ひ教へてはあらで、ひたぶるにののしり、はしたなめたてまつる恨めしさに、この罪はみな消えて、たとひ、まことに犯したらむにてだに、いかがは今はせむ。(ウ)そもさるべき前の世の宿世にこそはありけめ」と、「かしこに言ひはしたなめられて、苦し、わびしとおぼしけむだに、思ひやるにいみじくあはれなり。我さへ、待ち受けてものしげならば、いづくにか身をも隠さ⑧む」とおぼすに、みなさめて、いとかくても見えたてまつらじとおぼせど、おぼしつづくるにえ堪へたまはず、泣きたまひぬるを、姫君、「いかなることをおぼすらむ」とおぼすに、恥づかしくわりなくて、涙落ち添ひたまひぬる気色、いといとらうたげなり。(エ)「あはれ、いかにすべき人の御身なるらむ。幼くより、さりとも、思はざるほかに人にはすぐれなむとこそ、頼み思ひしか」とおぼすに、いと口惜しく、「大納言殿の上はいとよし。我が身のことなれば、おほのかにも、かかるかたをやすらかに憂へ思ひ、操つくりあへぬ、世のつねのことなり。大納言のただならず乱るる気色を心得て、げに苦しかりけむ。ことわりながら、そのなかにも、すこしは鎮め言はむや」。左衛門督(かみ)の押しおもむけ、ひたぶるに言ひし気色を、つらしとおぼし出づること限りなし。

（『夜の寝覚』による）

注　菊の御衣ども・蘇芳＝襲(かさね)の色目のこと。　御台＝御食膳。　かしこ＝京の大納言殿の上の邸。
　　操つくり＝いつもと変わらない様子でいること。
　　左衛門督＝大納言殿の上・姫君の兄。

問1　傍線①の「たまへ」、②の「たまへ」、③の「たまひ」、④の「たまふ」、⑤の「たまひ」は誰に対する敬意をあらわしているか。最も適当な組み合わせを、次のなかから選び、その番号をマークせよ。

1　①＝入道殿　②＝姫君　③＝入道殿　④＝姫君　⑤＝入道殿
2　①＝姫君　②＝入道殿　③＝入道殿　④＝姫君　⑤＝姫君
3　①＝入道殿　②＝姫君　③＝入道殿　④＝入道殿　⑤＝姫君
4　①＝姫君　②＝姫君　③＝姫君　④＝入道殿　⑤＝姫君
5　①＝入道殿　②＝姫君　③＝姫君　④＝入道殿　⑤＝入道殿

問2　傍線⑥の「に」、⑦の「ける」、⑧の「む」の文法的説明として、最も適当なものを、次のなかから選び、その番号をマークせよ。

1　完了の助動詞の連用形　　2　過去の助動詞の已然形
3　推量の助動詞の連体形　　4　断定の助動詞の連用形
5　過去の助動詞の連体形　　6　推量の助動詞の終止形

問3　傍線㋐の「心づきなかりつれど」、㋑の「そそのかしたまひつつ」を、それぞれ十二字以内で現代語訳せよ。

問4　傍線㋒の「そ」の指し示す内容は何か。最も適当なものを、次のなかから選び、その番号をマークせよ。

1　姫君によくない評判が立ったこと
2　姫君が過ちを犯してしまったこと
3　姫君の欠点が言い立てられたこと
4　世の人が聞き耳を立てていたこと
5　世間の噂を耳に入れなかったこと

問5　傍線㋓の「あはれ」には、誰の、どのような思いがこめられているか。最も適当なものを、次のなかから選び、その番号をマークせよ。

1　入道殿が堪えきれず泣いてしまわれたのにも涙で応じるほかないという姫君のつらさ
2　姫君の今後を安心して任せられる殿御は見い出せるのだろうかという入道殿の戸惑い
3　幼いころと同じように入道殿の御身だけを信じてあてにすればよいという姫君の安堵
4　どのようにお世話してあげたらよい御身の上の姫君なのだろうかという入道殿の不安
5　ひたすら涙にくれる姫君になぐさめの言葉すらかけられないという入道殿のいらだち

問6　本文の内容に合うものを、次のなかから二つ選び、その番号をマークせよ。

1　姫君は尊い仏にも聖僧にも等しいような重々しい気高さであるので、大納言が心を乱したのも致し方ないことだった。
2　久しく会っていない姫君の御髪は抜け落ちているだろうと入道殿は心配していたが、毛先は細っていないようだった。
3　傷心の姫君を気遣う入道殿は、過去を振り返り、現在に思いめぐらし、未来を案じながら、姫君に言葉をかけ続けた。

4　入道殿は、大納言殿の上の心痛に共感しながらも、もう少し気持ちを鎮め、口をつつしむべきだったと残念に思った。
5　大納言殿の上の邸でさんざんに戒められて京を出た姫君に対し、入道殿は広沢に留まり心穏やかに暮らすよう勧めた。
6　はやくに母君に死に別れ、兄や姉とも不仲になった姫君は、入道殿に受戒を願い出るために、広沢を訪れたのだった。

問7　菅原孝標女が書いた作品を、次のなかから一つ選び、その番号をマークせよ。

1　堤中納言物語　2　蜻蛉日記　3　栄華物語　4　狭衣物語　5　更級日記　6　無名草子

四　次の文章を読んで、問いに答えよ（設問の都合上、訓点を省略した部分がある）。

濠梁人南楚材者旅遊陳・潁歳久。潁守慕其儀範、将欲以子妻之。楚材家有妻、以受潁牧之眷深、忽不思義、而①輒已諾之、遂遣家僕帰取琴書等、似無返旧之心也。或謂求道青城、訪僧衡岳、不親名・官、唯務玄虚。其妻薛媛善書画、妙属文。②知楚材不念糟糠之情、別

倚糸蘿之勢、対鏡自図其形、并詩四韻以寄之。楚材得妻真及詩甚慙、遽有雋不疑之譲。夫婦遂偕老焉。薛媛写真寄夫詩曰、

欲下丹青筆　先拈宝鏡端
已驚顔索寞　③漸覚鬢凋残
涙眼描来易　愁腸写出[A]
恐君渾忘却　時展画図看

（『雲渓友議』による）


注　濠梁＝地名。　陳・潁＝州の名。　守・牧＝州の長官。　儀範＝姿や態度。　眷＝恩顧。

青城＝道教の聖地。　衡岳＝仏教の聖地。　玄虚＝道教と仏教。　糟糠＝酒かすとぬか。貧窮生活の比喩。

糸蘿＝樹木にまとい付くツタ植物。結婚の比喩。　詩四韻＝律詩。　真＝肖像画。

有雋不疑之譲＝前漢の雋不疑が霍光将軍の娘との縁談を辞退した故事にならう。　丹青＝絵の具。

索寞＝失意の様子。　鬢＝耳ぎわの髪。　凋残＝衰え抜ける。

問1　傍線①の「輒」、③の「漸」の読み方を、送りがなを含めて、それぞれひらがなで書け。

問2　傍線②の「知楚材不念糟糠之情、別倚糸蘿之勢」の書き下し文として、最も適当なものを、次のなかから選び、その番号をマークせよ。

1　楚材の糟糠の情を念(おも)はざるを知り、別れて糸蘿の勢に倚(よ)り
2　楚材の糟糠の情を念はず、別に糸蘿の勢に倚るを知り
3　楚材の糟糠を念はざるの情ありて、糸蘿に倚るの勢に別るるを知り
4　楚材の糟糠を念はざるの情を知り、別に糸蘿の勢に倚り
5　楚材を知るも糟糠の情を念はず、別れて糸蘿の勢に倚り
6　楚材を知るも糟糠の情ありて、糸蘿に倚るの勢に別るるを念はず

問3　［A］に入れるのに、最も適当な漢字一字を書け。

問4　本文の内容に合うものを、次のなかから一つ選び、その番号をマークせよ。

1　南楚材は、潁州の長官に文才と琴の技量を認められ、その娘と結婚して出世するために、しかたなく書画と詩文に優れた薛媛を離縁した。
2　薛媛は、南楚材の不義を知り、愁いに満ちた自画像と恨みのこもった詩を夫に送ったが、南楚材は、自らの非を悟ることなく薛媛を離縁して長官の娘と結婚した。
3　南楚材は、薛媛から送られた自画像と詩を見て、悲しみで衰えた様子と思慕の情を知り、心変わりが恥ずべき行為であ

ると気付き、元通り添い遂げた。

4　南楚材は、道教と仏教に励むため、薛媛と別れようと決心したが、その悲しげな自画像と恨みに満ちた詩を見て、それが人道に背くと悟り、薛媛を終生の伴侶とした。

5　薛媛は、南楚材が長官の娘と結婚して自分をすっかり忘れ去ったと知り、悲痛な表情の自画像と容貌の衰えを恨む詩を送って南楚材と永遠に別れた。

解答

二月一日実施分

一

出典 速水健朗「なぜ批評は嫌われるのか――『一億総評論家』の先に生じた事態とは」(『中央公論』二〇二二年四月号 中央公論新社)

解答

問1 ①あお ④もろ
問2 ②警鐘 ③培養
問3 2
問4 2
問5 ソーシャルメディア
問6 3
問7 5
問8 4
問9 1
問10 作り手と受～つつある。
問11 4・6

◆要 旨◆

現代の〝批評家〟をめぐる寓話で皮肉られているのは、レビュアー＝批評家が自分は社会によい影響を与えていると信じきっているということである。ソーシャルメディアの登場は、民主的で正しいことを言い合える場所として、最初は歓迎された。「集合知」への期待である。しかし、ソーシャルメディアは、「共感」を集めることを通じて特権化したインフルエンサーを出現させ、その結果、陰謀論を培養し、有名人らを誹謗中傷する状況を生み続けた。「共感」を集める競争が始まるとともに、ネット上では批評家的な態度が嫌われはじめた。共感と批評は相反する態度だからである。誰もが情報の受信者であると同時に発信者である状況の中で、批評家は嫌われるようになっている。

▲解　説▼

問３　文学史の知識問題である。小林秀雄の代表作としては、『無常といふ事』『モオツァルト』『本居宣長』などの芸術批評もよく挙げられる。

問４　空欄Ａを含む一文の次の文の冒頭が「しかし」となっていることに注目する。譲歩構文である。２の「もちろん」、５の「たしかに」が譲歩構文に該当するが、前段落の〈カートマンが「エセ評論家たちを追い出す」ために決起集会を開いた〉という行動の根底にあるのが空欄直後の「カートマンは自分こそが……と思っている」であることを踏まえると、「もちろん」の方が適している。

問５　「九字」という字数指定がヒントになっている。本文の空欄Ｂまでの部分で、何度も繰り返されているキーワードは「レビュアー」であるが、それは「飲食店の口コミサイト」という「ソーシャルメディア」上における「レビュアー」のことである。

問６　空欄Ｃの二文前の「レビュアー＝批評家たちの誰もが……信じて疑っていない」という部分を参考にして、３と判断する。空欄Ｃを含む文の直前に「集団心理が引き起こしている現象ではない」とあるので、１の「連帯感」は不適。「信じて疑っていない」という態度は、２の「理性」とは相容れない。４の「趣味」は、「自分こそがまとも」「社会によい影響を与えている」といった信念からずれている。５の「博愛主義」は、自分が正しいと信じ込むこととは別のことであるし、「博愛主義」では空欄Ｃ直後にあるような「炎上」は起こらない。

問７　やや難。傍線㋑の内容自体が把握しにくい。いずれの選択肢も前半の「集合知」の説明部分は特に問題がないので、

「共感」と「陰謀論」の関係が整理されているかどうかをチェックする。その関係は、「共感」を集めてインフルエンサーという特権階級が出現する→「共感」が裏切られて「反転」する→分断が進み、誹謗中傷を生む→「陰謀論」という順序になる。この流れに合致するのは5である。1は「誹謗中傷に対しても多くの『共感』を集められる」という点が不適。これは「陰謀論」の段階であって、傍線部の「間を埋める」という位置関係（成立過程）についての説明がない。2は「特権階級化への『共感』」が不適。「共感」を集められたから「特権階級」になれたわけで、「特権階級化への『共感』」では、原因と結果の因果関係を無視している。3は「陰謀論」についての言及がないので不適。

4は「共感」の「反転」についての言及がないので不適。

問８　傍線㋒の直前にあるように、「解釈」と「経験」の二項対立がポイントである。チャンスは「経験」を重視し、リーは「解釈（批評）」する立場である。だから、「リーの世代が批判されている点」として、4の「解釈を積み重ねた批評性」を選ぶ。1は「ライブ出演」は「モノ消費」ではなく体験を重視する「コト消費」であるので、内容的におかしい。2はチャンスの批判のポイントは、何かを「下敷きに」するだけでは説明不十分で、「下敷きに」した上に「『解釈』の積み重ね」（第二十段落最終文）があることである。3は「ニューヨークという都市の視点」と地域性だけに限定して問題にしていることが不十分。5は「自分自身の『経験』として共感できないこと」が不適。第二十一段落に「他者の置かれた状況は、あくまで他者の『経験』として受け止めるべき」とある。

問９　設問文に「本文の主旨を踏まえて」というただし書きが、わざわざつけてあることに留意する。〈傍線部はなぜか〉とか〈傍線部はどういうことか〉などのようなシンプルな設問文になっていない場合は、そのわざわざつけ足している部分はヒントである。文章の内容も題も〈批評（家）は嫌われる〉ということであるから、1を選ぶ。5など他の選択肢でも論理的に全く不可能だとまでは言えないので、設問文のただし書きに気づけたかどうかがポイントになる。

問10　人々が情報の一方的な受け手ではなく、「マス・コミ」の「双方向性の部分」（第三段落）を生かして自分の意見を発信し批評することができるようになった、というのが「『一億総評論家』的な状況」である。二重傍線部の主語に当たる「ソーシャルメディアの登場」により、「誰もが自由に発言、評論ができる」（第十一段落）ことになった結果、もたらされたのが「作り手と受け手の関係が近づき、フラットになりつつある」（第二十五段落第一文）という状況である。その次の一文に「これは、情報とテクノロジーの進化がもたらしたものだ」と、事態の進展について述べられていることもヒントになる。

問11　４は第十七・二十一・二十三段落の内容に合致する。６は第十四・二十五・二十六段落の内容に合致する。１は「低俗な存在となり得る」ということは、「一億総評論家」ではなく「一億総白痴化」であるので不適。２は「自分自身がエセ評論家であることをつつみ隠して」が不適。第六段落第一文にあるように、カートマンはそう思っていない。３の「自ら言論を封殺する」という内容は本文にない。５は「置かれた状況を理解しようとしない」のではなく、「勝手に『解釈』する」（第十九段落）点に暴力性を認める、とあるので不適。

二

出典　福田充『リスクコミュニケーション――多様化する危機を乗り越える』〈第一章「リスクコミュニケーション」とは何か〉（平凡社新書）

解答

問１　５
問２　１
問３　４
問４　３
問５　３

◆要　旨◆

「リスクコミュニケーション」とは、リスクに対する政策のあり方について合意形成していく過程全体を意味する。社会学者のウルリッヒ・ベックは、現代のリスク社会では行動選択の判断基準が「安全・安心」にシフトしていると指摘し、

「再帰的近代化」という問題も提起している。リスクマネジメントのために進化した近代科学が新しいリスクを生み、それが永遠に繰り返されるという指摘である。リスク社会では、個人主義の論理と結びついて、自分で危機管理する「自助」が求められるが、それ以外にも、家族や地域社会で助け合う「互助」、企業やNPOによる「共助」、政府や公的機関による「公助」もある。危機管理学は「自助」「互助」「共助」「公助」のそれぞれの階層での危機管理のあり方を探究する。

◀解　説▶

問1　空欄A直前の「危機がまだ発生していないが」という部分から判断する。

問2　傍線㋐は「リスク社会」の定義である。1の「福利厚生が充実しているか」、「やりがいを持てるか」ということは、「自分にとってそれが便利であり……自分にとって楽しく感じられて……選択がなされたりする」（傍線直後）という、リスク社会以前の考え方である。

問3　空欄B直前の「この過程」とは、リスクを管理するために科学技術を進化させたことによって新たなリスクが生まれ、さらにその解決のため新たな科学技術の開発に迫られるという繰り返しのことである。これがベックの二つ目の重要な指摘「再帰的近代化」（第六段落第一文）である。

問4　「公助」「共助」「互助」「自助」の四点について、バランスよく説明している3を選ぶ。1は「地域社会で自主的に運営される『公助』」とあるが、これは「互助」が正しい。2は「公助」の必要性しか述べていない。4は「自主防災組織など地域住民を中心」とするのは「共助」ではなく「互助」。5は「互助」の必要性しか述べていない。

問5　3は第十段落の内容に合致する。1は第三段落で、「リスクコミュニケーション」とは、「リスクマネジメント」をも含む合意形成の過程全体を意味する、とある。だから「実践するうえで」という関係ではない。2は「人生の大きな決断」と限定していることが不適。第五段落第四文にあるように、「または毎日の小さな選択の中に」ということも含まれている。4は「戦争や災害などの……」以下が不適。第七段落で「科学技術が新しいリスクを社会にもたらす」例として戦争や災害が挙げられている。5は「そのうちのどれを優先するべきなのかを決める」が不適。最終文に、「それぞれの階層で」危機管理のあり方を探究する、とある。

三

出典　『夜の寝覚』〈巻二〉

解答

問1　5
問2　⑥―1　⑦―5　⑧―3
問3　㋐好感が持てなかったけれど（十二字以内）　㋑勧めなさりながら（十二字以内）
問4　2
問5　4
問6　2・4
問7　5

◆全　訳◆

九月ごろなので、嵯峨野の花もほぼ枯れていて、空の浮雲も心細く、何につけても悲しい気持ちになって（姫君は広沢に）着きなさると、（父の）入道殿は、（娘の姫君を）情けないと、思い申し上げなさっているが、たいへん長い間会い申し上げていらっしゃらないのも心弱く気がかりで、（姫君のお部屋に）行きなさったところ、（姫君は）菊襲の御衣のいろいろな色を重ねた上に、たいへん薄い蘇芳の、見事な美しい着物を着交ぜていらっしゃるが、（額に）たれかかった御髪は、少しも乱れておらず、つやつやとしてすきまもなく流れかかって、たいへんひどく面やつれなさったお顔は、言いようもなくつややかに美しく、光り輝くばかりにかわいらしくて、（うわさのために）世間に気兼ねして気がふさいでいらっしゃる（姫君の）慕わしさは、離れているときは、「そう（＝姫君に悪い噂が立つということ）このような状態になること）

とは思い申し上げただろうか。思ってもいない御ありさまであることよ」と、（入道殿は）好感が持てなかったけれど、（姫君を）拝見なさると、すべての過ちは消えて、かわいらしくも悲しくも思いなさるが、「少しは意見を申し上げよう」と思いなさっていたことも、（姫君が）苦しく心を乱しなさると思われることが気の毒なので、（意見することを）思いとどまりなさって、「あれほど長かったご病気に、少しもやつれなさっていないことですね。御髪も抜け落ちているだろうと思っていたが、（髪の）先も細くなっていないようだ。すべてのことは、とにかく、思いつめなさらないように。（私も）先が長いわけではない（が、それでも）この世に生きております限りは、きっとこのようにお世話申し上げるつもりです。（私が死んで）後に残されなさったら、ただこの庵で一生を送ろうと、（世の中のことは）忘れてしまって下さい。この世の栄華はすばらしいものだけれど、仮のものである。（あなたは）残念な御宿命なので、母君にもそばでお世話申し上げなさらず（＝死に別れ申し上げなさり）、私も、このように世間から隔たる生涯の終わりという状態にめぐりあっていなさるのだろう。（誰でも）自分の身を、どうにかして人並みにしようと思い急ぐけれど、前世の宿縁というものがあるようなので、思い通りにならないことであるよ」とだけ申し上げなさって、涙をぬぐいなさる様子は、たいへんしみじみと悲しいものである。

果物、食事の膳など、（入道殿は）自分の手で取り寄せては、無理にでも（姫君に）勧めなさりながら、「思ってみると、（今回のことは）この人（＝姫君）の罪だろうか。いや、そうではないだろう。女の子に、（母親のように）思う人（＝親身になって考えてくれる人）が付き添わず、はっきりした相手も決まっていないときには、心をこめて言い寄ってくる人があると、心弱くだまされるのは、皆よくあることだ。私も（経験上）知っている。まったく、賢い女、心の強い女（などというもの）は、強引に言い寄ってくる（男の）情熱の前には、いなかったものだ。ただ、夫がはっきり決まっていて、その夫が大切にしてくれることで、女は、（誘惑に負けない）強い心も、重々しさも、身につくものだ。この人（＝姫君）の様子や、ありさまを、少しでも見聞きした人なら、尊い仏や、聖者といっても、心惹かれずにはいられないだろう。ただ、私が、ともかくもお世話しないで、兄弟姉妹を頼りになると思って、任せておいた怠慢だけが、（親である私の）責任は免れるわけもなく残念である。誰かが悪いとも言えることではない。（だが、）あれほど、この姫君のことを、泣く泣く誰にも頼んでおいたのに、私の前では（姫君の悪評を）言って聞かせるまい、聞いてしまうと（心配するから）と、（たとえ姫君に）大きな過ちがあっても、（言うのを）遠慮する人がいただろうか。（姫君のことを）憎く、不愉快に思えても、世間の噂をこっそりつくろって、言い聞かせるのではなく、ひたすら大騒ぎし、恥をかかせ申し上げる恨めしさを思うと、この（＝姫君の）罪はみな消えて、たとえ、本当に罪を犯したとしても、今さらどうしようもない、それも定められた前世からの宿縁だったのだろう」と（思いなさり、また）、「あちら（＝姉である北の方のところ）でさんざんきまりの悪い思いをさせられて、苦しい、つらいと思いなさっただろうとだけでも、想像するとたいへんかわいそうだ。私まで、不機嫌そうに待ち構えていたら、（この姫君は）どこに身を隠したらいいのだろう」と思いなさると、（今までの不満も）みななくなって、本当にこのような（いいかげんではっきりしない）態度は見せ申し上げることはするまいと思いなさるが、いろいろと思い続けなさると我慢なさることができず、泣きなさったのを、姫君は、「（父上は）どのようなことを思っておられるのか」と思いなさると、恥ずかしくつらくて、（姫君が）涙を流しなさった様子は、本当にたいへんかわいらしい。（入道殿は）「ああ、どのようにしてあげればよい人（＝姫君）の御身の上なのだろう。幼いころから、そうは言っても、思っている以上にきっと人より幸せになるだろうと、心頼みに思っていたのに」と思いなさると、たいへん残念で、「大納言殿の上（＝姫君の姉、大納言の北の方）はまあよい。自分にかかわることなので、おおらかに、こうしたことを穏やかに心の中で思い、いつもと変わらない様子でいられないのは、当たり前のことだ。大納言がひとかたならず心乱れている様子に気づいて、実に苦しかったことだろう。それは当然だが、それでも、少しは気持ちを抑えて物を言えばよかろうに」と（思いなさる）。左衛門督（＝姫君の兄）が（姫君に責任をすべて）押しつけ、ひたすら（悪く）言った様子を、情けないと思われることは限りない。

◀解　説▶

問1　すべて尊敬語なので、実質的に主語指摘の問題である。広沢に赴いた姫君に父の入道殿が対面しに行く場面である。

その状況を踏まえてそれぞれの主語を確認する。①直前の「心憂しと……おぼつかなくて」の主体である「入道殿」の動作にかかる。「て」の前後は主体がほぼ変わらないことがヒントとなる。②「菊の御衣どもの……きよらなる」を「着まぜ」ているのは「姫君」。③「御髪」が美しく、「面痩せ」しているのは「姫君」。④は②・③で述べた、姫君の様子を「見たてまつり（＝拝見している）」のは「入道殿」。⑤直前の会話文「さばかり久しかりつる……わざなり」を申し上げているのは「入道殿」。よって正解は5となる。

問2　助動詞の基礎的な問題である。⑥四段動詞「知る」の連用形に接続しており、下に連用形接続の「き」があることから、完了の助動詞「ぬ」の連用形。⑦ラ変動詞「あり」の連用形に接続している過去の助動詞「けり」の連体形。上の係助詞「や」の結びとなっている。⑧四段動詞「隠す」の未然形に接続する推量の助動詞「む」。上の係助詞「か」の結びで連体形となっていることに注意。

問3　㋐「心づきなし」は、〝好感が持てない、気に入らない〟の意。古文の基本語である。
㋑「そそのかす」は、〝催促する、せきたてる〟の意。ここでは「御果物、御台」を「そそのかす」わけであるから、〝勧める〟と訳しておくのがよい。

問4　「そ」は指示代名詞で、〝それ、そのこと、その人〟の意。ここは、傍線㋒直前の「まことに犯したらむにてだに」という部分を指している。

問5　傍線㋓は、直前の「恥づかしくわりなくて……らうたげなり」という姫君の様子を見たときの入道殿の心情である。よって、1と3は不適。入道殿の心理としては、姫君の様子を見て非常に同情的で親身になっていることから判断する。2は「戸惑い」、5は「いらだち」が不適。

問6　2は傍線④の少し後の「御髪も落ちぬらむと思ひつるを、裾も細らざめり」という部分に合致する。4は最後から二文目の「ことわりながら……鎮め言はむや」という部分に合致する。1は傍線⑥の少し後に「いみじき仏、聖といふとも」とあるが、これは1にあるような姫君の「気高さ」の説明ではない。3は「言葉をかけ続けた」が不適。第二段落のカギカッコで括られている部分は入道殿と姫君が心の中で思ったことであり、実際に口に出して言った言葉ではない。５は「戒められて」が不適。傍線⑧の直前の「かしこに言ひはしたなめられて……あはれなり」や本文最後の二文から、もっとひどい言われ方をされたのだろうと想像される。６は「受戒」が不適。姫君が尼になると決心したという内容は本文にない。

問７　文学史の基本問題。なお、菅原孝標女は『夜の寝覚』の作者とも言われている。

四

出典　范攄『雲渓友議』

解答

問１　①すなはち　③やうやく

問２　２

問３　難

問４　３

◆全　訳◆

濠梁の人で南楚材という者は陳・潁に旅しそこで暮らして何年も過ぎた。潁の守はその（＝南楚材の）姿や態度が気に入り、すぐに自分の娘をこの人（＝南楚材）と結婚させようと思った。楚材は家に妻がいたが、潁の長官の恩顧を受けることが深いということで、おろそかにも義ということを考えず、すぐに結婚を承諾し、そのまま家僕を遣わして家に帰って琴や書籍等を運ばせ、もとに戻る心がないかのようだった。また（南楚材は）道を（道教の聖地の）青城に求め、僧を（仏教の聖地の）衡岳に訪ねて、名誉や官職に親しまずに、ただ道教と仏教の真理のみを求めると（家僕に）言わせた。その妻薛媛は書画が上手で、文章も得意だった。楚材が貧しいころの情も思わず、別に（高官の娘との）結婚に頼ることを知り、鏡に向かって自ら自分の顔を描き、詩四韻を添えてこの人（＝南楚材）に送った。楚材は妻の絵姿および詩を受け取ってたいへん恥ずかしく思い、すみやかに（高官の娘との）縁談を辞退した。夫婦はそのまま一緒に年をとりながら暮らした。薛媛が絵姿を描いて夫に送った詩で言ったことは、

　絵筆を使おうとして、まず宝鏡の端をつまんで（鏡を見た）
すでに自分の顔にあらわれた失意に驚き、次第に鬢の毛の抜け落ちているのがわかった
涙にあふれた眼を描くことは簡単だが、愁いに満ちた内心を写し出すことは難しい
恐らくあなたは（私のことを）すべて忘れるでしょう、時にはこの画を開いて見てください

読み　濠梁の人南楚材なる者陳・潁に旅遊すること歳久し。潁の守其の儀範を慕ひ、将に子を以て之に妻はさんと欲す。楚材家に妻有り、潁牧の眷を受くること深きを以て、忽ち義を思はず、輒ち已に之を諾し、遂に家僕を遣はして帰りて琴書等を取り、旧に返るの心無きに似せしむるなり。或いは道を青城に求め、僧を衡岳に訪ね、名・官に親しまず、唯だ玄虚のみを務むと謂はしむ。其の妻薛媛書画を善くし、文を属るに妙なり。楚材の糟糠の情を念はず、別に糸蘿の勢に倚るを知り、鏡に対ひて自ら其の形を図き、詩四韻を幷せて以て之に寄す。楚材妻の真及び詩を得て甚だ慚ぢ、遽かに雋不疑の譲り有り。夫婦遂に偕に老ゆ。薛媛の真を写して夫に寄する詩に曰はく、

　丹青の筆を下さんと欲して　先づ宝鏡の端を拈む
　已に顔の索寞たるに驚き　漸く鬢の凋残するを覚ゆ
　涙眼描き来たること易きも　愁腸写し出だすこと難し
　恐らくは君は渾べて忘却せん　時に画図を展げて看よ

▲解　説▼

問1　①「輒」は「すなはち」と読み、〝そのたびに、すぐに、たやすく〟の意。頻出ではないが、たまに出題される。他の同訓異字（即、則、乃、便）とともに整理しておくのがよい。

②「漸」は「やうやく」と読み、〝だんだん、次第に〟の意。数学で出てくる「漸近線」を思い浮かべると意味の見

当がつくだろう。漢字の読みは熟語の意味で理解するのが有効な方法である。

問2　文構造を考える。大きな構造でいえば、「知」が述語で、「楚材不念糟糠之情、別倚糸蘿之勢」が目的語である。その目的語の内部にまた小さな構造がある。「楚材」が主語で、「不念」が一つ目の述語で、「糟糠之情」がその目的語である。さらに「倚」が二つ目の述語で、「糸蘿之勢」がその補語である。「別」は副詞なので、述語の前にくる。

問3　律詩では、第五句と第六句は対句になっているはずである。だから、第五句の最後の「易」と空欄Aに入る語とが対応すると考える。さらに、五言律詩の押韻のルール（偶数句末）から、「端」「残」「看」と同様の韻を持つ字が入るとわかる。

問4　傍線②を含む一文の後に続く二文「楚材……」「夫婦……」を参考にする。この二文の内容に合致するのは3である。2の「自らの非を悟ることなく」、5の「永遠に別れた」は、前述の二文の内容と矛盾する。1は認められたのは「文才と琴の技量」ではないし、「しかたなく」ではない。すぐ承諾しているので、むしろ本人も結婚を希望していたと判断すべきである。4の「道教と仏教に励むため」というのは、うその口実である。

❖講　評

一の現代文は、ソーシャルメディアを題材にした評論からの出題。前後半でそれぞれ一つずつ事例が挙げられ、それをもとに述べられている形で、内容が把握しやすい。問1の読み、問2の書き取りはともに標準レベル。問3の文学史は、受験生世代にはあまりなじみがないのではないかと思われる。やや難といえるだろう。問4・問5・問6の空所補充は標準レベル。問7の内容説明はやや難レベルである。傍線部そのものがどういうことを言っているのかを理解するのが簡単ではない。問8の内容説明は標準レベル。本文の後半部分の基本的な二項対立を押さえれば対応できる。問9の空所補充は、設問文のただし書きに気づけたかどうかがポイント。問10の箇所指摘は、全体の論理展開を把握する必要があるので、やや難レベル。問11の内容真偽は標準レベルであるが、すべての選択肢をチェックする必要があるので多少時間がかかる。

二の現代文は、リスクコミュニケーションについての評論からの出題。読みやすい文章であった。設問についても、問1と問3の空所補充、問2と問4の内容説明はオーソドックスな問題ばかりで、いずれも標準レベルであった。問5の内容真偽は、紛らわしい選択肢があるので、やや難レベルだろう。

三の古文は、中古の物語からの出題。本文は分量も多く、読解そのものも難しい。このレベルの古文を一定の時間内で読み取るのにはかなりの力が必要である。問1の敬語は標準レベル。実質的に主語指摘の問題であり、選択肢が組み合わせになっているので読解の助けになる。問2の文法は易レベルで、ここは確実に得点しておきたい。問3の口語訳は標準レベル。問4の指示内容も標準レベルだろう。問5の内容説明は、心理が絡むので標準かやや難レベル。問6の内容真偽は、標準レベル。不適切な選択肢の間違いの部分がわかりやすい。問7の文学史は、やや易レベルである。

四の漢文は、詩を含む説話からの出題。話の展開はわかりやすく、読みやすい。問1の読みは、やや難レベルとまではいかず、標準レベルとしておきたい。問2の書き下し文は、文構造の把握を問う問題。《主＋述＋目》の文構造を意識して漢文を読む練習をしてきた受験生にとっては標準レベルといえるだろうが、そういう意識を持って漢文を読んできたかどうかで差がつく。問3の空所補充は標準レベル。問4の内容真偽は、間違いの選択肢を識別しやすく標準レベルである。

三の古文はかなり難度が高い。確実に取れる問題は取っておきたいが、本文の読解で悩むとかなりの時間を使うことになる。全体の時間のマネージメントができたかどうかがポイントになっただろう。三以外の大問で確実に点を稼いでおくという戦略を取れた受験生が有利になったと思われる。

問題

二月三日実施分

（八〇分）

解答に字数制限がある場合には、句読点・カッコも一マスとすること。
受験学部・受験方式によって、解答すべき問題を指定しているので注意すること。

全学統一方式（文系）	文学部以外	一　二　三
	文学部※	一　二　三　または　一　三　四
前期方式	APU	一　二　三

※文学部は二（現代文）と四（漢文）が選択問題。両方とも解答した場合は高得点の方を採用。

一　次の文章を読んで、問いに答えよ。

デイヴィッド・ヒュームという一八世紀スコットランドの思想家のオピニオン論に注目してみよう。ヒュームは、一七四一年に発表した論考「統治の第一原理について」で、次のような有名な言葉を記した。

哲学的な目でもって人間的な事象を検討する人びとに何より驚異と映るのは、多数が少数によって支配される時のたやすさ、そして彼らが自らの意見や情念を支配者に委ねてしまうあの盲目的な服従である。はたしてこの不可思議な出来事が何に起因するのかをたどっていけば、力（Force）が存するのは常に支配される側のほうであり、支配する者たちを支えているのはもっぱらオピニオンだということに気がつくだろう。したがって、統治の基礎となるものはオピニオンをおいてほかにない。そしてこの格率は、最も専制的にして最も軍事的な政権にも、最も自由かつ最も民衆に開かれた統治とまったく同じように当てはまるのだ。

これは短い文章であるが、いろんな要素が詰まっている。そのいずれの要素もオピニオン論にとって重要なので、順を追ってみてみよう。

まずここで問われているのは、統治――つまり、複数の人間のあいだにおける支配・服従関係である。「多数が少数によって支配される時のたやすさ」は何によるのか？　とヒュームは問い、これは驚くべき現象だと訴える。よくよく考えてみると「力」（Force）を持っているのは［A］なのだから、確かにこれは驚くに値する。畑を耕しているのも、物を作っているのも、それらを運んだり売ったりしているのも、戦争になった時に兵士として駆り出されるのも、マジョリティたる被支配者である。このマジョリティに活動を止められては国はまわらなくなってしまう。そもそも彼らが団結して支配者と対決すれば、支配者は数少ないうえに生活の手段も戦う手段も自分たちでは持っていないのだから、ひとたまりもなくやっつけられるだろう。

にもかかわらず、少数の支配者がたやすく多数者を支配することができる。なぜか？

その理由はオピニオンにある、とヒュームは述べるのだ。そして、このオピニオンこそが「統治の基礎」であると。

ヒュームによれば、これは「哲学的な目」を通して発見された「格率」であり、論考のタイトルが示唆するように「統治の第一原理」である。つまり、普遍的に妥当する原理・原則であり、「最も専制的にして最も軍事的な政権にも、最も自由かつ最も民衆に開かれた統治とまったく同じように当てはまる」ものなのである。

この①洞察の鋭さは、専制国家における独裁者のことを考えると一層明らかになるだろう。独裁者が絶大な権力を掌握しているのは、その者が腕力において多数者に優位しているからではない。仮に独裁者と兵士集団とのあいだで②ナグり合いになったら、間違いなく後者が勝つ。にもかかわらず独裁者のほうが権力的に彼らに優位なのは、命令というただの言葉であって物理的現象としては空気の振動にすぎないものに、多くの人びとが従うからである。

では、なぜ従うのか？　それは従うのが当然と人びとが思っているから――つまり、そういうオピニオンが人びとのあいだで共有されているからにほかならないのだ。

さて、以上みたヒュームのオピニオン論は非常に有名で、政治思想の書物で言及されることも珍しくない。だが本書では、政治思想研究者のあいだでさえほとんど知られていないウィリアム・テンプルという、一七世紀イングランドの外交官・著述家のオピニオン論にも注目したい。というのも、彼はヒュームに七〇年ほど先立って同じような洞察を示したのみならず、実はオピニオンの［B］作用についてヒュームよりはるかに詳細に論じているからである。〈　1　〉

テンプルは一六七二年に執筆した論考「統治の起源と本性に関する一試論」（刊行は一六八〇年）のなかで次のように述べている。

夥(おびただ)しい数の人間をして自らの生命と財産をひとりの人間の意志に絶対的に服従せしめるのは、愚かさではなく、すべての統治の真なる基盤にして基礎であり、権力を権威に従わせしめる慣習ないしオピニオンの作用である。だから、力から生じる権力はいつも多数者たる被治者の側にありながらも、オピニオンから生じる権威は少数である支配者の側に存するのである。

ヒュームの主張と類似しているどころか、言い回しまでそっくりである。〈　2　〉このことからヒュームがテンプルの知見を援用しているのは疑いない。また両者が、安定的な統治のためには同意が重要であるとしながら――なんとなればオピニオンとはある種の同意である――以下のように社会契約論を批判する際の論拠も共通している。〈　3　〉そして、そもそもそんな契約行為が歴史的事実として存在しない点も彼らは指摘している。

確かに、これは鋭い。先にみたように、人びとがなぜ支配者に従うかというと、それは社会契約を結んだからではなく、なんとなく従うのが当たり前だと思っているからであり、そのような服従義務に対する共有された考えないし感覚があり、被治者が支配者（ないし支配体系）に信をおいているからである。〈　4　〉

これは合理的思考や基礎づけ理論に依拠しているというよりは、慣れや心情に支えられた習慣、長い間親しんだために体に浸み込んだ共通感覚・通念のようなものであり、言語化されているとも限らない――なんとなく従うべきだと思っているし、それがしっくりくるから従う。〈　5　〉だから先の引用文にあるように、テンプルは「慣習ないしオピニオン」と述べ、「慣習」と「オピニオン」を同義的に扱うのである。

ここまで確認してきたように、テンプルとヒュームによるオピニオン論は、ある意味非常に単純な構造をしている。

統治の基礎・起源は人びとが主観的に共有する意見、つまりオピニオンにある。そしてオピニオンとは被治者側のある種の同意であり、下から支配服従関係を自発的に受け入れるという行為とその作用を意味する。したがって、ただ一人が支配する王政から少数の代表者が実権を握る代議制デモクラシーに至るまで、あらゆるトップダウンの支配は、必ずボトムアップのオピニオンによって支えられている。

この原理は単純であるがゆえに、ほぼこれまでのあらゆる時代、あらゆる地域の統治に当てはめることができる。

しかしながらテンプルやヒュームの議論には、(ア)彼らのあいだで違いが生じたり、現代のわれわれがそのまま首肯できなかったりする部分が含まれている。

たとえばテンプルが安定した強固な支配をピラミッドに比して語る時、彼が理想として述べるのは王政である。だが、下からの強い同意や信頼を集める支配者が単独であることの利点は、彼自身にとっては独自の父権論から導かれる当然の③キケツに思えたとしても、英国王チャールズ二世の重鎮だったというテンプル個人の文脈から切り離すことはできないだろう。また、統治を安定強化するためにいかにしてオピニオンを調達するかという点については、テンプルとヒュームとのあいだにも後述するような主張の違いがみられる。

なぜこうした④齟齬が生じるかといえば、それは支配を支えるのに効果的なオピニオンを形成する要因が、どうしてもおのおのの時代背景に拘束されがちだからである。あるオピニオンが広範に受け入れられたとすれば、たいていの場合、その具体的な中身は当時の人びとの価値観や文化といった時代状況に寄り添うものになっている。そしてほんとうは、この「中身」と、それをオピニオンが支えているという「外枠」とは、別の次元の話のはずなのだ。

これまで思想史研究の文脈では、先に述べたような㋑単純だが普遍的な原理と、オピニオン形成に関するより具体的かつ文脈依存的な議論とが、区別されることなくオピニオン論として一体に取り扱われてきた。だが本書では前者を「オピニオン論」とし、後者を別の議論として切り離して分析することとしたい。そしてそれを「正当性理論」(theory of legitimacy)と呼ぶことにしよう。

支配が安定し長続きするためには、オピニオンの作用も長続きしなければならない。逆にいうと、オピニオンの支えがなくなれば、支配も権威も消失する。であればこそ、政治ないし統治において、どのようにしたらオピニオンを効果的かつ長期的に確保できるかは重要な課題となる。本書で「正当性理論」と名づけオピニオン論と区別しようとしている言説は、まさにこの課題を追求するにあたり、西洋において支配服従の根拠を言葉や論理によって説明しようとして積み重ねられた知的営為を指す。

こうした正当性理論は、今日の政治学でも中心的な位置づけを与えられている。なぜ政治的権威に従うのか、従わねばならないのか。なぜ法を守るのか、守らねばならないのか。その理由・根拠は何か。その限界は何か。政治学ではしばしばこのような問いを掲げるわけだが、これらに対して合理的な説明を与えようとする試みは政治学の重要な要素となっている。

だが、(ウ)人びとが権力や法にオピニオンを与えることそれ自体と、彼らがそうする理由とは、密接に関連してはいても本来は別々に考察されるべき問いである。テンプルとヒュームが前者の分析においてほぼ完全に一致していながら、後者を語る際にそれぞれまったく異なるアプローチを取ったのは、オピニオン論が普遍性を備えた原理であるのに対し、正当性理論が多かれ少なかれ時代状況に内容を規定されることによる。

だが当時の歴史的文脈に拘束を受けていようとも、オピニオンの長期安定的な調達を目指す合理的言説となっているかぎり、テンプルのそれもヒュームのそれも正当性理論ということができる。

彼らの主張に限らず、ほかにも宗教や法や真理や論理一貫性などを重視するものといったように、正当性理論にはさまざまなバリエーションがある。くわえて、正当性理論ないし正当性の定義についてもさまざまな見解が存在し、研究者のあいだでそれをめぐる論争があるくらいだが、ともかく本書では、オピニオン論との関連で次のように正当性理論を捉えたい。

正当性理論とは、 C である。

そしてオピニオンが常にボトムアップにしか作用しないのに対し、正当性理論はトップダウンの構図を有することも、ボトムアップの構図を有することもある。たとえば王権神授説はトップダウンで、人民主権論はボトムアップということになる。また、このことからもわかるように、正当性理論が C であるからといって、常に支配者による一方的な支配ばかりを強化するわけではない。確かに王権神授説の場合はそうかもしれない。だが、人民主権やデモクラシーのようなボトムアップの理論においては、逆に市民がオピニオンの調達を通じて政治に働きかける、あるいは政治を行う、という点が（少なくとも理念上は）重要となる。

（堤林剣・堤林恵『「オピニオン」の政治思想史』による。なお、一部を改めた）

注　格率＝世間に広く承認されて、行為の基準となるもの。
　　王権神授説＝君主の権力は神から直接授かるものだとする思想。

問1　傍線①、④の読み方をひらがなで書け。

問2　傍線②、③のカタカナを漢字に改めよ。楷書で正確に書くこと。

問3　［A］に入れるのに、最も適当なものを、次のなかから選び、その番号をマークせよ。

1　常に支配している多数者側　2　常に支配している少数者側
3　常に支配されている多数者側　4　時として支配している少数者側
5　時として支配されている少数者側　6　時として支配されている多数者側

問4　［B］に入れるのに、最も適当なものを、次のなかから選び、その番号をマークせよ。

1　歴史的　2　哲学的　3　常識的　4　論理的　5　政治的

問5　次の一文は、本文中の〈　1　〉～〈　5　〉のどこに入れるのが最も適当か。その番号をマークせよ。

　つまり、テンプルとヒュームは、大半の被治者が支配を自発的に、しかも多くの場合当たり前なものとして無自覚的に受け入れるという意味での同意が重要だとしつつも、これは人びとが明確に意志表示する契約とは異なると訴えるのだ。

問6　傍線㋐に「彼らのあいだで違いが生じたり、現代のわれわれがそのまま首肯できなかったりする部分が含まれている」とあるが、その理由として、最も適当な部分を、本文中から五十字でそのまま抜き出し、始めと終わりの五字を書け。

問7　傍線㋑に「単純だが普遍的な原理」とあるが、そのことを具体的に述べている段落の始めの五字を書け。

問8　傍線ⓦに「人びとが権力や法にオピニオンを与えることそれ自体と、彼らがそうする理由とは、密接に関連してはいても本来は別々に考察されるべき問いである」とあるが、その理由として、最も適当なものを、次のなかから選び、その番号をマークせよ。

1　人びとが権力や法に信をおくことで支配が成り立つのは時代や地域、政治体制などを問わず共通であるが、信をおく理由は時代や地域、政治体制などによって異なるから

2　人びとが権力や法にオピニオンを与えることで支配が成り立つのはあらゆる時代や地域の支配体制にとって共通の原理であるが、時代や地域によってその内容をめぐり支配者と被治者のせめぎ合いになることもあるから

3　人びとが権力や法からオピニオンを与えられることで支配が成り立つのはあらゆる時代や地域の支配体制にとって共通の原理であるが、時代や地域によって被治者側からそれが積極的に提起されることもあるから

4　人びとが権力や法に信をおくことで支配が成り立つのはあらゆる時代や地域の支配体制にとって共通の原理であるが、時代や地域によって必ずしも信をおくことができない場合もあるから

5　人びとが権力や法に信をおくことで支配が成り立つことが時代や地域、政治体制などを問わず理想的であるが、その理想は時代や地域、政治体制などによって異なるから

問9　［C］に入れるのに、最も適当なものを、次のなかから選び、その番号をマークせよ。

1　支配服従関係を時代に応じた合法的なものにするための社会的言説

2　支配服従関係を円滑にするオピニオンを調達するための歴史的言説

3　支配の正当性を保障するために時代に応じて創作された近代的言説

4　支配服従関係を支える意見を総合的に調整するための哲学的言説

5　支配服従関係を支えるオピニオンを調達するための合理的言説

問10　本文の内容に合うものを、次のなかから一つ選び、その番号をマークせよ。

1　デイヴィッド・ヒュームとウィリアム・テンプルは相互に影響関係を持ち、同じようなオピニオン論を唱えたが、正当性理論ではそれぞれ生きた時代の社会構造の違いが明確にあらわれている。

2　専制的で軍事的な政権では圧倒的な力を持つ少数が多数を支配するのは容易であるが、自由かつ民衆に開かれた政権では少数が多数のオピニオンを民主的に導くことなしに安定的な統治の継続は難しい。

3　ウィリアム・テンプルは一七世紀イングランドの外交官・著述家であると同時に英国王チャールズ二世の臣下であったが、この経歴は彼のオピニオン論形成にほとんど影響していないと思われる。

4　なぜ政治的権威に従うのか、従わなければならないのか、などを言葉や論理によって説明しようとして積み重ねられた知的営為が正当性理論である。

5　オピニオンの支えがなくなると、支配も権力も消失するので、支配が安定し長続きするためには、オピニオンの作用も長続きしなければならない。

二　次の文章を読んで、問いに答えよ。

「おまえたちが死ねば、ハゲタカがおまえたちを貪(むさぼ)り食うだろう！」

「ノブタを射止めたいのか？　ジャガーがあんたのはらわたを抉(えぐ)り出すぞ！」

右の言葉は、人類学者のピエール・クラストルが描く民族誌『グアヤキ年代記』からの抜粋である。これはアマゾンの民であるアチェの男性が、森に狩りに行く仲間にかける言葉だ。

クラストルによるとこれは脅しではなく、励ましである。死んでハゲタカに食われること、ジャガーに襲われることは想定しうる最悪の危険である。しかしそれは滅多に起こらないことであるゆえ、アチェはそれらをあえて誇張することで森に潜むさまざまな危険を控えめに仲間に思い出させようとする。

他方彼らは、森に潜む危険ひとつひとつを仲間に教えることはない。なぜならアチェの狩人(かりうど)たちは、森で狩りをすることがどういうことであるのか、森にはどのような危険が潜んでおり、それをどのように回避し、対処すべきかをこれまでの実践からとっくり学んでいるからである。ゆえに死んでハゲタカに食われたり、ジャガーにはらわたを抉り出されたりする可能性を指摘されたとしても、それを恐れて［Ａ］の狩りを諦めることはない。

しかしそんな彼らにも恐れはある。それは、長期間狩りで獲物が取れないことだ。このような状態を「パネ」と彼らは呼ぶ。この社会において男は、自分自身が捕らえた獲物を食べることが許されていない。誰かの獲物が自分の食べ物になることが決まっているからだ。

翻ってパネに陥ることは、彼が道徳的に何かの罪を犯したからと理解される。そんな罪人に誰が助けの手を差し伸べようと思うだろうか。贈与によって成り立つ社会において、自分から何も贈ることができないことの顛末(てんまつ)を予想することは容易(たやす)い。

しかしパネは治療することができる。自分自身で、あるいは仲間の手を借りて、上腕や腿(もも)に乱切りをし、そこに木炭の粉を塗るのである。この乱切りは次第に入れ墨となって彼らの身体に残り、これができた時パネは男から去ったとされ、彼は再び狩りに戻る。クラストルによれば、このような治療目的の乱切りを受けていないアチェの狩人はひとりもいなかった。

　この治療は、私たちから見るとひどくおかしなものに見える。加えて、長期にわたり動物が狩れなくなったら罪人と見なされかねないという話を現代の倫理に照らし合わせれば到底首肯しがたい。乱切りと狩りの成果には何の因果関係もないと言い切ることも容易であろう。しかし人類学的に考えると、まずもって大切なことは、アチェが(ア)このような世界観の中で生きていること、その世界観に基づいて彼らが、ある具体的な手段とともにリスクを回避しようとしていることである。

　生活の中に潜むリスクを人々がどのように学び、そして回避するかについては、極寒の地に住む狩猟採集民ヘヤーのフィールドワークを一九六一年から六三年にかけて行った原ひろ子も類似のエピソードを残している。ヘヤーはカナダ北西部の北極にほど近い、タイガの森の中に住む狩猟採集民である。ヘヤーのテントは六畳一間くらいの大きさで、その真ん中にブリキの薪（まき）ストーブが置かれている。ストーブは夏も冬も焚（た）かれ、その周りにはまだはいはいするくらいの幼児がいることもある。それは私たちから見るとひどく危ない状態であるが、ヘヤーは子どもがストーブに興味を示し始めるとストーブをわざとさわらせるのだという。それによって多少肌が水膨れになることはあるが、そうすることで、子どもは火の怖さを学び大やけどを防ぐことができるからだ。

　ヘヤーの大人たちは斧（おの）やナイフといった危険から子どもたちを遠ざけるのではなく、いよいよ危なくなりそうな時までは静かに見守ることが多いという。こうやって子どもは成長し、一〇歳前後になると男女問わず斧を使ってストーブ用の薪を見事に作れるようになっていく。

　このように体験の中で危険とともに暮らす術（すべ）を身につけるヘヤーであるが、彼らは水の深いところに入るとそこに住まう怪物に霊魂を奪われると信じており、絶対に泳ごうとはしなかった。せいぜいくるぶしまで浸（つ）かって、小さい雑魚（ざこ）を網ですくうくらいである。原は次のように解説する。

　だれも泳げないのですから、カヌーで湖や川を渡っているときにカヌーが転覆すれば、必ず溺死者が出ます。すると、「ああ、怪物が霊魂を奪ってしまった。だから、あの人は溺れて死んだのだ」ということになり、水中に怪物がいるという信仰がますます強められることになるのです。（『子どもの文化人類学』）

幼い子どもが数々の危ないことに挑戦するさまに原は驚かされ続けた。しかしそんな彼らでも、稀に危険と戯れることを極度に避けるというリスクヘッジを選択し、その根拠を神話に求めるのである。

翻って私たちはどうだろう。私たちは日常生活において、獣に襲われるとか、食べ物がなくなるとか、寒さで凍え死ぬとかいった、アチェやヘヤーが日常において抱えていたリスクのいくつかからすっかり免れた社会で生きている。しかしだからといって、日常生活からリスクが消えたわけではない。道を歩けば車に轢かれるかもしれない。食べ物が食品添加物で汚染されているかもしれない。個人情報が誰かにそっくり抜き取られるかもしれない。

彼らが抱えていたいくばくかのリスクを消してきた私たちであるが、生きる上での全てのリスクを消せるはずはなく、リスク削減に貢献したはずの科学技術が今度は新しいリスクとして私たちの前に立ちはだかる。その意味で私たちの社会もまた、アチェとヘヤーの世界と同様にリスクに満ちている。

しかし私たちも、彼らと同様に、日常生活に潜む数多のリスクを全て同じように恐れて生きているわけではない。毎年数十万件も自動車事故が起こり、それによる負傷者や死者が出たとしても、私たちは自動車を禁止しようとはしない。アルコール依存症の問題が取り沙汰されても、アルコールは二四時間売られ続け、その問題の解消は飲みすぎてしまう人々自身や家族、彼らの治療とケアに当たる医療者たちに委ねられる。

何がリスクとみなされるのか。それはどの程度危ないとみなされるのか、それに対してどのような対策がとられるのか。いざ問題が起こった場合、どこに責任が求められるのか。リスクをめぐる数々の問いの答えは、それぞれのリスクが埋め込まれた文脈にすこぶる依存する。

リスクをめぐる多様な問題系の中で私がとりわけ光を当てたいのは、㋑「リスクの実感」をめぐるそれである。私がこの言葉を用いて指したいのは、ある特定のリスクがそこにあると感じ、それにより自分の存在が何らかの形で危うくなるかもしれず、それは避けねばならないというありありとした身体感覚のことである。

国内の人類学者である市野澤潤平は、リスクを次のように定義する。

「リスク」とは、（1）未来、（2）不利益（損害）、（3）不確実性、（4）コントロール（操作・制御）、（5）意思決定、（6）責任、という六つの要因すべてを内包する、現在における認識である（ここで言う「認識」には、態度や行為といった事柄が外延的に含まれる）。

市野澤が挙げるリスクの第一要件にあるように、リスクの実感とは、数多ある現実の実感のうちでも、未来への志向がとりわけ深いそれであると言える。あることについてのリスクの実感を持つ人は、それを考えるだけで身がすくむ思いがしたり、動悸を感じたりする。しかしその実感は、今ここでコップに触れているとか、エビフライを噛み締めているとか、怪我をして手から血が流れているといった実感とは異なる。なぜなら後者は、今この瞬間に身体が何らかの形で世界と関わっている、自分の身体に何かが実際に起こっていることから立ち上がる現実の実感だからである。他方でリスクの実感は、想像された未来に強く照らされる形で立ち上がる現実の実感の一様態である。

その意味で私は、市野澤が挙げるリスクの六要因に新たに「B」を追加したい。今ここでは何も起こっていないのに、なぜある形の未来が想起され、それを回避したいという実感が立ち上がるのか。それは過去にそのような出来事を自分、あるいは誰かが体験し、それはできれば避けたい事態であるとその人が切実に感ずるからである。その意味で、リスクの実感は、過去と未来の両極に引き摺られつつ、でも同時にそれらを手繰り寄せながら立ち上がる、ありありとした今ここの身体感覚ということができる。

（磯野真穂『他者と生きる』による。なお一部を改めた）

問1　A　に入れるのに、最も適当な語を、次のなかから選び、その番号をマークせよ。

1　千載一遇　2　一喜一憂　3　一体全体　4　一切合切　5　千篇一律

問2　傍線㋐に「このような世界観」とあるが、その説明として、最も適当なものを、次のなかから選び、その番号をマークせよ。

1　実はアチェにとっても無意味な手段を用いてリスクを回避しようとする世界観
2　私たちには理解しがたい罪に対する判断とその解決策を結びつけるような世界観
3　現代的な論理思考を持つことができず仲間と罪を作り上げて恐れてしまう世界観
4　現実に罪を犯した訳ではないのに罪を犯したと仲間に判断されてしまう世界観
5　人類学的に考えれば何の因果関係もないと言い切ることができる世界観

問3　傍線㋑に「リスクの実感」とあるが、その説明として、最も適当なものを、次のなかから選び、その番号をマークせよ。

1　アチェが実践において回避すべきことを身体で学ぶことのような、言葉で説明できない感覚
2　未来への志向が高いあまりに現実が見えなくなってしまうような危うさを含んでいる感覚
3　世界と身体が直接関わりを感じるものではなく、ある事柄が想起され回避したいと感じる感覚
4　みずからコントロールすることができず、不確実性と不利益を含んでいる未来における感覚

5　危険と戯れることにより感じられる、どの世界にも共通の消すことができない感覚

問4　［B］に入れるのに、最も適当な語を、次のなかから選び、その番号をマークせよ。

1　回避　2　世界　3　実感　4　身体　5　過去

問5　本文の内容に合うものを、次のなかから一つ選び、その番号をマークせよ。

1　リスクとは、数ある感覚のうちでも未来に対する志向であるという特徴があり、現実の実感とはかけ離れたものであるといえる。

2　アマゾンの民アチェは、長期間狩りで獲物が取れない状態を「パネ」と呼び、その期間、他人の獲物を食べることを罪としている。

3　狩猟採集民のヘヤーはアマゾンの民アチェと同様に、あえて子供に危険な行為をさせることにより、その怖さを学ばせる方法をとる。

4　私たちは日常のリスクから免れることに成功したが、交通事故やアルコール依存症など、より高いリスクを背負う社会の中に生きている。

5　何をリスクと考えるのか、どれほど危険であるとみなされるのか、それらの問いの答えはアチェ、ヘヤー、私たちのそれぞれの状況で決まる。

6　私たちは、今、怪我をして手から血が流れているといった、ありありとした身体感覚によって、リスクの本当の姿を知ることができる。

三　次の文章を読んで、問いに答えよ。

今は昔、藤原清廉（きよかど）といふ者ありき。大蔵の丞（ぜう）より冠給はりて、大蔵の大夫（たいふ）となむいひ①し。それが前世に鼠にてやありけ②む、いみじく猫になむ怖ぢける。されば、この清廉が行き至る所々には、男ども、清廉を見つけつれ③ば、猫を取り出でて見すれば、清廉、猫をだに見つれば、いみじき大切の用事にて④行きたる所なれども、顔を塞ぎて逃げて去りぬ。されば、世の人、この清廉をば猫怖ぢの大夫とぞ付けたる。

さて、この清廉、山城、大和、伊賀三ヶ国に田を多く作りて、(ア)器量の徳人にてあるに、藤原輔公（すけきみ）の朝臣（あそみ）、大和の守（かみ）にてある時に、その国の官物（くわんもつ）を、清廉、つゆ成さざりければ、大和の守、「(イ)いかにしてこれをせめ取りてむ」と思ひめぐらして、思ひ得て居たる程に、清廉、大和の守の許（もと）に来たりぬ。

大和の守、侍の宿直（とのゐ）の壺屋のいみじく全くて二間（ふたま）ばかりある所に、一人入りて⑤居ぬ。さて、「大蔵の大夫、ここに坐（いま）せ。忍び⑥て聞こゆべき事あり」と言はせたれば、清廉、ゆくりも無く這（は）ひ入りぬれば、後（しり）より侍出で来て、その入りつる遣戸（やりど）をば⑦引き立てつ。大和の守は奥の方に居て、「ここに」と招けば、清廉、畏（かしこ）まりつつ居ざり寄るに、大和の守の言はく、「大和の任は、ただ今年ばかりなり。それに、いかに官物の沙汰をば今まで⑧沙汰しやらぬぞ。いかに思ふ事ぞ」と。清廉、「その事に候ふ。今年の秋、皆成し果て候ひなむとす。異人（ことひと）の折にこそともかくも候はめ、殿の御任にはいかでか愚かには候はむ。ここまで下り申して候ふこそ、心の内にはあさましく思ひ給へ候へば、今はいかにても仰せに従ひて、数のままに弁（わきま）へ申してむとする物をば。あないとほし。千万石（ごく）なりといふとも、未進（みしん）はまかり負ひなむや。年頃、随分の貯へ仕りたれば、かくまで疑ひ思しめして仰せ給ふこそ口惜しく候へ」と言ひて、心の内には、「この主（ぬし）のしたり顔に、かくたしかに取らむと宣（のたま）ふ、嗚呼（をこ）の事なりかし」と思へども、あらはにはいみじく畏まりて、手を摺（す）りつつ言ひ居たるを、大和の守、「盗人なる心にて、え主かく(ウ)口清くな言ひそ。さりとも、帰りなば使にも会はずして、その沙汰よもせ⑨じ。されば、今日その沙汰切りてむと思ふなり。主、物成さずして、え帰らじ」と言へば、清廉、「我が君、まかり帰りて、月の内に弁へ切り候ひなむ」と言ふを、大和の守、さらに信ぜずして言はく、「主を見奉りて、すでに年頃になりぬ。主もまた輔公を見て久しくなりぬらむ。されば、互ひに情け無き事をばえ振る舞はぬなり。されども、ただ今有心にて、この弁へ果てよ」と。清廉、「いかでかかくては弁へ申し候はむ。まかり帰りて、文書に付きてこそは沙汰し申し候はめ」と言ふ。その時に、大和の守、声いと高くなりて、居上がりて、左右の腰をゆすり上げて、気色いと悪しくなりて、「主、さは今日弁へじとや。今日輔公、主に会ひてただ死なむと思ふなり。さらに命惜しからず」と言ひて、「男どもやある」と声高やかに二声ばかりに呼ばへども、(エ)清廉、いささか動きもせずして、微笑みて、ただ大和の守の顔をまぼりて居たり。

しかる間、侍、答へして出で来たれば、大和の守、「(オ)そのまうけたりつるものども取りて詣で来」と言へば、侍ども五六人ばかりが足音して来たりて、遣戸の外にて、「率て参りて候ふ」と言へば、大和の守、「その遣戸を開けて、こち入れよ」と言へば、開くるを清廉見やれば、灰毛斑なる猫の長け一尺あまりばかりなるが、眼は赤くて琥珀を磨き入れたるやうにて、大声を放ちて鳴く。ただ同じやうなる猫、五つ続きて入る。その時に清廉、目より大きなる涙を落として、大和の守に向かひて手を摺りて迷ふ。しかる間、五つの猫、壺屋の内に放たれ入りて、清廉が袖を嗅ぎ、この隅、かの隅を走り行くに、清廉、気色ただ変はりに変はりて、堪へがたげに思ひたる事限り無し。

大和の守、これを見るにいとほしければ、侍を呼び入れて、皆引き出ださせて、遣戸の許に縄を短くて繋がせつ。清廉、汗水になりて、目を打ち叩きて、生きたるにもあらぬ気色にてあれば、大和の守、「さは、官物出ださじとや。いかに。今日それを切りてむ」と言へば、清廉、無下に声変はりて、震ふ震ふ言はく、「ただ仰せ事に従はむ。いかにも命の候はむぞ、後にも弁へしても候ふべき」と。

（『今昔物語集』による）

注　大蔵の丞＝大蔵省の三等官。　冠＝五位の位。　官物＝貢納する税。　壺屋＝個室。　弁へ＝返済する。
　　未進＝官物の滞納分。　有心＝思慮分別。

問1　傍線①の「し」、②の「けむ」、③の「つれ」、⑨の「じ」の文法的説明として、最も適当なものを、それぞれ次のなかから選び、その番号をマークせよ。

1　尊敬　2　打消推量　3　過去　4　過去推量　5　完了　6　現在推量

問2　傍線④の「行き」、⑤の「居」、⑥の「聞こゆ」、⑦の「引き立て」、⑧の「沙汰しやら」の主体の組み合わせとして、最も適当なものを、次のなかから選び、その番号をマークせよ。

1　④＝清廉　⑤＝侍　⑥＝大和の守　⑦＝大和の守　⑧＝清廉
2　④＝清廉　⑤＝大和の守　⑥＝大和の守　⑦＝侍　⑧＝清廉
3　④＝男ども　⑤＝大和の守　⑥＝清廉　⑦＝侍　⑧＝清廉
4　④＝清廉　⑤＝大和の守　⑥＝清廉　⑦＝侍　⑧＝大和の守
5　④＝男ども　⑤＝清廉　⑥＝大和の守　⑦＝大和の守　⑧＝大和の守

問3　傍線㋐の「器量の徳人」の意味として、最も適当なものを、次のなかから選び、その番号をマークせよ。

1　有能で裕福な人　2　度量の大きい人　3　人望のある人
4　容姿の優れている人　5　功徳を積んだ人

問4　傍線㋑の「これをせめ取りてむ」の説明として、最も適当なものを、次のなかから選び、その番号をマークせよ。

1　清廉が大和国以外に所有する田を奪うため、侍を集めて領地に攻め入ろうと画策している。

2 清廉が自分の任期中に無礼な態度ばかり取ってきたので、何とか懲らしめようとしている。
3 清廉が不正を働き私腹を肥やしているので、罪人として捕らえて問いつめようとしている。
4 清廉がいっこうに官物を納めようとしないため、どうしたら徴収できるか策を練っている。
5 清廉が所有する広大な領地を少しでも自分に譲ってもらえないか、説得しようとしている。

問5 傍線㋒の「口清くな言ひそ」を十五字以内で、㋔の「まうけたりつるもの」を十二字以内で、それぞれ現代語訳せよ。

問6 傍線㊁の「清廉、いささか動きもせずして、微笑みて、ただ大和の守の顔をまぼりて居たり」という態度をとった理由として、最も適当なものを、次のなかから選び、その番号をマークせよ。

1 清廉は、大和の守ではなく自分の味方につくように、侍たちに贈り物などをして周到に事前に手を回していたから
2 清廉は、大和の守の弱みを握っているので、実際には守が自分に強い態度に出られないことをよく知っていたから
3 清廉は、実は大和の守に非があるため、自分に乱暴を働くと守が逆に罪に問われるのだと冷静に判断していたから
4 清廉は、大和の守の策略に気づいていたが、弱気になっているところを守に悟られないよう必死に堪えていたから
5 清廉は、大和の守のことを心の内では軽んじており、いくら脅されても言い逃れができると高をくくっていたから

問7 本文の内容に合うものを、次のなかから二つ選び、その番号をマークせよ。

1 大蔵の大夫である清廉は、猫を見ると大事な用件も果たせずに逃げ帰ったので、「猫怖ぢの大夫」とあだ名された。
2 大和の守を訪れた清廉は、思いがけない丁寧な呼び出しを不審に思い、おそるおそる守の待つ壺屋に入っていった。
3 未進にしていた官物を、輔公が大和の守の在任中にきちんと清算しましょうと、清廉はその場しのぎの発言をした。
4 清廉は、大和の守の責めに堪えつつ、生きている限りは守の理不尽な要求に屈するものかと、意地を張ってみせた。
5 大和の守に何度も説得された清廉は、良心の呵責(かしゃく)を感じてすぐに返済させてほしいと、声を震わせて守に誓った。
6 大和の守は、清廉にじゃれつく猫をかわいいと思いながらも、怖がっている清廉に同情して、猫を壺屋から出した。

四　次の文章を読んで、問いに答えよ（設問の都合上、訓点を省略した部分がある）。

凡治之大者、非謂其賞罰之当也。賞無功之人、罰不辜之民、非所謂明也。賞有功、罰有罪、而不失其当、①乃在於人者也。②非能生功止過者也。是故禁姦之法、太上禁其心、其次禁其言、其次禁其事。今世皆曰、「尊主安国者、必以仁義智能。」而不知卑主危国者之必以仁義智能也。故有道之主、遠仁義、去智能、服之以［A］。③是以誉広而名威、民治而国安、知用民之法也。凡術也者、主之所以執也。法也者、官之所以師也。然使郎

中ヲシテ日ひびニ聞カ二道ヲ於郎門之外一ニ、以テ至ルマデ二於境内一ニ、日ニ見レシムルハ法ヲ、又非ザル二其ノ難キ者一ニ也。

（『韓非子』による）

注　不辜＝罪が無いこと。　在於人者＝該当者だけに限定されることを言う。　姦＝悪事。
太上＝最上。　官＝官吏。　郎中＝官名。宮中の警護を務める。　郎門＝宮中の門。
境内＝国中。

問1　傍線①の「乃」、③の「是以」の読み方を、送りがなを含めて、それぞれひらがなで書け。

問2　傍線②の「非能生功止過者也」の書き下し文として、最も適当なものを、次のなかから選び、その番号をマークせよ。

1　能く功を生むに非ずして止だ過つ者なり
2　功を生むを能くするに非ずして過ちを止む る者なり
3　能く功を生み過ちを止むる者に非ざるなり
4　能く功を生むを非りて止だ過つ者なり
5　功を生むを能くするを非りて過ちを止むる者なり
6　能く功を生み過ちを止むる者を非るなり

問3　［A］に入れるのに、最も適当なものを、次のなかから選び、その番号をマークせよ。

1　賞　　2　罰　　3　徳　　4　信　　5　法　　6　治

問4　本文の内容に合うものを、次のなかから一つ選び、その番号をマークせよ。

1　政治において重要なことは、功績を挙げた者を評価して賞することと、罪を犯した者を厳しく処罰することであるが、多くの君主は的確な判断基準もなく賞罰を繰り返している。

2　政治において重要なことは、仁義によって君主を尊厳ある存在にし、智能によって国家を安泰にするということであり、国中にその道を浸透させるのが君主の務めである。

3　政治において重要なことは、功績を挙げた者を評価して賞することよりも、罪を犯した者を厳しく処罰することであり、罪人が心から反省するように理を説くことが求められる。

4　政治において重要なことは、功績を挙げる者が現れて罪を犯す者が現れぬようにすることであり、そのため君主には臣下が法を模範とするように導く術策が必要とされる。

5　政治において重要なことは、人々が仁義を遠ざけ智能を去るようにすることであり、君主の理念が宮中の臣下から国中の人々まで行きわたるように、賞罰を徹底して行うべきである。

二月三日実施分

解　答

一

出典　堤林剣・堤林恵『「オピニオン」の政治思想史――国家を問い直す』〈第一章　オピニオンとは何か〉（岩波新書）

解答

問1　①どうさつ　④そご
問2　②殴　③帰結
問3　3
問4　5
問5　3
問6　支配を支え～がちだから
問7　統治の基礎
問8　1
問9　5
問10　4

◆要　旨◆

思想家のヒュームは、少数の支配者が多数者を支配できるのはオピニオンによると主張した。ヒュームに七〇年ほど先立ち、テンプルも同じ洞察を示している。両者は、安定的な統治のためには同意が必要であるが、それは社会契約ではなくオピニオンによるものだと述べている。この統治の原理は、これまでのあらゆる時代と地域に当てはまる。ただしオピニオンを形成する要因は、時代背景によって差が出てくる。この要因についての議論を筆者は「正当性理論」と呼ぶ。「正当性理論」とは、支配服従関係を支えるオピニオンを調達するための合理的言説であり、ボトムアップだけでなくトップダウンの構図も含んでいる。

▲解　説▼

問3　空欄Aの後の部分から、「マジョリティたる被支配者」の活動で国はまわっており、彼らが仮に団結すれば支配者はひとたまりもない＝『力』（Force）を持っている」ことを確認できる。

問4　空欄Bまでで述べられているヒュームの意見が、統治についてのものであり、「政治思想の書物で言及されることも珍しくない」（第十一段落）とあることから判断する。「政治思想研究者のあいだでさえほとんど知られていない」テンプルが「同じような洞察を示した」（同段落）ともある。

問5　挿入する文が「つまり」で始まっていることに注意する。この接続語は言い換えやまとめを示すので、挿入文と挿入文の直前の部分が同様の内容になっているはずである。挿入文は、人々の同意は、契約とは異なる、という内容である。直前が社会契約論に否定的になっている箇所を探せばよい。〈3〉の直前文に「以下のように社会契約論を批判する……」とあり、直後文に「そんな契約行為」とあることもヒントとなる。

問6　傍線㋐の内容は、食い違いが起こるということである。直後の第二十段落で「たとえば……」と具体例が挙げられ、続く第二十一段落で「なぜこうした齟齬が生じるかといえば」として、理由が説明されている。五十字という字数指定がヒントになる。

問7　第十八段落に「この原理は単純であるがゆえに、ほぼこれまでのあらゆる時代、あらゆる地域の統治に当てはめることができる」とあることを参考にする。つまり「単純」で「普遍的」であるということであり、傍線㋑とほぼ同じ内容である。「この」という指示語が指しているのは、直前の第十七段落であり、「この原理」とは、統治の基礎・起源はオピニオンにある、という原理である。

問8 選択肢が似たような内容なので、消去法で不適切な選択肢を除外していく方法がいいだろう。2の「支配者と被治者のせめぎ合いになる」という内容は本文にない。3は「権力や法からオピニオンを与えられる」が不適。オピニオンが権力や法に権威を与える、とあるべきである。4は「信をおくことができない場合もある」が不適。そういうケースは本文では挙げられていないし、むしろ普遍的であると述べられている。5は「理想的」が不適。そういう価値判断を筆者はしていない。

問9 第二十六段落（最後から四つ目の段落）に、「オピニオンの長期安定的な調達を目指す合理的言説となっているかぎり……正当性理論ということができる」とあり、第二十八段落がそのまとめとなっていることから、5が適切。1は「合法的」と法に限定している点が不適切。第二十七段落にあるように、支配服従関係は法だけではなく宗教や真理などによる場合もある。2は「歴史的」が不適。第二十六段落に「歴史的文脈に拘束を受けていようとも……なっているかぎり」とある。3は「近代的」という限定が不適。この原理はあらゆる時代に適合する。4の「哲学的」は第二段落にあるヒュームのオピニオン論を説明する言葉。

問10 4は第二十三・二十四段落の内容に合致する。1は「相互に」が不適。テンプルはヒュームより七〇年ほど前の人（第十一段落第三文）なので相互の交流は不可能。2は「圧倒的な力を持つ少数」が不適。第五段落にあるように、「圧倒的な力を持つ」のは多数者である。3は「影響していない」が不適。第二十段落第二文に「テンプル個人の文脈から切り離すことはできない」とある。5は「消失するので」という因果関係が不適切。第二十三段落冒頭で「支配が安定し長続きするためには……なければならない。逆にいうと……支配も権威も消失する」とあることから、「オピニオンの支えがなくなると、支配も権力も消失する」と「支配が安定し長続きするためには」以下は同じ内容の言い換えである。

二

出典　磯野真穂『他者と生きる――リスク・病い・死をめぐる人類学』〈第1章　情報とリスク〉（集英社新書）

解答

問1　4
問2　2
問3　3
問4　5
問5　5

◆要　旨◆

アマゾンの民アチェの狩人たちは長期間獲物が捕れないことを「パネ」と呼び、それは罪を犯したからだと考える。しかし、「パネ」は身体に傷をつけ木炭の粉を塗りつけることで治療できるとされる。これは彼らの世界観におけるリスク回避の方法なのである。極寒の地に住む狩猟採集民ヘヤーは子どもを危険から遠ざけるのではなく、いよいよ危うくなる時まで見守る。私たちもまた、彼らとは違うリスクに満ちた社会に生きている。リスクのとらえ方は、生きている世界の状況に依存しているのである。リスクに関して筆者が重視する「リスクの実感」とは、現実の実感そのものではないが、現実の実感の一様態であり、起こるかもしれない未来に深く関わりつつ、過去の体験にも関わっているといえる。

▲解　説▼

問1　最悪の危険を恐れて狩りを諦めたりはしない、という空欄A前後の文脈から、〝すべて・何もかも〟の意を表すものを選ぶ。四字熟語の知識も要求されている。

問2　傍線㋐を含む段落およびその前二段落を参考にする。1は「無意味な」が不適。アチェにとっては意味があるのである。3は「作り上げて」が不適。アチェにとっては伝統的に継承されているもので、「作り上げ」たものではない。「持つことができず」も不適。4は、アチェにとっては「罪を犯した」ことになるので不適。5は近代的世界観からすると「何の因果関係もない」けれども、「人類学的」にはそうではない。

問3　3は傍線㋑の後の説明および後ろから二つ目の段落に合致する。この段落では、現実に起こっていることの実感と「リスクの実感」との違いが説明されている。1は、「実践において……身体で学ぶ」のはアチェのやり方ではなくヘヤーのやり方であるし、そもそも「リスクの実感」の説明になっていない。2の「現実が見えなくなってしまう」、4の「みずから……含んでいる」、5の「危険と戯れる」という内容は、本文にない。

問4　空欄Bの後で、「なぜ……か。それは過去に……からである」「過去と未来の両極に引き摺られつつ」とあることから判断する。

問5　5は傍線㋑の前段落の内容に合致する。1は「現実の実感とはかけ離れたものである」が不適。後ろから二つ目の段落最終文に「現実の実感の一様態」とある。2は「その期間、他人の獲物を食べることを罪としている」にあたる内容が本文にない。3は「同様に」が不適。「子供に危険な行為をさせる」のはヘヤーであり、アチェについては記述がない。4は「交通事故やアルコール依存症」は私たちの「日常のリスク」なので不適。私たちが「免れることに成功した」のは、アチェやヘヤーのような狩猟民の獲物が取れないといったようなリスクである。6は「今……流れている」が不適。後ろから二つ目の段落で、「現実の実感」の例として説明されている。「ありありとした身体感覚」とは、傍線㋑の段落に「ある特定のリスクがそこにあると感じ……避けねばならない」という感覚、とある。

三

出典　『今昔物語集』〈巻第二十八　大蔵大夫藤原清廉怖猫語第三十一〉

解答

問1　①―3　②―4　③―5　⑨―2

問2　2

問3　1

問4　4
問5　㋒きれいごとを言うな（十五字以内）　㋔用意しておいたもの（十二字以内）
問6　5
問7　1・3

◆全　訳◆

今となっては昔の話だが、藤原清廉という者がいた。大蔵省の三等官から五位の位を授かって、大蔵の大夫といった。その者が前世では鼠であったのだろうか、たいそう猫を怖れた。だから、この清廉が行く先々では、男どもが、清廉を見つけてしまうと、猫を取り出して見せるので、清廉は、猫さえ見てしまうと、たいそう大切な用事で行った所であっても、顔をふさいで逃げ去った。だから、世間の人は、この清廉を猫怖じの大夫とあだ名をつけた。

さて、この清廉は、山城、大和、伊賀の三カ国に田を多く持っていて、有能で裕福な人であったが、藤原輔公の朝臣が、大和の守であるときに、その国の貢納する税を、清廉が、まったく納めなかったので、大和の守は、「どうやってこれ（＝税）を徴収しようか」といろいろ考えて、（いい案を）思いついていたところに、清廉が、大和の守のもとにやってきた。

大和の守は、侍たちの宿直の個室で（四方を）完全に壁で囲まれた二間ほどある所に、一人で入って座っていた。そうして、「大蔵の大夫、ここに座れ。こっそり申し上げねばならないことがある」と（取り次ぎの者に）言わせたので、清廉は、不用意に入ったところ、後ろから侍が出てきて、その（清廉が）入った引戸を閉めた。大和の守は奥の方に座って、「ここに」と（清廉を）招くので、清廉は、かしこまっていざり寄ると、大和の守の言うことには、「（私の）大和の任は、ただ今年だけで（終了で）ある。それなのに、どうして税の貢納を今までしないのか。どう思うゆえのことか」と（言った）。清廉は、「そのことでございます。今年の秋、きっと皆貢納するつもりです。他の人（が守）のときならともかくもございましょうが、殿（＝輔公）のご在任中にはどうしていいかげんにいたしましょうか。ここまで滞納いたしましたことは、心の内では（自分でも）あきれ申し上げていますので、今はどうあっても仰せに従って、（貢納すべき）数量の通り返済申し上げようとするのです。ああつらい。（たとえ）千万石であっても、未納分はお借りしたままでおりましょうか、いえ、そのようなことはいたしません。長年、それなりの蓄えをいたしましたので、ここまで疑いなさっておっしゃるのは残念です」と言って、心の内では、「この主人が得意顔に、こう確かに（税を）取ろうとおっしゃるのは、ばかなことだよ」と思うけれど、表向きは大変かしこまって、手をすりあわせて言って座っているのを、大和の守は、「盗人のような心で、お前はそのようにきれいごとを言うな。それにしても、帰ってしまえば使者にも会わず、その命令（＝税を納めること）もまさかするまい。そうであるので、今日その処置の期限を切ろうと思うのである。おまえは、納付しなければ、帰れないだろうよ」と言うので、清廉は、「殿様、退出いたしまして帰って、今月中にかならず返済し終えましょう」と言うのを、大和の守は、まったく信じないで言うことには、「おまえを拝見して、すでに何年もたっている。おまえもまた私を見て久しくなっているだろう。だから、互いに人情のないことはできないのだ。しかし、今すぐ思慮分別を持って、返済してしまえ」と（言う）。清廉は、「どうしてこのようにしていては返済申し上げられるでしょうか。退出いたしまして帰って、文書にして書いて返済し申し上げましょう」と言う。そのときに、大和の守は、大声を出して、座っていた腰を浮かせて、左右の腰をゆすりあげ、機嫌がたいそう悪くなって、「おまえは、それでは今日返済するつもりがないということか。今日私は、おまえに会ってただ（共に）死のうと思うのだ。全く命も惜しくない」と言って、「男どもはいるか」と大声で二回ほど叫んだが、清廉は、全く身動きもせず、ほほえんで、ただ大和の守の顔を見守って座っていた。

その間に、侍が、（呼び出しに）答えて出てきたので、大和の守は、「その用意したものを取って参れ」と言うので、侍ども五、六人ほどが足音を立ててやってきて、引戸の外で、「連れて参っております」と言うと、大和の守は、「その引戸を開けて、こちらへ入れよ」と言うので、（戸を）開けるのを清廉が見ると、灰毛斑である猫で大きさが一尺あまりほどであるのが、眼は赤くて琥珀を磨いて入れたような様子をして、大声をあげて鳴く。ほとんど同じような猫が、五匹続いて入ってくる。そのときに清廉は、目より大きな涙を落として、大和の守に向かって手をすりあわせて慌てふためく。そうする間に、五匹の猫は、部屋の中に放たれて、清廉の袖のにおいを嗅ぎ、こちらの隅、あちらの隅を走り回るので、清廉は、顔色がただ（真っ青に）変わりに変わって、我慢できなくなっているように思っていることはこの上ない。

大和の守は、（清廉の）この様子を見てかわいそうになったので、侍を呼び入れて、（猫を）皆引き出させて、引戸の所に縄を短くしてつながせた。清廉は、汗が滝のようになって、目をぱちくりさせて、生きた心地もない様子でいるので、大和の守は、「これでも、税は納めないつもりか。どうだ。今日をそれの期限としよう」と言うと、清廉は、すっかり声が変わって、震えながら言うことには、「ただおっしゃることに従いましょう。何はともあれ命がございましてこそ、後の返済もすることができましょう」と（言う）。

◀解　説▶

問1　助動詞の基本問題。確実に得点しておきたい。①四段動詞「いふ」の連用形に接続する、過去の助動詞「き」の連体形。係助詞「なむ」の結び。②ラ変動詞「あり」の連用形に接続する、過去推量の助動詞「けむ」の連体形。係助詞「や」の結び。③下二段動詞「見つく」の連用形に接続する、完了の助動詞「つ」の已然形。⑨サ変動詞「す」の未然形に接続する、打消推量の助動詞「じ」の終止形。

問2　④「猫をだに見つれば……逃げて去りぬ」の主体は「清廉」。⑤「侍の宿直の壺屋……ある所」に一人で入って座っていたのは「大和の守」。⑥の「聞こゆ」は「言ふ」の謙譲語なので、主体はこの会話の話し手の「大和の守」になる。⑦直前の「後より侍出で来て」に着目。「て」の前後では主体が変わらないことが多く、ここも「出で来」て「引き立て」たのは「侍」。⑧の「沙汰しやら」は〝税を納める〟ことなので、主体は清廉になる。

問3　「器量」は〝才能・力量〟の意。「徳」は〝人徳、道徳、財産、美点〟など、さまざまな意を表す。ここは、傍線㋐直前の「山城……田を多く作りて」から判断する。

問4　傍線㋑の前に「その国の官物を、清廉、つゆ成さざりければ」とある。清廉が税を全く納めないという状況である。

大和の守が思いめぐらしているのは、それをどうやって納めさせるかということである。

問５　㋒「口清し」は〝ものの言い方が立派だ〟〝口先だけは立派だ〟の意。ここは、直前の「盗人なる心にて」から後者の意。「な〜そ」で禁止を表す。

㋔「まうく（設く）」は〝用意する〟の意。「たり」も「つる」も完了なので、二つ合わせて〝しておいた〟と訳せばよい。

問６　１の「事前に手を回していた」、４の「大和の守の策略に気づいていた」は不適。もしそうであったならば、清廉が大和の守の計略に引っかかることはなかった。２の「大和の守の弱みを握っている」、３の「大和の守に非がある」という内容は本文にない。５は傍線㋒の前の「この主のしたり顔に……嗚呼の事なりかし」にも合致する。

問７　１は第一段落の内容に合致。３は傍線⑧の後の清廉の言葉に合致する。２の「不審に思い、おそるおそる」という内容は本文にない。「ゆくりも無く」は〝不用意に〟の意。４は、清廉は猫の恐怖に耐えられずすぐに屈服したし、大和の守の要求は「理不尽」ではない。５は「良心の呵責を感じて」が不適。「声を震わせて守に誓った」旨は最終段落に記述があるが、それは猫に怯えたからである。６は、大和の守が「猫をかわいいと思い」という内容が本文にはない。最終段落第一文の「いとほしければ」は、清廉に対する同情である。

四

解答

出典　『韓非子』〈第四十四　説疑篇〉

問１　①すなはち　③ここをもつて〔ここをもって〕

問２　３

問３　５

問４　４

◆全　訳◆

およそ政治の優れたやり方は、賞罰が的確であることをいうのではない。功のない人を賞し、無罪の民を罰するのは、俗にいう明察ではないということである。功のある者を賞し、有罪の者を罰して、的確さを失わないのは、これこそ該当者だけに限定されることである。（他の者に）功績を生み過失をとどめる（よう仕向ける）ことができるものではない。このため悪事を禁ずる方法は、最上は悪事を思う心を禁じ、その次は悪事について口に出すことを禁じ、その次は悪事が行われることを禁ずることである。今の世で皆が言うには、「主君を尊び国を安らかにする者は、必ず仁義智能を用いてするのである」と。しかし（実際には）主君をいやしめ国を危くする者が必ず仁義智能を用いてするのを知らないのである。だから道を心得た主君は、仁義を遠ざけ、智能から遠ざかり、民を従わせるのに法を用いてするのである。こういうわけで名声をひろめて名に威光があり、民がよく治まって国が平安になるのは、その主君が民を用いる法を知っているからである。およそ術というものは、主君が使うところのものである。法というものは、官吏が規範とするところのものである。しかしながら（主君が）警護の役人に（命じて）日々に法を宮門の外に伝達させ、そうやって国中（の隅々）に至るまで、日々に法をわからせることは、また難しいことではない。

読み　凡そ治の大なる者は、其の賞罰の当たるを謂ふに非ざるなり。無功の人を賞し、不辜の民を罰するは、所謂明に非ざるなり。有功を賞し、有罪を罰して、其の当を失はざるは、乃ち人に在る者なり。能く功を生み過ちを止むる者に非ざるなり。是の故に姦を禁ずるの法、太上は其の心を禁じ、其の次は其の言を禁じ、其の次は其の事を禁ず。今の世皆曰はく、「主を尊び国を安んずる者は、必ず仁義智能を以てするなり」と。而して主を卑しめ国を危くする者の必ず仁義智能を以てするを知らざるなり。故に有道の主は、仁義を遠ざけ、智能を去り、之を服せしむるに法を以てす。是を以て誉広くして名威あり、民治まりて国安んずるは、民を用ふるの法を知ればなり。凡そ術なる者は、主の執る所以なり。法なる者は、官の師とする所以なり。然れども郎中をして日に道を郎門の外に聞かしめ、以て境内に至るまで、日に法を見しむるは、又其の難き者に非ざるなり。

▲解　説▼

問1　①読み方を知っておきたい字である。他に「すなはち」と読む同訓異字では、「則」（上の条件を受ける働き）、「輒」（〝そのたびごとに〟の意）は知っておきたい。③語順が逆の「以是」（これをもつて）と混同しないように注意。

問2　まず「非」が体言否定で、「能生功止過者」という体言相当部分を否定するという文構造を把握する。次にその体言相当部分の文構造を整理する。「能」は可能を表し、「生功」「止過」の二つの部分に掛かる。ちなみに「生功」「止過」は対句表現である。「能生功止過」が「者」に掛かる連体修飾句となる。

問3　空欄Aを含む文の前の二文で「仁義智能」を否定していることをふまえ、「仁義智能」によらず何を使って「服之（＝民を従わせる）」と言っているかをとらえる。空欄Aを含む文の次の一文に「知用民之法也（＝民を用いる法を知っているからである）」とあるのを参考にする。

問4　第一文で賞罰の的確さを重視することを否定しているので、1と3は不適。「仁義智能」は第六～八文で否定されているので、2も不適。5は「賞罰を徹底して行うべき」が不適。最終文の内容より、人々に行きわたらせるのは「法」である。第一～三文の後に「非能生功止過者也」とあることから、「能生功止過者」が重視されていることがわかること、および最後の三文の内容から、4が適当と判断できる。

❖講　評

一の現代文は、統治におけるオピニオンの重要さを述べた評論からの出題。文章そのものは標準的である。問1の読み、問2の書き取りは標準レベル。問3と問4の空所補充は標準かやや易のレベル。問5の欠文挿入箇所については、やや難レベルである。問6の箇所指摘は標準レベル。問7の箇所指摘は、難しい問題というわけではないが、段落間の展開の理解が問われているため、難しいと感じた受験生もいるかもしれない。問8の内容説明は、実質的には選択肢の後半だけを吟味すればよいので負担は大きくなく、標準レベルである。問９の空所補充は、本文全体の理解度が問われている。やや難レベルだろう。問10の内容真偽は二つに絞ることまでは簡単だが、最後の二つが紛らわしい。やや難レベルだろう。

二の現代文は、リスクをテーマにした評論からの出題。具体的な人類学的報告をもとにした文章で、読みやすい。問1の空所補充は標準レベルだろう。四字熟語の知識が必要だが、それほど難しい選択肢はない。問２の内容説明、問３の内容説明は、いずれも標準レベル。問４の空所補充はやや易レベル。問５の内容真偽は、標準レベルである。内容真偽の問題は本文の該当箇所の確認に手間はかかるが、この問題の場合は選択肢の間違いの箇所が判別しやすかった。

三の古文は、中古の説話からの出題。かなり読みやすい文章である。問１の文法は、易レベル。問２の人物指摘は、組み合わせで問われているので確認が楽であり、やや易レベル。問３は文脈からも判断可能であり、標準レベルだろう。問４の内容説明は、全体の話の展開がわかりやすいので、標準レベルである。問５の口語訳は、いずれもあまり迷う要素がないので標準レベルであるといいたいが、記述式なのでやや難レベルとしておく。問６の内容説明も標準レベル。問７の内容真偽は、間違いの部分が見つけやすく標準レベルである。

四の漢文は、『韓非子』からの出題。特に難解な語もなく、読みにくくはなかった。ただ、「仁義」や「智能」についての私たちの常識的な認識と韓非子の考えとは食い違うので、文章を読めても本当に正しいのかという不安が残ったかもしれない。問１の読みは標準レベルだが、③の「是以」は、うろ覚えだと迷うだろう。問２の書き下し文はやや難レベル。問３の空所補充は標準レベル。話の展開から判断できる。問４の内容真偽は、何となく常識的と思われる記述に引きずられることなく、本文中の主張を正確に読み取ることが必要である。標準かやや難レベル。

一の現代文、二の現代文とも、比較的読みやすく、設問も紛らわしいものはあまりなかった。三の古文は、本文も読みやすく設問も標準的であった。四の漢文は、書き下し文の問題以外は取り組みやすい。過去問や他の日程の問題と比較しても、得点を取りやすかったと思われる。

二月四日実施分

問題

（八〇分）

解答に字数制限がある場合には、句読点・カッコも一マスとすること。
受験学部・受験方式によって、解答すべき問題を指定しているので注意すること。

方式	学部	解答すべき問題
全学統一方式（文系）	文学部以外	一 二 三
	文学部※	一 二 三 または 一 三 四
前期方式	APU	一 二 三

※文学部は二（現代文）と四（漢文）が選択問題。両方とも解答した場合は高得点の方を採用。

一

次の文章を読んで、問いに答えよ。

常識が想定する生物進化の世界は、競争と闘争を通じた優勝劣敗の掟が支配する能力主義の世界である。それは運や理不尽さといった不確実な要素とはやはり相容れないように思われる。生物の存亡が運や理不尽さに左右されているのだとしたら、誰が生き残るべきかを決める優劣の基準そのものが無効になってしまうのではないか。理不尽な絶滅（と生存）の本質的特徴は、生物の存亡はその能力の優秀さ（遺伝子）には還元できない（し、運にも還元できない）という点にあるのだから。

この疑問には、すでに模範的な解答がある。自然淘汰説を正しく理解すれば、自然淘汰説と理不尽な絶滅、生存の事実とが矛盾することはない、というものだ。これは、どちらにも言い分はあるとか、どちらにも［A］の理があるということではない。そうではなく、どちらも全面的に、一〇〇パーセント認めることができる、という意味だ。

では、自然淘汰説を正しく理解するとはどのようなことか。それは、適者生存という言葉にあるとおり、生き延びて子孫を残す者を、まさしく適者として理解するということだ。生存するのは、強者（強い者）でも優者（優れた者）でもなく、あくまで適者（適応した者）であると理解するのである。これは言葉を字面どおりに理解するというだけのことで、当たり前といえば当たり前の話であるが、私たちの日常的理解にとっては、必ずしも当たり前のことではない。

私たちは多くの場合、生き延びて子孫を残すべき存在を、強者とか優者としてイメージしている。強いものが弱いものを食い物にするとか（弱肉強食）、優れたものが劣ったものを駆逐する（優勝劣敗）といったイメージだ。だが、こうしたイメージは、あくまで人間が自然や野生といった概念にたいして抱く印象や願望の反映にすぎない。私たちがふだん抱いている進化論のイメージは、大部分がこうした印象や願望、あるいは失望を投影したものだ。

他方で、本来の自然淘汰説のアイデアが教える適者は、人間的観点から見た強者や優者とはさしあたり関係がない。つまり自然淘汰は、弱肉強食でも優勝劣敗でもない。自然の世界で適者であるための条件は、生き延びて子孫を残すということだけだ。それを弱肉強食や優勝劣敗の掟で包み込むのは、自然淘汰の原理を人間の勝手な価値観（多くは時代の要請）とすりかえる誤りである。

この模範解答は、(ア)理不尽な絶滅シナリオがもたらす教訓のひとつでもある。理不尽な絶滅シナリオは、自然淘汰説にたいする反証ではなく、むしろ自然淘汰説を適切に理解するためのステップになるということだ。

強者や優者としか思えないような生物種が、環境の変化などによって不利な立場に追い込まれ、果ては絶滅にいたってしまうことがある。恐竜や三葉虫の絶滅はその顕著な例だった。対照的に哺乳類は、長いこと割を食ってきた典型的な弱者あるいは劣者に見えるにもかかわらず、大量絶滅事変が後の繁栄への足がかりとなった。

ある生物がどれほど高い能力をそなえているように見えようとも、それが環境にフィット（適応）しなければ、生存と繁殖に資することはないということだ。そして環境にフィットしているかどうかは、実際に生物が生き残り子孫を残すことができるかどうか、それのみによって判定される。自然淘汰によって生き残る者とは、あくまで結果として生き残り、子孫を残す者（あるいはそう予想される者）を指すのである。

自然淘汰説をこのように理解すれば、先の疑問は解消される。生物の歴史において、いかに理不尽な絶滅（と生存）が起ころうとも、それは自然淘汰の原理を脅①かすものではない。サヴァイヴァルゲームのルールがその都度新たに設定し直されるだけのことだ。進化の理不尽さとは、ゲームのルールが勝手に変更される事態を指すのであって、それによって自然淘汰の原理が破棄されるわけではない。

あるいは、こんな言い方もできるかもしれない。生物の歴史においては、「強者生存」「優勝劣敗」という（人間的な印象による）［B］主義が否定されることはあっても、自然淘汰という（結果として生き残り、子孫を残す者が適者であるという）［C］主義が否定されることはない、と。そう考えれば、自然淘汰説も理不尽な絶滅／生存も、どちらも全面的に、一〇〇パーセント認めることができる。

注意しなければならないのは、そもそも自然淘汰説と理不尽な絶滅は同列に論じられるようなものではないということである。両者では事柄の性質が異なる。前者は進化のメカニズムを説明するが、後者は個々の事件や現象を指し示すだけだ。ダイナマイトを満載した自動車が爆発すると、その車は走行不能になるだろうが、その原因をエンジンのメカニズムに求めても仕方がない。

それは車の機能やエンジンのメカニズムとはさしあたり関係のない、ダイナマイトの爆発という個別の事件によってもたらされたのだから。両者は競合の関係ではなく図と地のような関係にある。

このように、理不尽な絶滅を真に受けるならばなおさらのこと、生物の多様性を理解するためには自然淘汰のアイデアを②ケンジする必要がある、そう私は考えている。もし自然界になんらの規則性も一貫性もなかったなら、自然淘汰の重要性は怪しくなるだろう。だが、実際の自然には突発的な激変があるかと思えば、複雑な適応的進化を可能にするだけの規則性や一貫性もあるのである。

以上のようなことは、しごく当たり前に思えるかもしれない。だから模範解答と呼んだ次第である。実際、㋑心ある啓蒙家は、こうしたこと——㋒「自然淘汰は弱肉強食でも優勝劣敗でもない」㋓「強い者が生き残るのではなく、適応した者が生き残る」㋔「適応した者とは結果として生き残り子孫を残す者のことである」㋕「適応とは、生物の多様性を保持するために自然淘汰が行ってきたものである」㋖「適応の度合いは個体が残した（あるいは残すと予想される）子孫の数によってのみ定義される」等々——を繰り返し語ってきた。たしかにそのとおりだ。そのように考えなければつじつまが合わない。

だが、ダーウィンが誕生して二〇〇余年、『種の起源』が刊行されて一五〇余年が経過したいまもなお、心ある啓蒙家は同じことを語りつづけなければならない。なぜなら、素人である私たちが、いっかな誤解をあらためようとしないからである。

私たちは自然淘汰の意味をおおざっぱにではあれたしかに理解できるはずなのに、それにもかかわらず、ことあるごとに適者を強者や優者と取り違える。また、過去の勝者や敗者があらかじめ決まっていたかのように語るし、未来の勝者や敗者があらかじめ決まっているかのようにも語る。しかもそれを、当の進化論の用語で語るのである。なんと反-進化論的な態度であろうか。たとえば、「ビジネス　ＡＮＤ　進化論」といった言葉でウェブを検索してみれば、その種の事例にいつでも触れることができる。私たちは進化論が大好きなはずなのだが、そのじつ、まったく別のものを愛しているだけなのかもしれないのだ。

模範解答は存在するのに、それを知ったところで、誤解をあらためるためにはさして役に立っていないようである。ここがミソだ。どうしてこんな体たらくになっているのだろうか。私たちが心ないからか。あるいは理解が足りないからなのか。まあ、それもあるかもしれない。あるかもしれないが、これにはそれなりの事情があるのではないかとも私は考えている。

現代の進化理論の中心アイデアである自然淘汰説にかんする模範解答を再確認すると、「適者生存」というスローガンにあるとおり、適者（適応した者）とは生き延びて子孫を残す者を指す。これは必ずしも人間的観点から見た強者（強い者）や優者（優れた者）とはかぎらない。適者がなぜ適者であるかは、生き延びて子孫を残したこと自体によって定義される。その意味で自然淘汰説は一種の(ク)トートロジーを含むが、これはたんに適者に基準を与えるものだと理解すれば不都合はない。実際に学問の世界では、この考えが「適応」の概念のなかにすでに含まれているために、あえてこのスローガンを使う必要もない。問題になるのはあくまでその基準を利用してつくられる個々の仮説であり、それらは科学的な手続きのもとで真偽をテストされるのである。

だが、私たちの社会通念となっている進化論的世界像においては事情が異なる。そこでは、(ケ)進化論が「言葉のお守り」として用いられている。それは、自然淘汰の原理によって検証可能な仮説を構築するものではない。それは、自然淘汰説に含まれるトートロジーを自然法則のようなものとみなしたうえで対象の事物にかぶせるという言葉の呪術に用いられる。一見するとなにかを主張する言明に思えるが、実際にはある種の感情や態度の表現――説教、③概嘆、感想、「ポエム」――以外のものではない。とはいえ、これにはそれなりの事情がある。自然淘汰説の本性そのもの――言語の文法（自然法則と同じ見た目）と自然淘汰のプロセスが持つ特異な性質（自らの足跡を消す性質）――が、自然淘汰説に含まれるトートロジーを自然法則のようなもの（「適者生存の法則」）とみなす誤解へと私たちを導くのである。

このように、自然淘汰説のスローガンである「適者生存」に含まれるトートロジー的な要素が、一方で学問的な進化論には経験科学的研究の沃野を、他方で日常の進化論的世界像には言葉のお守りを、系統的にもたらしているのである。

では、自然淘汰説を言葉のお守りとして用いる社会通念の正体はなんなのか。それは、文明の進歩と資本主義世界の拡大を奉ずる「発展的進化論」の現代版である。私たちはそれをダーウィンの思想だと思っているが、じつはそれはダーウィン以前に誕生し、ダーウィン以外の人物によって唱えられた、社会ラマルキズムないしはスペンサー主義と呼ばれるのがふさわしい④シロモノなのである。

ダーウィンの登場をきっかけに、一九世紀から二〇世紀にかけて進化論の受容が急速に進んだが、そのときに広まったのが、この発展的進化論である。当時の人びとは、専門家も素人も、真に革命的な学説であるダーウィンの自然淘汰説を軽視し、代わりに時代精神に見合ったラマルクやスペンサーの発展的進化論を支持したのである。これは近代人に進化論的世界像を植えつけたという点では重要な出来事だったが、(コ)ダーウィンの名の下に非ダーウィン的な進化論が普及するという皮肉な結果――「非ダーウィン革命」――をもたらした。

その後、二〇世紀半ばに総合説（ネオダーウィニズム）が自然淘汰説を復活させたことで、進化論はいわば第二の革命を経験し、学問世界のダーウィニズムはようやく名実ともにダーウィニズムになった。そして遺伝学、生態学、発生学、ゲーム理論などを取り込みながら、めざましい成果を挙げている。

他方で社会通念としての進化論、私たちの進化論的世界像はといえば、いまだ非ダーウィン革命によって普及した発展的進化論の段階にある。この社会で「進化」という言葉が肯定的な意味しかもちえない二次的評価語であることからもわかるように、文明の発展法則にもとづいた発展的進化論は、近現代に人類がその名の下で犯した数々の愚行などものともせず、装いも新たに「進化」しつづけている。各種の広告、イノヴェーションを称えるビジネス論や、人生で成功するための適応戦略を提案する自己啓発書などを見れば、その最先端の姿を確認できるだろう。

（吉川浩満『理不尽な進化』による。なお一部を改めた）

注 ラマルク＝フランスの博物学者。
スペンサー＝イギリスの哲学者・社会学者。

問1 傍線①、③の読み方をひらがなで書け。

問2 傍線②、④のカタカナを漢字に改めよ。楷書で正確に書くこと。

問3 [A] に入れるのに、最も適当なものを、次のなかから選び、その番号をマークせよ。

1 一分 2 一面 3 一有 4 一時 5 一見 6 一義

問4 傍線㋐に「理不尽な絶滅シナリオ」とあるが、「理不尽な絶滅」の説明として、最も適当なものを、次のなかから選び、その番号をマークせよ。

1 生物の存亡は道理に合わない運に左右されるものであること
2 生物の存亡は能力の優秀さや運のみに理由を求められないこと
3 生物の存亡は優勝劣敗の掟が支配する能力主義の世界であること
4 生物の存亡は強者と優者のみが生き延びて子孫を残すものであること
5 生物の存亡は自然淘汰説という道理にあわない法則に左右されること

問5 [B]、[C] に入れるのに、最も適当な組み合わせを、次のなかから選び、その番号をマークせよ。

1 B＝競争 C＝成果 2 B＝成果 C＝競争 3 B＝能力 C＝成果
4 B＝成果 C＝能力 5 B＝能力 C＝適応 6 B＝競争 C＝適応

問6 傍線㋑に「心ある啓蒙家」とあるが、その発言として適当でないものが、傍線㋒、㋓、㋔、㋕、㋖の中に一つ含まれている。次のなかから選び、その番号をマークせよ。

1　㋒　2　㋓　3　㋔　4　㋕　5　㋖

問7　傍線㋗の「トートロジー」の意味として、最も適当なものを、次のなかから選び、その番号をマークせよ。

1　同位概念　2　同語反復　3　同一原理　4　同化作用　5　同類意識

問8　傍線㋘に「進化論が『言葉のお守り』として用いられている」とあるが、その説明として最も適当なものを、次のなかから選び、その番号をマークせよ。

1　適者生存という現実に耐えられず、自分たちこそ未来の勝者であるという願望を自然淘汰説に投影させることによって、慰めを得ようとすること

2　自然淘汰というのは自然の法則であって、免れることのできないものと理解したうえで、適者として生き延びるための戦略として進化論を学習すること

3　理不尽な絶滅などといったものはありえず、ただ、強者と勝者による適応戦略があるのだと理解し、自分自身の能力を信じる言葉を持ちつづけること

4　経験科学的研究をすすめる学問的な進化論を理解することによって、常識が想定する生物進化の世界観を更新し、適者生存の世界を受け入れようとすること

5　理不尽な絶滅によって、何が生き残るのかという基準が無効になることに耐えられず、強者や優者が生き残るというイメージを自然淘汰説に投影させること

問9　傍線㋙に「ダーウィンの名の下に非ダーウィン的な進化論が普及するという皮肉な結果」とあるが、これに対する筆者の心情を端的に述べている部分を、本文中から二十字以内の一文をそのまま抜き出して、始めと終わりの三字を書け。

問10　本文の内容に合うものを、次のなかから二つ選び、その番号をマークせよ。

1　自然淘汰説とは、生き延びて子孫を残す者を適者として理解することであるが、私たちがもつ進化論のイメージは、自然や野生といった概念に対する印象や願望を反映させるため、適者を強者や優者と取り違えてしまう。

2　進化の理不尽さとは、サヴァイヴァルゲームとしての自然淘汰のルールが勝手に変更されることであり、自然淘汰という強者生存、優勝劣敗の掟がその都度否定されてしまう事態を指している。

3　実際の自然には突発的な激変もあり、こうした理不尽な絶滅を前提とするならば、自然界には規則性も一貫性もないことになり、自然淘汰の重要性は怪しくなる。

4　私たちは、自然淘汰の意味を理解しないまま適者を強者や優者と取り違えるという誤解をしている。しかし、それは現存するものは、強い者であり、優れたものであるという歴史的事実から来る帰結である。

5　自然淘汰説を言葉の呪術として用いているのは、社会ラマルキズムやスペンサー主義であり、彼らは、文明の進歩と資本主義世界の拡大を背景に、結果として生き残り、子孫を残す者について説明している。

6　適者がなぜ適者であるかは、生き延びて子孫を残したことによる。この基準を利用して、学問的な進化論は展開されてきたが、それは私たちの実感にそうかたちで、日常の進化論的世界像の発展を促してきた。

7　適者とは、環境に適応したもののことである。しかし、私たちは、文明の進歩と資本主義の拡大を背景とする発展的進化論という社会通念にとらわれ、ダーウィンの自然淘汰説を誤解してしまっている。

8　二〇世紀半ばにネオダーウィニズムが自然淘汰説を復活させたことで、各種の広告やイノヴェーションを称えるビジネス論、人生の成功をうたう自己啓発書のもととなっている社会通念としての発展的進化論は過去のものとなった。

二　次の文章を読んで、問いに答えよ。

人類学者のデヴィッド・グレーバーは、調査をふまえ、一冊の大きな本にして、二〇一八年に公刊します。それが今回とりあげる『ブルシット・ジョブ――クソどうでもいい仕事の理論』という本です。『ブルシット・ジョブ』は、たくさんの人がみずからの仕事の苦境を語る証言であふれていて、それだけをピックアップして読んでも大変おもしろいです。それだけでもなにか響いてくるものはあるとおもいます。

たとえば、グレッグという人物は「たいがいのウェブサイトに表示される、あの手の迷惑なバナー広告の制作にあたる」広告代理店のために、その広告の設計者として働いていました。かれによれば、バナー広告の制作販売をしている企業は、すべて基本的に「詐欺」です。代理店がもっている調査結果からは、ウェブ閲覧者がそれをクリックすることなどほとんどないらしいのですね。でも、代理店は、広告の効果にかんするデータを粉飾したり、広告効果を巧みにプレゼンしたりして、クライアントにはそれをごまかしています。グレッグはこういってます。

ほとんどの場合、金払いの良い顧客(クライアント)は、自社のテレビＣＭをバナー広告の内部で再生させたいといって、複雑なストーリーボードと一緒に、複数「シーン」や必須事項を要求してきます。自動車関連の顧客がやってきたのですが、フォトショップを使って、サムネイル大の画像なのに、ハンドル位置を修正したり燃料タンクキャップを移動したりするよう要求してきました。

こんなクライアントの要求にも、グレッグは応じねばなりません。そんなことをしても、別にバナーのクリックが増えることはないことは百も承知で、です。ただ、それにはなんとか耐えていたグレッグですが、先ほどの代理店の保持する調査結果、ほとんどだれもクリックしてないという調査結果を目にしたとたん、やる気を失います。それどころか、精神的に病んでしまいます。それでかれは結局、転職することになりました。

その仕事で、無意味さはストレスを悪化させるということがわかりました。それらのバナー制作をはじめたときは、そのプロセスに耐えていました。ところが、その作業が、程度の差はあれど、意味がないものだということに気づいてしまうと、忍耐力はどこかへ霧消してしまいました。認知的不協和——結果に意味のないことがわかっているのに（気にしないふりをして）その過程に実際に参加していること——を乗り越えるには、努力が要るんです。

どうして、こうした楽勝のはずの仕事で多数の人が苦しんでいるのでしょう。この精神的暴力はどこからやってきているのでしょうか？

ここでグレーバーの分析を確認したいとおもいます。まず押さえるべき基本的ポイントは、人間が自己を獲得するその根源には、「原因となるよろこび」が存在するという発想です。『ブルシット・ジョブ』で、仕事に意味があること、実質があることを指す表現として「世界に影響を与える」という日本語があてられているとき、原文ではたいてい「**make a difference in the world**」がそれに該当しています。直訳すれば、「世界にちがいをつくること」、じぶんのおこないが世界をちょっとだけ変えることです。

グレーバーはこの論点を、ドイツの心理学者カール・グロースからみちびきだしています。グロースは、幼児がじぶんが予測できる影響を世界に与えられることにはじめて気づいたとき、ものすごくよろこぶことに気づきます。たとえば、じぶんがおもうままに腕をふりまわすと鉛筆が転がるとかそういうことです。〈　1　〉そういえば精神分析家のジグムント・フロイトにも、毛玉を転がしてよろこぶ幼児のありようを「わたし」の形成の端緒にみなす議論があります。フロイトにおいては、それは、「いないいないばあ」遊びでした。つまり、受動的に母親の在不在にさらされたただ翻弄されていた幼児が、みずからその在不在を統制できる契機がその毛玉での遊びでした。じぶんで能動的に、いる、いないという状況をつくりだすのですから。だから、おそらくそれも、幼児がみずから世界に影響を与えることができる「　A　」ともいえるでしょう。そしてその積極的作用の出所として、自己が形成されるのです。

そこでは、くり返せるという契機が重要でした。精神の病の一種とされる強迫反復もそうですが、それはじぶんを原因として取り戻す懸命の試みでもあります。〈　2　〉おなじように、グロースもおなじパターンの動作をもう一度おこなうことによって、同様の結果がえられることが重要であるといいます。グロースによれば、このみずからが原因となるよろこびを遊びの基礎とし、（権）力（powers）の行使は、もともとはその力の行使そのものが目的だと考えました。

なぜこれが自己の源泉になるかというと、そのなにか影響を与えたものが自己である、じぶんであると気づくからなのです。目の前の鉛筆が転がっている。そしてそれを転がしているのがどうやらここにある存在である、ということは「わたし」が転がしているのである、と。そして、その気づきに幼児は歓喜するのです。わたしたちが、自他未分の段階を脱出して、周囲から一定自立した存在としてある、その存在の感覚の根源には、それ以降もずっと、この原因としてのよろこびが作用しつづけている。〈　3　〉そうグロースはいいました。だから人は遊びに、幼年期のみならず、大人になっても、いつまでたっても熱狂するのですね。それは、わたしたちの存在の根源にあるよろこびの発露なのですから。

ということは、十分に想像がつくとおもいます。ブルシットであること、「原因となれないこと」、世界に影響を与えることができないことは、自己の危機、自己の存立の危機なのです。実際に、グロースの実験では、こうした原因となる経験が途絶えてしまうと、「まず癇癪（かんしゃく）、かかわりの拒絶、さらに、一種の緊張症状をともなう世界の崩壊、そして外界からの完全な引きこもりがおこる」。人生のなかの精神疾患の問題の背後に、この「失敗した影響のトラウマ」があるとみなした別の精神分析家の分析も、グレーバーは紹介しています。

グロースは「原因となるよろこび」の理論から、演技（メイク・ビリーブ）としての遊び（プレイ）（ごっこ遊び）の理論を構築します。まさに幼児が鉛筆を転がせる能力によろこびを感じるのとおなじ理由から、人はゲームや娯楽を発明するというのです。わたしたちはみずからの力（パワー）

（権力）を、それ自体を目的として行使したいとねがっているというのです。遊びとは、こうした純粋な力の行使です。〈 4 〉

問題は、ＢＳＪ（以下ブルシットジョブをこう表記する）が、このような遊びに似ているということです。それは仕事のための仕事、ほかに目的のないたわむれでもあるわけです。ところが、㋐人はＢＳＪのそのような要素に怒りをおぼえ、しばしば精神的につらさを抱えている。これはどういうわけでしょうか。これも、ここまで議論されると、すでにこう結論している人も多いとおもいます。

ただ働くことだけのために働くふりを強いられるのは屈辱である。なぜなら、その要求は、自己目的化した純粋な権力行使であると感じられる――正しくも――からである。かりに、演技の遊び（メイク・ビリーブ・プレイ）が人間の自由のもっとも純粋な表現だとすれば、他者から課された演技的仕事（メイク・ビリーブ・ワーク）は、自由の欠如のもっとも純粋な表現である。

自由の最高の表現である無目的な遊びが、他者から強制されると、それは不自由の最高の表現へと転化するのです。ＢＳＪがなぜ、かくも多くの人に精神的暴力として経験されるのか、その理由をグレーバーは、こう分析するのです。

グレーバーはここで、「筋書きの欠落」すなわち「スクリプトレス」という心理学的概念も提示しています。わたしたちの悩みや葛藤は、それぞれ個別のものでかけがえのないものです。とはいえ、おおよそそのような悩みに似たような悩み（職場でのいじめ、友だちとの借金をめぐる軋轢（あつれき）、恋愛における三角関係など）はだれかが経験したものであり、さまざまに語られてきています。人間の創作する物語のほとんどはそうした人間の抱える悩みや葛藤をめぐるひとつの注釈であり、考察であるともいえるかもしれません。そういう意味では、わたしたちがなにか世の中でぶつかって抱えるものごとには、少しおかしな言い方ですが、どういうふうに悩むべきか「悩み方」の指南があるわけです。〈 5 〉もちろん、その悩み方を採用したからといって悩みが解決するわけではありません。しかし、とにかくもやもやには型が与えられるのです。ところがＢＳＪにはそれがない。㋑どう悩んでいいか、わからない。

Amazon.com の『ブルシット・ジョブ』の販売ページのレビューの上位には、ある不動産業界で働く女性のものがあがっています。そこで彼女は、この本で、命が救われた、生きようとおもったといっています。問題を問題として特定するだけで、なにかぼんやりとしたもやもやを言い当てるだけで、このようなカタルシスが生まれる場合があります。それはこうした人の悩みに悩み方を与えた、「悩んでいいのだ」という裏づけを与えた、ということに由来しているとおもわれます。

（酒井隆史『ブルシット・ジョブの謎』による。なお一部を改めた）

注　ブルシット＝英語圏では、卑俗な言葉として忌避されるべきだとされている。

問１　次の一文は、本文中の〈　１　〉～〈　５　〉のどこに入れるのが最も適当か。その番号をマークせよ。

そして、それは人間の最大の自由なのです。

問２　［ A ］に入れるのに、最も適当なものを、次のなかから選び、その番号をマークせよ。

１　原因としてのよろこび　　２　在不在の統制　　３　ちょっとした変化　　４　自我形成の端緒
５　自分を取り戻す試み　　６　ごっこ遊び

問３　傍線㋐に「人はＢＳＪのそのような要素に怒りをおぼえ、しばしば精神的につらさを抱えている」とあるが、その説明として、最も適当なものを、次のなかから選び、その番号をマークせよ。

１　ＢＳＪはたとえ実質的な中身がなかったとしても、まともな仕事である。だが、他者からはそのことが理解されず、ただ遊んでいるように思われて、不本意に感じている。

２　ＢＳＪは実質がなく、それ自体を目的とした遊びに似ている。だが、たとえ遊びと同じ内容であっても、それを他人に強制されることで、苦痛を感じている。

3　ＢＳＪは純粋な力の行使に似ている。だが、遊びに共通するこうしたありようは、幼年期であれば夢中になるものの、大人になると興味を持てず、やる気を失っている。

4　ＢＳＪは遊びのように見えたとしても、立派な仕事である。だが、他者から指示されることで、自分の意志で働いていないのではないかという意識が生まれ、誇りを持てずにいる。

5　ＢＳＪは遊びに似た仕事である。だが、同時に他者から気まぐれに仕事をおしつけられ、相手との関係からそれを断れないことがあり、屈辱を感じている。

問4　傍線㋑に「どう悩んでいいか、わからない」とあるが、それはなぜか。その理由として、最も適当なものを、次のなかから選び、その番号をマークせよ。

1　私たちの悩みはそれぞれ個別でかけがえのないものであり、創作などでさまざまな語られ方がされてきたが、結局自分にぴったり当てはまる筋書きは存在しないから

2　ＢＳＪは新しい概念であるため、それに起因する悩みをうまく理解することができず、それを物語にして小説などを創作しようとしてもうまくいかないから

3　私たちが世の中でぶつかって抱えるものごとには、必ず「悩み方」の指南をしてくれる存在があるが、それを採用したからといって問題が解決するわけではないから

4　私たちの悩みには似通ったところがあり、それにどう対応するかについての蓄積があるものだが、型のない問題については、どう扱っていいかわからないから

5　私たちの葛藤にはうまく言い表せないもやもやとしたものが付きまとうが、ＢＳＪにはそれがなく、そのため筋書き通りにふるまえないから

問5　本文の内容に合うものを、次のなかから一つ選び、その番号をマークせよ。

1　金払いの良い顧客は、複雑なストーリーや画像修正を要求したが、そうやって作らせたバナー広告にほとんど効果がないということを知って、ストレスを悪化させた。

2　幼児が世界に影響を与えられることに初めて気づいたとき、ものすごく喜んだことから、世界にちがいをつくることが自己の源泉になる、という理論をグレーバーは組み立てた。

3　無意味な仕事は、いかに楽であっても、世界に影響を与えることができないものであり、それを無理して続けることは自己の危機、自己の存立の危機につながりかねない。

4　グロースは、強迫反復のような精神疾患の背後には、人生の中で原因となる経験が途絶してしまうといったような、「失敗した影響のトラウマ」があるとみなした。

5　ある不動産業界で働く女性は、ＢＳＪに就くことで、それまでうまく言葉にすることができなかった悩みに気づき、「悩んでいいのだ」という裏付けを得ることができた。

三　次の文章を読んで、問いに答えよ。

今は昔、大斎院と申すは、村上の十の宮におはします。帝のたびたびあまた替はらせ給へど、この斎院は、動きなくておはしましけり。斎宮・斎院は、仏経忌ませ給ふに、この斎院は、仏経をさへ崇め申させ給ひて、朝ごとの御念誦欠かせ給はず。三尺の阿弥陀仏に向かひまゐらせさせ給ひて、法華経を明け暮れ読ませ給ひけりと、人申し伝へたり。賀茂祭の日、「一条の大路にそこら集まりたる人、さながらともに仏に成らむ」と誓はせ給ひけるこそ、㋐なほあさましく。さて、この世の御栄華をととのへさせ給はぬかは。御禊よりはじめ、三箇日の作法、出車などのめでたさは、御心様・御有様、大方優にらうらうじくおはしましたるぞかし。

めでたく、心にくく、をかしくおはしませば、上達部・殿上人、絶えず参り給へば、たゆみなく、うち解けずのみありければ、「斎院ばかりの所はなし」と、世にはづかしく心にくき事に申しつつ、参りあひたりけるに、世もむげに末になり、院の御年もいたく老いさせ給ひにたれば、今はことに参る人もなし。人も参らねば、院の御有様もうち解けにたらむ、若く盛りなりし人々も、みな老い失せもて往ぬらむ、心にくからで㋑参る人もなきに、後一条院の御時に、雲林院の不断の念仏は、九月十日のほどなれば、殿上人四五人ばかり、果ての夜、月のえもいはず明きに、「念仏に会ひに」とて、雲林院に行きて、㋒丑の時ばかりに帰るに、斎院の東の御門の細目に開きたれば、そのころの殿上人・蔵人は、斎院の中もはかばかしく見ず、知らねば、「かかるついでに、院の中みそかに見む」と言ひて入りぬ。

夜の更け①にたれば、人影もせず。東の塀の戸より入りて、東の対の北面の軒②にみそかに居て見れば、御前の前栽、心にまかせて高く生ひ茂りたり。㋓「つくろふ人もなきにや」と、あはれに見ゆ。露は月の光に照らされてきらめきわたり、虫の声々様々に聞こゆ。遣水の音、のどやか③に流れたり。そのほど、つゆ音する人なし。船岡の颪の風、冷やかに吹きたれば、御前の御簾の少しうち揺るくにつけて、薫物の香のえもいはず香ばしく、冷やかに匂ひ出でたる香をかぐに、御格子は下ろされたらむに、薫物の匂ひのはなやかなれば、「いかなるに④かあらむ」と思ひて、見やれば、風に吹かれて、御几帳少し見ゆ。御格子もいまだ下ろされぬなりけり。「月御覧ずとて、おはしましけるままにや」と思ふほどに、奥深き箏の琴の、ほのかに聞こゆるに、「さは、かかる事も世にはあるなりけり」と、あさましくおぼゆ。よきほどに調べられて、音もせずなりぬれば、「今は内裏へ帰り参りなむ」と思ふほどに、人々の言ふやう、「かくをかしく、めでたき御有様を、『人聞きけり』と思し召されむ料に、㋔知らればや」など言へば、「げにさもある事なり」とて、寝殿の丑寅の隅の妻戸に、人二人ばかり歩み寄りて、気色ばめば、かねてより女房二人ばかり、物語して居たりけり。殿上人、女房起きたらむとも知らぬに、かく居たれば、思ひかけずおぼゆ。女房は夜より物語して、月の明かりければ、「居明かさむ」と思ひて居たるに、かく思ひかけぬ人の参りたれば、いみじくあはれに思ひたり。気色ばかり奥の方に、碁石笥に碁石を入るる音す。御前にも、昔思し召し出でてあはれに思しけむかし。

　昔の殿上人は、常に参りつつ、をかしき遊びなど、琴・琵琶も常に弾きけるを、今はさやうの事する人もなければ、参る人もなし。たまたま参れど、さやうの事する人もなきを、口惜しく思し召されけるに、今宵の月の明ければ、昔思し出でられて、ものあはれに、よろづながめさせ給ひて、御物語などして御殿籠らざりけるに、夜いたく更けにたれば、物語しつる人々も、御前にやがてうたたねに寝にけり。わが御目は覚めさせ給ひたりければ、御琴を㋕手すさびに調べ給ひたりけるほどに、かく人々参りたれば、昔おぼえてなむあはれに思し召しける。「この人々は、かやうのわざ少しす」と聞こし召したるにやあらむ、御琴・琵琶など出ださせ給へれば、わざとにはなくて調べ合はせつつ、もの一つ二つばかりづつ弾きて、夜明け方になりぬれば、内裏へ帰り参りぬ。殿上にて、あはれに優しくおもしろかりつる由を語れば、参らぬ人はいみじく口惜しがりけり。

（『古本説話集』による）

注　大斎院＝選子内親王。円融から後一条に至る天皇五代の間、賀茂神社に奉仕する斎院を務めた。　仏経＝経典。
御禊＝賀茂祭の期間中、斎院が賀茂川で行うみそぎ。　三箇日＝賀茂祭で三日間にわたって行われる儀礼。

出車＝簾の下から、女房装束の袖や裾を出して飾りとした牛車。
雲林院＝紫野にあった寺。斎院の御所も紫野にあった。　船岡＝紫野にある丘陵。
不断の念仏＝特定の日時を決めて昼夜絶え間なく念仏すること。
笥＝物を入れる器。

問1　傍線㋐の「なほあさましく」の説明として、最も適当なものを、次のなかから選び、その番号をマークせよ。

1　在任中に帝が何代も交代したのにも関わらず、斎院の地位に執着し居座り続けたのは、見苦しい態度だったということ
2　斎院という賀茂神社に仕える身でありながら、仏教に帰依し朝夕法華経を読むのは、感心しない行いだったということ
3　賀茂祭の日に一条大路に集った人々に対し、共に成仏しようと誓いを立てたのは、驚くべき振る舞いだったということ
4　成仏するためには厳しい修行が必要であるのに、安易に成仏しようと呼びかけたのは、愚かしい考えだったということ
5　仏教に帰依し来世における成仏を願いながら、現世での栄華も極めようとするのは、嘆かわしい考えだったということ

問2　傍線㋑の「参る人もなき」となった理由として、最も適当なものを、次のなかから選び、その番号をマークせよ。

1　大斎院もお付きの女房たちも年老いたことで、往年の魅力は失われたものと推測され、関心が薄れたから
2　大斎院だけでなく、お付きの女房たちも教養が高く奥ゆかしく振る舞うので、気おくれしてしまったから
3　大斎院は高齢となり、帝に対する影響力も弱まったため、ご機嫌うかがいをする必要もなくなったから
4　大斎院は警戒心を緩めず、お付きの女房たちもそっけない応対をするので、居心地が悪く感じられたから
5　大斎院は高齢で病気がちとなり、来客を避けるようになったため、皆訪問を遠慮するようになったから

問3　傍線㋒の「丑の時」は、何時ごろに当たるか。最も適当なものを、次のなかから選び、その番号をマークせよ。

1　午後八時ごろ　2　午後十時ごろ　3　午前零時ごろ　4　午前二時ごろ　5　午前四時ごろ

問4　傍線①の「に」、②の「に」、③の「に」、④の「に」の文法的説明として、最も適当なものを、それぞれ次のなかから選び、その番号をマークせよ。

1　完了の助動詞　2　断定の助動詞　3　格助詞　4　接続助詞　5　形容動詞の活用語尾

問5　傍線㋓の「つくろふ人」、㋕の「手すさびに」を、それぞれ十字以内で現代語訳せよ。

問6　傍線㋔の「知られぱや」と考えた理由として、最も適当なものを、次のなかから選び、その番号をマークせよ。

1　自分たちが斎院御所のさびしい有様を見て心うたれたことを、女房たちと語り合おうと考えたから
2　内裏の人々が斎院御所のことを面白おかしく噂していることを、女房たちに伝えようと考えたから
3　自分たちが忍び込んだのに気づかないのは不用心過ぎることを、女房たちに注意しようと考えたから
4　内裏の人々が大斎院に仕える女房たちに好意を寄せていることを、大斎院に知らせたいと考えたから
5　自分たちが斎院御所の情趣ある様子を見聞きしたことを、大斎院に気づいてもらおうと考えたから

問7　本文の内容に合うものを、次のなかから二つ選び、その番号をマークせよ。

1　大斎院が賀茂祭に臨む際の儀式や出車には、晴れの神事にふさわしく、縁起のよさを感じさせる趣向がこらされていた。
2　雲林院からの帰り、斎院御所の門が開いているのを見た殿上人たちは、この機会に大斎院に挨拶しようと中に入った。
3　斎院御所の塀の内には人影もなく、虫の声と遣水の流れの音が響き、月の光に照らされた露が辺り一面に輝いていた。
4　殿上人たちが妻戸に歩み寄って案内を乞うたところ、女房が二人ほど待ち構えていて、深夜の突然の来訪をとがめた。
5　昔は殿上人が常に参上しては管絃の遊びなどしていたが、今はそれもなくなったことを、大斎院は残念に思っていた。
6　大斎院は女房たちと物語を読んでいたが、夜も更け皆眠り込んでしまったので、独り月を眺め物思いにふけっていた。

四　次の文章を読んで、問いに答えよ（設問の都合上、訓点を省略した部分がある）。

積雨始霽、爽気可体。予便思採蕈之遊、飄然出郭。数里入山。松林森鬱、翠色欲滴、而苔径飽雨、時聞微香。予欣然①以為、松蕈在近。偶有樵叟、手籃而来。亦採蕈者。予先進、排蒙茸而行。左右注視、一歩一顧、探索移時、未有一獲。脚疲意倦、就松下憩。少焉、叟 【A】 歩而至。蕈已盈籃。有如張蓋者。有如戴笠者。有如繭栗者。大小長短、錯落参差、香気衝鼻。予謂叟曰、「吾之初入山、意謂、②『若後于人恐不能獲。』故先叟而行、心忙足躁、③終

無レ所レ獲。」叟俯不レ答、仰而大笑。蓋有二諷意一。記以存レ之。

（『晩晴楼文鈔二編』による）

注　蕈＝きのこ。　飄然出郭＝ふらりと町を出る。　森鬱＝うっそうと生い茂るさま。　欣然＝よろこぶさま。
樵叟＝きこりの老人。　蒙茸＝茂った草むら。　繭栗＝子牛の角。　錯落参差＝入り交じるさま。
諷意＝それとなくほのめかしている意味。

問1　傍線①の「以為」、③の「終」の読み方を、送りがなを含めて、それぞれひらがなで書け。

問2　［A］に入れるのに、最も適当なものを、次のなかから選び、その番号をマークせよ。

1　緩　2　競　3　散　4　譲　5　退　6　遊

問3　傍線②の「若後于人恐不能獲」の書き下し文として、最も適当なものを、次のなかから選び、その番号をマークせよ。

1　人に後れて恐るるが若き（ごと）は、獲ること能はずと
2　後に人に于（お）いて恐れて獲ること能はざるが若しと
3　若（なんぢ）の後に人に于いてすれば、恐らくは獲ること能はざらんと
4　若の人の恐れより後るるは、獲ること能はずと
5　若（も）し人に後るれば、恐らくは獲ること能はざらんと
6　若し人の恐れよりも後るれば、獲ること能はずと

問4　本文の内容に合うものを、次のなかから一つ選び、その番号をマークせよ。

1　以前からきのこ採りの計画を立て入念に準備していたが、予想以上に早く天気が回復したために日程を急遽（きゅうきょ）変更して

慌てて出かけてしまい、結局きのこを全く採ることができなかった。

2　視界が狭ければきのこは見つけられないので、まず急いで山頂に上がり麓を見下ろして探してみたが、木々がうっそうと茂っていて視野がさえぎられたためにきのこを見つけられなかった。

3　きこりの老人もきのこ採りをしていることを知り、自分が先に見つけて手に入れようときのこを探したが、気持ちが焦って身体も疲れるばかりで、きのこは一本も採れなかった。

4　自分はきのこがまったく採れなかったので、きこりの老人にきのこが生えている場所や探すコツを教えてほしいと頼んだが、老人は大笑いするばかりで何も教えてくれなかった。

5　雨が続いて外出できず体力も落ちていたのに、急に思い立って山登りをしたためにすっかり疲れてしまい、きのこ探しはすぐにあきらめて松の木の下で休み、秋の山景色を楽しんだ。

二月四日実施分

解　答

一

出典　吉川浩満『理不尽な進化――遺伝子と運のあいだ』〈第二章　適者生存とはなにか〉（ちくま文庫）

解答

問１　①おびや　③がいたん

問２　②堅持　④代物

問３　１

問４　２

問５　３

問６　４

問７　２

問８　５

問９　なんと～うか。

問10　１・７

◆要　旨◆

常識が想定する生物進化とは弱肉強食・優勝劣敗の能力主義の世界で、理不尽な絶滅・生存の事実と一見矛盾するが、自然淘汰説を、生き延びて子孫を残す者を適者として理解するというように正しく理解することで、その矛盾は解消するはずである。しかるに私たちが依然として適者を強者や優者と取り違えるのは、自然淘汰説を自然法則として対象にかぶせ、ある種の感情や態度を表現するということに由来する。私たちの進化論的世界像はいまだにこうした非ダーウィン革命によって普及した発展的進化論の段階にあり、近現代においてその名の下に犯した数々の愚行にもかかわらず「進化」しつづけているのである。

▲解 説▼

問3 空欄Aを含む部分は、同文内直前の「どちらにも言い分はある」と並立関係にあり、また次の文の「どちらも全面的に、一〇〇パーセント認めることができる」と対比関係にある。以上からここには、ほんの少しという意味の1「一分」を入れるのが適切。

問4 傍線㋐「理不尽な絶滅」については、第一段落に「理不尽な絶滅（と生存）の本質的特徴は、生物の存亡はその能力の優秀さ（遺伝子）には還元できない（し、運にも還元できない）という点にある」と説明されている。これを「能力の優秀さや運のみに理由を求められない」とした2が正解。1が紛らわしいが「運に左右される」としており、前述の「運にも還元できない」と矛盾する。3の「能力主義」、4の「強者と優者のみが生き延びて子孫を残す」は、いずれも「理不尽」に矛盾する。5は「自然淘汰説」を「道理にあわない法則」とする点が不適。

問5 空欄Bは、直前に「『強者生存』『優勝劣敗』という」とあるのに着目する。第一段落第一文に「優勝劣敗の掟が支配する能力主義の世界」とあることに照らして、ここには「能力」を入れるのが適切である。空欄Cは「自然淘汰」についての説明であるが、これも直前に「結果として生き残り、子孫を残す者が適者である」とあることに着目したい。二つ前の段落にも「自然淘汰によって生き残る者とは、あくまで結果として生き残り、子孫を残す者」だとあることから、「成果」をここに入れるのが適切。以上から3が選べる。

問6 「心ある啓蒙家」が語る「模範解答」とは、第二段落に言うように「自然淘汰説を正しく理解す」ることから来る。その理解すべき内容とは、第三段落によると「生き延びて子孫を残す者を、まさしく適者として理解するということ」である。以上を念頭に置いて選択肢を検討する。傍線㋒は第五段落第二文、傍線㋓は第三段落第三文、傍線㋔は

解答編

第五段落第三文、傍線㋖は傍線㋗を含む第十七段落の第三文に、それぞれ対応箇所がある。しかるに傍線㋕については、前段落第一文にあるように「生物の多様性を理解するために」「自然淘汰のアイデア」を堅持すべきだというのであって、決して「生物の多様性を保持するため」ではない。以上から4が選べる。

問７　「自然淘汰説」について、直前文において「適者がなぜ適者であるかは、生き延びて子孫を残したこと自体によって定義される」と説明されているが、さらに二文前には「適者（適応した者）とは生き延びて子孫を残す者を指す」とある。これを前者とあわせ考えるなら、適者が適者であるのは、適者だからだ、ということになる。これは２「同語反復」に当たる。「トートロジー」の意味は覚えておきたい。

問８　傍線㋘の「言葉のお守り」とは、直前から「私たちの社会通念」である「進化論的世界像」のなかで用いられるということを押さえる。傍線の次段落で「（自然淘汰説の「適者生存」のトートロジーが）日常の進化論的世界像には言葉のお守りを、系統的にもたらしている」と述べられている。この「日常の進化論的世界像」とは、最終段落で「私たちの進化論的世界像」と言い換えられ、「各種の広告、イノヴェーションを称えるビジネス論や、人生で成功するための適応戦略を提案する自己啓発書」に確認できる、と例を挙げて説明されている。したがって、「強者や優者が生き残るというイメージを自然淘汰説に投影させる」とした5が正解。1は「勝者であるという願望を自然淘汰説に投影させる」が誤り。私たちは〈勝者が生き残る〉イメージを投影しているのである。2は「生き延びるための戦略として進化論を学習」が本文にない。3は「理不尽な絶滅などといったものはありえず」が誤り。4は「学問的な進化論を理解……常識が想定する生物進化の世界観を更新」が本文にない。

問９　傍線㋙を含む段落によると、ダーウィンの登場によって「一九世紀から二〇世紀にかけて進化論の受容が急速に進んだが」、当時の人びとが支持したのは「ダーウィンの自然淘汰説」ではなく、「ラマルクやスペンサーの発展的進化論」であったとある。これが傍線㋙の内実すなわち「非ダーウィン革命」である。それは前段落に言うように「文明の進歩と資本主義世界の拡大を奉ずる『発展的進化論』の現代版」として今日に至っているのだが、これをダーウィンについての「誤解」だと言うのが第十四段落で、これについて筆者は次の第十五段落で「なんと反-進化論的な態度であろうか」と評していることから、ここを取り出せばよい。

問10　1は、「自然淘汰説」についての説明は第三段落に、「私たちがもつ進化論のイメージ」については第四段落に合致しており、適切である。2は「自然淘汰という強者生存、優勝劣敗の掟」が第三段落に矛盾する。3は「理不尽な絶滅を前提とするならば」以降が第二段落に矛盾する。4は、「自然淘汰」についての私たちの誤解は第十八段落以降に言う「私たちの社会通念」から来るのであって、「歴史的事実から来る帰結」ではないし、「歴史的事実」の内容そのものも誤り。5は、「結果として生き残り、子孫を残す者」というのは「自然淘汰」についての正しい理解で、「社会ラマルキズムやスペンサー主義」のそれではない。6は「私たちの実感にそうかたちで」が最終二段落に矛盾する。7は終わりから三つ目の段落に合致し、適切である。8は「過去のものとなった」が最終段落に矛盾する。

二

出典　酒井隆史『ブルシット・ジョブの謎――クソどうでもいい仕事はなぜ増えるか』〈第0講　「クソどうでもいい仕事の発見／第3講　ブルシット・ジョブはなぜ苦しいか？」〉（講談社現代新書）

解答

問1　4

問2　1

問3　2

問4　4

問5　3

◆要　旨◆

『ブルシット・ジョブ』の筆者デヴィッド・グレーバーによると、人間が自己を獲得する根源には、力の行使をくり返すことで「世界にちがいをつくること」ができ、そこに「原因となるよろこび」を感じることがある。しかしブルシットであることは「原因となれないこと」、世界に影響を与えることができないことであり、それは自己の存立の危機を招く。ブルシット・ジョブは純粋な力の行使である点で遊びに似るが、これを強制されることは不自由の極みであり、それは精神的暴力として経験される。またブルシット・ジョブに由来する悩みには型がなく、どう悩んでいいかわからないという問題点もある。

◀解　説▶

問1　挿入文のポイントは「自由」という語である。この文章において「自由」に言及するのは、終わりから三つ目の段落の冒頭に「自由の最高の表現である無目的な遊び」とあるのに典型的なように、「遊び」に言及する場合である。「遊び」の語の初出は、〈4〉を含む段落である。実際に〈4〉の直前には「遊びとは、こうした純粋な力の行使です」という一文があり、これは「無目的な遊び」という表現にかなう。よって、〈4〉を挿入箇所とするのが適切である。

問2　空欄Aを含む一文にある「それ」とは、フロイトの言う「『いないいないばあ』遊び」を受ける。グロースによると、「『いないいないばあ』遊び」もまた、「幼児がみずから世界に影響を与えることができる」、つまり「世界にちがいをつくること」を可能にするものであり、そうした「積極的作用の出所として、自己が形成される」。一つ前の段落の第二文に、「人間が自己を獲得するその根源には、『原因となるよろこび』が存在するという発想」とあるが、自己形成すなわち自己獲得なので、その「出所」すなわち「根源」である「原因となるよろこび」こそが、空欄Aの内容である。したがって、1「原因としてのよろこび」を選ぶのが適切である。

問3　傍線㋐は「ＢＳＪのそのような要素」つまり「仕事のための仕事、ほかに目的のないたわむれ」である点に人は「怒りをおぼえ、しばしば精神的につらさを抱えている」と言い、直後で「これはどういうわけでしょうか」と、その理由を問うている。引用の次の段落に「自由の最高の表現である無目的な遊びが、他者から強制されると、それは不自由の最高の表現へと転化する」という指摘があることを念頭に読み進めると、「ＢＳＪがなぜ、かくも多くの人に精神的暴力として経験されるのか」ということの理由がこれだ、とグレーバーは分析している、とある。この内容に見合う選択肢は2である。1は他者の無理解に言及するが、それは本文にない。3は「大人になると興味を持てず」と言うが、三つ前の段落に「大人になっても、いつまでたっても熱狂する」とあるのに矛盾する。4は「自分の意志で働いていないのではないかという意識」「誇りを持てずにいる」が不適。5は、「屈辱」は「ただ働くことだけのために働くふりを強いられる」ことによるのであり、仕事のおしつけや「それを断れないこと」によるのではない点で不適。

問4　傍線㋑の前にあるように、「もやもやには型が与えられ」、「どういうふうに悩むべきか『悩み方』の指南がある」のだが、「BSJにはそれがない」というのが、「どう悩んでいいか、わからない」ことの理由である。「わたしたちの悩みや葛藤は、それぞれ個別のものでかけがえのないもの」だが、「おおよそそのような悩みに似たような悩み」は「だれかが経験したものであり、さまざまに語られてきてい」ることも考えあわせて、4を選ぶのが適切である。1は「自分にぴったり当てはまる筋書きは存在しないから」が、2は「物語にして小説などを創作」が、それぞれずれている。3は「『悩み方』の指南」を、「採用したからといって問題が解決」しない、としている点が不適。BSJには「『悩み方』の指南」などないのである。5は、BSJには「もやもや」がない、としているのが不適。BSJが欠いているのは、「もやもや」の「型」である。

問5　1は、「ストレスを悪化させた」のは「金払いの良い顧客」ではなくグレッグであるので不適。2は、グレーバーの「理論」は、空欄Aのある段落によると彼が「ドイツの心理学者カール・グロースからみちびきだしてい」る、とあることから不適。3は、〈3〉の次の段落に合致するので、これを選ぶ。4は、同じ段落によると「失敗した影響のトラウマ」を指摘するのは「別の精神分析家の分析」なので、不適。5は「BSJに就くことで」が不適。最終段落によると、グレーバーの本を読んで「問題を問題として特定」できたから、「『悩んでいいのだ』という裏づけ」が得られたのである。

三

出典　『古本説話集』〈上　一　大斎院事〉

解答

問１　３

問２　１

問３　４

問４　①―１　②―３　③―５　④―２

問５　㋓手入れをする人（十字以内）　㋕退屈しのぎに何となく（十字以内）

問６　５

問７　３・５

◆全　訳◆

今では昔のことになってしまったが、大斎院と申し上げる方は、村上帝の第十皇女でいらっしゃる。帝が度々多く代替わりなさったが、この斎院は、（通常は帝の譲位に伴い斎院も交替する例に反して）交替することがなくていらっしゃった。（一般的に）斎宮や斎院は、（神にお仕えする身なので）仏教の経典を嫌い避けなさるが、この斎院は、経典までもあがめ申し上げなさって、毎朝の御念誦を欠かせなさらない。三尺の（高さの）阿弥陀仏に向かい申し上げなさって、法華経を常にお読みでいらっしゃったと、人は申し伝えている。賀茂祭の日に、「一条大路に大勢集まっている人は、皆共に成仏しよう」と誓約なさったことは、やはり驚くべきことだ。そうして、（来世のことばかりでなく）この現世の御栄華を用意なさらないだろうか（いや、それを疎かにすることもなかった）。賀茂川でのみそぎを初めとして、賀茂祭における三日間の儀礼、出車などの飾りのすばらしさは（このうえなく）、（それにつけても斎院の）お心のあり方・御様子は、およそ優雅で洗練されていらっしゃったことよ。

（斎院のお住まいが）すばらしく、奥ゆかしく、趣深くていらっしゃるので、上達部・殿上人が、絶えることなく参上なさるものだから、(斎院の人たちは)怠ることなく、ひたすら気を張りつめていたので、「斎院(のお住まい)くらいの所はない」と、世間では立派で奥ゆかしい事として申し上げては、皆参上していたが、世もずいぶんと下って、斎院のお年もひどく年老いなさったので、今は特に参上する人もない。人も参上しないので、斎院の御様子も気が緩んでしまっているだろう、若くて女盛りであった人々も、皆次第に年老いたり亡くなったりして去っているだろう、(と推測して)奥ゆかしくもなく参上する人もないのだが、後一条院の御代に、雲林院での不断の念仏は、旧暦九月十日のあたりであるので、殿上人四、五人くらいが、その最終日の夜、月が何とも言いようもなく明るくて、「(今日は雲林院での)念仏に当たるので」ということで、雲林院に行って、丑の時(午前二時ころ)ぐらいに帰るのだが、斎院の東の御門が細目に開いているので、そのころの殿上人や蔵人は、斎院の中もはっきり見ることなく、知らないので、「このような折に、院の中をこっそり見よう」と言って入った。

夜が更けてしまっていたので、人の姿もない。東の塀の戸から入って、東の対の屋の北面の軒先にこっそりしゃがんで見てみると、御前の植え込みが、勝手放題に高く生い茂っている。「手入れをする人もないのだろうか」と、気の毒に見える。露は月の光に照らされて一面にきらめいて、虫の声々が様々に聞こえる。遣水の音がして、穏やかに流れている。その間、少しも音を立てる人もない。船岡山を吹き下ろす風が、冷やかに吹いているので、御前の御簾が少し揺れ動くにつれて、薫物の香で何とも言いようもなくかぐわしく、冷やかに(室内から)ただよい出る香をかぐにつけても、(遅い時間なので)御格子は下ろされているだろうに、薫物の香りがはっきりとただよってくるので、「どういうことであるのだろう」と思って、そちらに目を向けると、風に吹かれて、(室内の)御几帳が少し見える。御格子もまだ下ろしていらっしゃらないのであった。「月を御覧になるというわけで、いらっしゃったままであるのだろうか」と思っているときに、(室内の)奥深い(所で弾く)箏の琴(の音)が、ほのかに聞こえるので、「さては、このような(風流な)事も世にはあるのだなあ」と、呆気に取られるようである。いい頃合いに演奏なさって、音もしなくなってしまったので、「もう宮中へ帰って参上しよう」と思う時に、人々が言うことには、「このように趣深く、すばらしい御様子を『人が聞いていた』と（斎院が）お気づきになるために、（私たちがここにいることを）知られたい」などと言うので、「なるほどもっともなことだ」というわけで、寝殿の北東の隅の妻戸に、人が二人くらい歩み寄って、気配を見せるように振る舞うと、（そこには）前々から女房が二人くらい、話をして座っていた。殿上人は、女房が起きているだろうとも知らなかったが、このように（女房たちが）座っていたので、思いも寄らないことだと思われる。女房は夜から話をして、月が明るかったので、「起きたまま夜を明かそう」と思って座っていたのだが、このように思いも寄らぬ人が参上したものだから、たいそう風流なことだと思っている。ほんの少し奥の方で、碁石入れに碁石を入れる音がする。斎院におかれても、昔を思い出しなさってしみじみとお思いになっただろうことよ。

昔の殿上人は、常に（斎院のところに）参上しては、趣のある音楽など（を奏し）、琴・琵琶もいつも弾いたのだが、今はそのようなことをする人もないので、参上する人もない。まれに（人が）参上しても、そのようなことをする人もないので、（斎院は）残念にお思いになっていたのだが、今宵の月が明るいので、昔のことが思い出されなさって、しみじみとした思いがして、すっかり物思いに耽りなさって、お話などをしておやすみにならなかったのだが、夜がすっかり更けてしまったので、話をしていた人々も、（斎院の）御前でそのままうとうとと寝てしまった。ご自身のお目は覚めていらっしゃったので、御琴を手すさびにお弾きなさっていた時に、このように人々が参上したので、昔が思い出されてしみじみとお思いになったのであった。「この人々は、このようなこと（＝音曲の演奏）を少しする」と（斎院は）お聞きになっていたのであろうか、御琴や琵琶などを出させなさると、自然な感じで合奏をしては、曲を一つ二つくらいずつ弾いて、夜明け近くになったので、（殿上人たちは）宮中に帰参した。殿上の間で、趣深く優雅で心惹かれたことを語ると、（斎院御所に）参上しない人はたいそう残念に思ったのだった。

▲解　説▼

問1　「あさましく」は、ここでは〝驚きあきれることだ〟の意。神に仕える身である斎院が仏道にも心を寄せていることについて、「この斎院は、仏経をさへ崇め申させ給ひて」と添加の副助詞「さへ」を用いて紹介していることから考えても、特に非難しているわけではないことにまずは留意したい。次に、傍線㋐の主部に当たるのは、この文の傍線までの部分である。ここの内容は、加茂祭の日に斎院が、一条大路に集まった大勢の人々は皆共に成仏しよう、と誓ったということである。以上から3を選ぶのが適切である。他の選択肢は、いずれも主部を取り違えており、不適。

問2　傍線㋑の直接の理由は、「心にくからで」すなわち心惹かれるところがないからである。では、なぜかつて「斎院ばかりの所はなし」とたたえられた所がそうなってしまったのかというと、「世もむげに末になり」以降、傍線の手前までにその答えがある。ここの内容は、年も下って斎院だけでなく彼女にお仕えする人々も年老いたり亡くなったりしているだろうことに加えて、誰も参上しないものだから、以前のような気おくれするような緊張感や奥ゆかしさもなくなっているだろう、ということである。現在推量の助動詞「らむ」が、現在のことではあるがはっきり確認できないことについての推量であることに留意したい。これを「推測され」と踏まえ、他の内容も問題のない1を選ぶのが適切である。2の「気おくれ」はかつての斎院の様子なので不適。3の「帝に対する影響力」は本文にはない。4は「警戒心を緩めず」、「そっけない応対」が不適。5は「病気がち」以降が不適である。

問3　時刻は十二支をそれぞれ二時間ずつに割り振りして考えるとよい。たとえば、子(ね)は午後十一時から午前一時までの二時間である。よって丑(うし)は午前一時から午前三時までの二時間となるので、4「午前二時ごろ」を選ぶことになる。

問4　「に」の識別は接続から入るのが基本である。傍線①は、直前「更け」が下二段活用動詞の連用形なので、それに接続する1「完了の助動詞」。傍線②は名詞「軒」に接続するので2か3。ここは「軒」を場所を表す語と考えて、3「格助詞」。傍線③は、直前の「のどやか」が状態を表すことばなので、「のどやかに」で形容動詞の連用形と考える。よって5を選ぶ。傍線④は、直前「いかなる」が形容動詞「いかなり」の連体形なので、これに接続しうるのは2・3・4。ここは少し後に「あら」があり、直訳すると、〝どのようであるのであろうか〟となることから、2「断定の助動詞」を選ぶ。

問5　傍線㋓の「つくろふ」は繕ふ、つまり〝修繕する・なおす〟の意。ここは「御前の前栽」つまり庭先の植え込みについて言うのだから、〝手入れをする〟くらいの訳語が工夫できるとよい。傍線㋕の「手すさび」もまた現代語で、退屈をまぎらわせるために手を使って何かをすること、という意味で用いられ、古文でも同じ意味で用いられる。文脈を確認しておくと、周りの者がうとうとと居眠りをするなか、ひとり斎院は目を覚ましているのだから、退屈しのぎに琴をつまびいた、という理解で問題ない。ちなみに、漢字では手遊び。

問6　傍線㋔の直前に「料」とあるが、ここでは、「れう」と読み〝ため、せい、わけ〟などという意味を持つので、「かくをかしく、めでたき御有様を、『人聞きけり』と思し召されむ」ため、というのが理由だと考えるとよい。「思し召されむ」と最高敬語を用いていることから、知られたい相手は斎院となり、4・5に絞れる。月夜に琴を弾く斎院がこのように趣深く、すばらしい有様であるのを、聞いていましたよ、と知っていただきたい、というようなことがここで述べられていることから、これにかなう5が選べる。

問7　1については、本文に「出車などのめでたさ」とあるのを「この世の御栄華をととのへ」るという文脈で言われていることから、すばらしさ、と取るべきで、「縁起のよさ」とは読めない。2は「大斎院に挨拶しようと」とあるが、第二段落の最後によると、当時の殿上人や蔵人たちは、さびれてしまった斎院の中を見たことがないので、御門が少し開いていたものだから興味本意で中に入った、とあるので不適。3は第三段落冒頭の五文に合致するので、正解の一つ。4は「女房が二人ほど待ち構えていて」が、第三段落の終わりから三つ目の文に「かく思ひかけぬ人の参りたれば」とあるのに矛盾する。5は最終段落冒頭の「昔の殿上人は、常に……口惜しく思し召されける」に合致するので、二つ目の正解。6は「物語を読んでいた」とあるが、本文に言う「御物語などして」とはお話をしていたということなので、不適である。

四

出典　土屋鳳洲『晩晴楼文鈔二編』

解答

問1　①おもへらく〔おもえらく〕　③つひに〔ついに〕

問2　1

問3　5

問4　3

◆全　訳◆

降り続いていた雨が初めてやんで晴れ、爽やかな空気が身に心地良い。私はそこで直ちにきのこ採りを思い立ち、ふらりと町を出た。数里進んで山に入った。松林はうっそうと生い茂り、木々の緑は今にも滴るようで、苔むした小径は雨にすっかり浸されて、時に微かな香りが漂ってくる。私がよろこんで思うことには、松茸が近くにあるだろう。その時たまたま、きこりの老人がいて、かごを手にしてやって来た。彼もまたきのこ採りをする者である。私は彼に先んじて進み、茂った草むらをかき分けて行った。左右を注意して見、一歩歩むごとに一度周りを見回し、きのこを探すうちに時間が経ったものの、まだ一本も採れない。歩き疲れていやになり、松の木の下に腰を下ろしてひと休みした。しばらくして老人がゆっくりと歩を進めてやって来た。きのこが既にかごにいっぱいである。中には松笠の張ったようなものがある。また松笠を戴くようにしているものもある。子牛の角のようなものもある。大小長短のきのこが入り交じって、その香りが鼻をつく。私は老人に言った。「私が山に初めて入って思ったのは、『もし人に遅れを取ると、恐らくはきのこを採ることができないだろう』ということであった。そこであなたに先行して進んでいったのだが、心は慌ただしく足は先へ先へと進むばかりで、とうとうきのこを採ることができなかった」と。老人はうつむいて答えることなく、空を仰いで大笑いした。思うにそれとなくほのめかしている意味があるのだろう。記してこれを残しておく次第である。

読み　積雨始めて霽(は)れ、爽気体に可なり。予便(すなは)ち採蕈(さいしん)の遊を思ひ、飄然(へうぜん)として郭を出づ。数里にして山に入る。松林森鬱として、翠色滴らんと欲し、而して苔径雨に飽き、時に微香を聞く。予欣然として以為へらく、松蕈近きに在らんと。偶樵叟有り、籃を手にして来たる。亦た蕈を採る者なり。予先に進み、蒙茸を排して行く。左右に注視し、一歩に一顧し、探索時を移すも、未だ一獲も有らず。脚疲れ意倦み、松下に就きて憩ふ。少焉くして、叟緩歩して至る。蕈已に籃に盈つ。蓋を張るがごとき者有り。笠を戴くがごとき者有り。繭栗のごとき者有り。大小長短、錯落参差として、香気鼻を衝く。予叟に謂ひて曰はく、「吾の初めて山に入るや、意に謂ふに、『若し人に後るれば、恐らくは獲ること能はざらん』と。故に叟に先んじて行くも、心忙しく足躁く、終に獲る所無し」と。叟俯して答へず、仰ぎて大いに笑ふ。蓋し諷意有らん。記して以て之を存す。

▲解　説▼

問2　きのこ採りをしようと思い立った「予」が、松茸の香りが漂ってきたと思ったところで、同じようにかごを持ち、きのこ狩りに来たきこりの老人に出くわした。そこで「予先進」と先行したがきのこを得られず、疲労困憊の体で松の木の下に休んでいるところに、先ほどの老人が現れた。「予」は、先にきのこを採らなければ、ということで急いで歩いたのだから、それに比較して老人の歩みはゆっくりなはずである。以上から1の「緩」を選ぶのが適切である。

問3　直後に「故先叟而行」とあることから、「予」が「叟」に遅れを取ってはならない、と考えていることがわかる。もちろん先にきのこを採られてしまうことを恐れているのである。となると、上の四字は「若後于人」と仮定形にすればよく、下の四字は「恐不能獲」として、きのこを採れないことへの危惧を表すものとして読めばよい。以上から5が選べる。

問4　1は、「以前からきのこ採りの計画を立て入念に準備していた」が第二文「予便思採蕈之遊、飄然出郭。」とあるのに矛盾する。2は、「まず急いで山頂に上がり麓を見下ろして探してみた」に当たる箇所が本文にない。3は、本文の第六文から第九文までに合致するので、これを選ぶ。4は「きのこが生えている場所や探すコツを教えてほしいと頼んだ」に当たる箇所が、5は「体力も落ちていた」「きのこ探しはすぐにあきらめて」に当たる箇所がそれぞれなく、いずれも不適である。

❖講　評

一の現代文は、生物進化について多くある誤解を正そうという文章。言い換えが多く、それだけわかりやすいと言えるが、言い換えを見極められるかがカギとなる、ということでもある。問4は「理不尽な絶滅」が第一段落に説明されていることに着目する。問5の空欄Cは「適応」と考え5を選んだ受験生も多かっただろうが、ここは生き残りについての「能力」と「結果」との対比関係である。問8は、傍線部の内容について、最終段落に具体的に述べられていることに気づけたかがポイント。問9は「ダーウィン」の名を手がかりにしたい。

二の現代文は、話題の著書をめぐる文章。具体例が面白く、興味が持てたのではないだろうか。問1は頻出の欠文挿入箇所。「自由」という語を手がかりに迫りたい。問2は直後の自己形成の話とセットで考えられるとよい。問5の内容真偽問題は、一の問10も同様だが、本文と選択肢とを慎重に検討すること。

三の古文は、説話の頻出箇所からの出題。問1・問2・問6と、口語訳ではなく内容説明が求められているのが特徴的。対応箇所の内容把握が肝心で、他の箇所にさらなる説明を探さねばならないこともあるが、それでも基本は解釈力である。その他の記述も含めた問題では、単語や文法・古典常識などを縦横に駆使したい。

四の漢文は、幕末から大正にかけて生きた日本人の手になる文章。問2の空所補充はもちろんのこと、問3の書き下し文においても文脈把握がかなりものを言う問題であった。きのこ採りに出かけたという内容で、文意は取りやすかっただろう。

//////////////////// · memo · ////////////////////

2022年度

問題と解答

二月一日実施分

問題

（八〇分）

解答に字数制限がある場合には、句読点・カッコも一マスとすること。
受験学部・受験方式によって、解答すべき問題を指定しているので注意すること。

全学統一方式（文系）	文学部以外	一 二 三
	文学部※	一 二 三 または 一 三 四
前期方式	APU	一 二 三

※文学部は二（現代文）と四（漢文）が選択問題。両方とも解答した場合は高得点の方を採用。

一　次の文章を読んで、問いに答えよ。

画は無声の詩、詩は有声の画、ということばがある。その画と詩のわざをふたつながらに、蕪村は手中にしていた。蕪村の発句がまるで絵のようだと、よく評されるのも無理からぬところがある。そして、句を目にするや、たちどころにある情景が思い描けるところに、蕪村の魅力をつよく感じるのはふしぎでない。ブソニストなどと称される蕪村愛好家群すら生じるほどである。それほどに、「蕪村」のなかに、親しみの情ややすらぎの気分を見いだすことはたやすい。

しかし、ことばの芸としての蕪村の俳諧は、わかりやすさだけにとどまらない、もっとおおきな可能性を秘めている。その俳諧的想像力はひろく、表現力は深くて勁い。「蕪村」のふところの豊かさといえるだろう。入りやすく、奥は深いというおもむきがある、といってさしつかえない。一口に蕪村発句三千、ここではその㋐一端にふれることとする。

かつてわたくしたちは、菜の花とごく近しかった。春たけなわのころ、都市の近郊で、また野山のあちこちで、まっ黄色に染まった①絨緞の花畑を目にすることができた。唱歌「朧月夜」にうたわれる光景は、目前にひろがる親しい世界であった。けれどもいまや、この光景はほぼ幻影のなかのものとなり、唱歌も往古をなつかしむよすがでしかない。

蕪村のこの句も、そんななつかしい景色をよみがえらせてくれるものだ。

　菜の花や月は東に日は西に

十七音というコンパクトな箱のなかに、これだけの大景が納めうるものかと、まず驚嘆させられる。ひとを魅了する声調とおおらかさをそなえた句であることはまちがいない。

ただ、この日月の対照的表現が、蕪村の②ドクソウではなかったことに注意する必要がある。背景のひとつには、陶淵明の「白日西阿（西の山）に淪み、素月東嶺より出づ。遥遥たる万里の輝き、蕩蕩たる空中の景」（「雑詩」）という詩がある。日月の対照性だけでなく、景の大いさの点でも、蕪村に比すべき位をもっている。陶淵明の詩集は座右の書としていたくらいだから、これが蕪村に影響をおよぼしたことは、じゅうぶんに考えられる。同時に、李白の「日は西に月は復東」（「古風」）という詩句との共通性を考慮してもよい。

だが、それら以上に、㋑まるで瓜ふたつといってよいうたが当時あった。

　月は東に昴は西に、いとし殿御は真中に

これは、各地の民謡を集めた、『山家鳥虫歌』という歌謡集に収められている。明和七（一七七〇）年の刊行だから、むろん蕪村在世時である。また、この歌が丹後の民謡とされていることも注目される。丹後は、蕪村が数年滞在したことのある地である。ご当地ソングだとすると、現地で直接耳にした可能性も否定できない。

その「昴」の文字を「日」に置き換えるだけで、蕪村の句の大半はできあがる。あとは、陶淵明ぶりの大観の想を招き寄せれば、それでよい。もしこの民謡を土台にしたのだとすると、もとは恋歌であったのを、ひたすら夕景の叙に徹したことが成功の秘訣(ひけつ)であったとみることができる。恋歌から叙景句へ、まるで［A］のお手本のような出来映えとなった。

［B］、表現上の背景とはべつに、菜の花畑の時代性を考えておく必要もある。この花はほんらい、桜や菊のように、ひとが見て楽しむために咲いているのではない。種子から油をしぼるために咲かされているのだ。いわゆる菜種油である。だから、正式の植物名は、油菜という。しぼりかすは肥料として、さらに有効利用される。江戸時代は干鰯(ほしか)とならぶ、主要な肥料であった。そんな有用作物として栽培されていたのが、この菜の花である。

江戸中期になって、圧搾の機具・技術が飛躍的に改良され、大量の油がしぼれるようになった。季節的には、裏作として、稲刈りをしたあとの田に栽培するのに最適であった。ことに畿内の都市近郊農村地域では、盛んに栽培されていた。

菜の花畑は、すぐ目の前にひろがる風景であったのだから、人びとにごく身近な春景であったはずである。いっぽう、都市の郊外を吟行する――春日郊行(しゅんじつこうこう)ということが、当時の風流人士のあいだではやった（田中道雄「春日郊行の俳諧」）。春の陽気にさそわれて郊行するや、そこには、菜の花畑がみごとにひろがっているのだ。蕪村をはじめ、このころの俳人が菜の花の句をずっとおおく残しているのは、なんらふしぎでない。

その蕪村の句々をならべてみると、特徴的なことが浮かび上がってくる。

菜の花や和泉河内(いずみかわち)へ小商(こあきな)い
菜の花やみな出(で)はらひし矢橋舟(やばせぶね)
なのはなや摩耶(まや)を下(くだ)れば日のくるる
菜の花や壬生(みぶ)の隠家(かくれが)誰誰(たれたれ)ぞ

畿内のさまざまな地域の「菜の花」が詠まれている。和泉・河内は大坂平野、矢橋は琵琶湖南岸の地名。いずれも広大な菜の花風景である。また、摩耶は六甲山系の山で、その麓は灘付近の平野部にあたる。ここは六甲の山やまから流れ落ちる水力を活用して、水車による絞油がさかんであった。数十メートル規模の水車③納屋に、数基の水車を備え付けて、油の大量生産が実現していた。その後背地の平野は、菜の花栽培にとって絶好であった。

江戸中期、江戸で消費する菜種油の九割ちかくは畿内で生産されて、樽詰めされ、回送されたものだというから、栽培規模の大きさが知られる。なかでも、和泉・河内の二国は最大の生産量をほこっていた。これにつぐのが、灘地域であった。

四句目の壬生は、まぎれもなく京である。洛中でもこの花が見られたのだろう。召波に「なのはなや此辺まで大内裏」という句のあることをみれば、洛中の菜の花畑もふつうの光景だったとおもわれる。実際、東山山麓や淀・鳥羽・桂の野も、春は菜の花に埋め尽くされていたらしい。晩春の京都のまちのすがたとして、金色の海にぽっかり浮かぶ島を思い浮かべるとちょうどよいだろう。比喩としてばかりか、商品経済作物の菜の花は、たしかに黄金をうみだす花であったといってよい。

蕪村の句のなかに、夜のしじまにともる灯火を詠む例がかなり見られる。

雛見世の灯を引ころや春の雨
窓の燈の梢にのぼる若葉哉
秋の燈やゆかしき奈良の道具市
鰒汁の宿赤赤と燈しけり

とりあえず、四季一句ずつ。灯火にすかし出される春雨のかそけさ、窓からもれる灯に映える若葉のみずみずしさ、いかにも古都奈良にふさわしい古道具市のなつかしさ、そして寒夜の鰒汁のたまらない温もり、こうした感触がこころにしみいるように伝わってくる。この繊細な感受性は、灯火のあかりがあって、はじめてかもし出されるものだろう。〈　1　〉

花の香や嵯峨の燈火きゆる時

梅とちがって、桜の花の香りはほんのかすかなものにすぎない。それでも、灯光がなくなってみると、香りがほのかにただよってくる。視覚性を封印してようやく、嗅覚の鋭敏さによってやっととらえられるほどの香りなのだ。〈 2 〉

いまあげた句どもは、いわば灯火の効果的利用法とでもいうものであった。(ウ)蕪村の叙情詩人としての資質は、表現効果の域をこえて、さらにこの先に存している。

野分止んで戸に灯のもるる村はづれ

初秋や余所の灯見ゆる宵のほど

住むかたの秋の夜遠き灯影哉

これら遠目に見える家のともしびは、見るひとのこころに安らぎの光をともしてくれるかのようだ。家からもれる明かりは、わびしいこころにぬくもりを与えるものとなっている。右の句がみな秋季であるのも、偶然でないかもしれない。ひとのこころに、さびしさやわびしさが忍び寄ってくる秋は、ひとしお灯火が④シタわしくなるものだろう。〈 3 〉

宿かさぬ燈影や雪の家つづき

旅人が雪の夜に行き暮れたにもかかわらず、どこの家も宿をかしてくれない。皮肉にも、その家いえではいかにも暖かそうにともしびの光がゆらめいている。一宿をゆるしてさえもらえれば、旅人もその輪のなかに加わることができるというのに……。うらめしいばかりの灯火なのだ。蕪村の手際は、まことにこころにくい。〈 4 〉

これらにともる灯火は、おそらく蠟燭ではあるまい。おおかたは灯油であったろう。「氷る燈の油うかがふ鼠かな」や「燈心の細きよすがや秋の暮」の句でもわかるように、灯油による明かりとおもわれる。〈 5 〉この灯油としては、菜種油が用いられることがふつうであった。前述した、菜種油の大量生産による低価格化が、庶民の夜を明るくしたといっても過言ではない。その大量生産をささえたのが、菜の花の大栽培であった。

大阪府池田市の逸翁(いつおう)美術館に蔵される「闇中漁舟図(あんちゅうぎょしゅうず)」という蕪村の名画がある。夕闇のなか、小舟に乗り、網をうって漁をしている父子が描かれている。舟中には篝火(かがりび)がたかれ、立ち昇る煙とともに木々がぼうっと照らし出されている。そして、やや遠くに茅屋(ぼうおく)が見えている。家族が父子の帰りを待ちわびるかのように、窓からは明かりがこぼれている。そのようにもれるともしびも、菜種油だっただろう。象徴的にいえば、「菜の花や月は東に日は西に」の大景の行き着いたところに、この名画が存在しえたのだといってもよい。春の野をうつくしく彩った菜の花が［C］、夏の夜漁にいそしむ親子の帰りを温かく待ちうける家の明かりとなったのだ。

敷きつめた菜の花の風景はもちろん美しいが、「菜の花」ということばも優美なひびきをもっている。けれども、語彙としては、和歌ことばではない。花そのものは、古くからこの国に自生していたはずだし、栽培もされていただろう。それでも、王朝の歌びとたちはこの花に関心をもたず、うたにも詠まれなかった。

この花を詩歌に組み込んだのは、江戸の俳諧からであった。といっても、はじめからそうだったわけではない。芭蕉の元禄時代も、大きな愛着をしめさなかった。だが百年後の蕪村の時代、天明の俳人たちはしきりに詠んだ。それは、目の前に菜の花畑のひろがる世界があったから詠じただけ、といってもさしつかえない。これを、眼前致景の詠という。

十八世紀、搾油技術の革新、樽の生産、上方—江戸間の廻船の発達、大消費地江戸の活況、こうした社会的・経済的要因が重なり合って、畿内の菜種栽培は拡大の一途をたどった。そういう意味で、蕪村のあの名作が生まれる環境は、じゅうぶん熟していた。時代の風(かぜ)が、蕪村の名作を運んできたといってもよい。

（藤田真一『蕪村』による。なお一部を改めた）

注　蕪村＝与謝蕪村。江戸中期の俳人。　淪み＝「沈み」と同じ。　素月＝明月のこと。
遥遥＝距離や時間が非常に隔たっている様。　蕩蕩＝広く大きな様。　干鰯＝脂をしぼったイワシを干したもの。

吟行＝作句・作歌などのため、同好者が野外や名所旧跡などに出かけて行くこと。

召波＝黒柳召波。江戸中期の俳人で、蕪村の弟子。

問1　傍線①、③の読み方をひらがなで書け。

問2　傍線②、④のカタカナを漢字に改めよ。楷書で正確に書くこと。

問3　傍線㋐の「一端」と同じ意味の語を、次のなかから選び、その番号をマークせよ。

1　一節　2　一斑　3　一環　4　一髪　5　一滴　6　一半

問4　傍線㋑に「まるで瓜ふたつ」とあるが、このことについて明確に説明している一文を、本文中から四十字以内で抜き出して、その始めと終わりの五字を書け。

問5　［A］には、日本の詩歌の表現技法を表す用語が入る。その用語を四字以内で書け。

問6　［B］に入れるのに、最も適当なものを、次のなかから選び、その番号をマークせよ。

1　それにしても　2　しかるに　3　このように　4　ところが　5　したがって　6　いっぽう

問7　次の一文は、本文中の〈 1 〉～〈 5 〉のどこに入れるのが最も適当か。その番号をマークせよ。

「灯火」の存在を裏返した句法といえる。

問8　傍線㋒に「蕪村の叙情詩人としての資質は、表現効果の域をこえて、さらにこの先に存している」とあるが、それは、蕪村発句のどのような到達のことを述べているのか。その説明として最も適当なものを、次のなかから選び、その番号をマークせよ。

1　灯火を視覚だけでなく嗅覚によってもとらえることで、発句を類型化の弊害から救いだしたこと

2　灯火と漁労という斬新な表現の可能性を実感して、近代的な詩歌への展開の道を準備したこと

3　灯火の句材としての利用法を四季ごとに示し、発句における季語の役割の手本を示していること
4　灯火の季節感を人の心に寄りそって深く感じとっただけでなく、物語的な世界を作りだしたこと
5　灯火を詩と絵画を融合させる仲立ちにして、可能性にみちた個性的な表現領域を拓いたこと

問9　C　に入れるのに、最も適当なものを、次のなかから選び、その番号をマークせよ。

1　長じて　2　現じて　3　変じて　4　減じて　5　高じて　6　生じて

問10　本文の内容に合うものを、次のなかから一つ選び、その番号をマークせよ。

1　「闇中漁舟図」は、「画は無声の詩、詩は有声の画、ということば」どおりの表現者であった蕪村が画家として生涯をかけて到達した立ち位置を象徴していると言える。
2　「畿内のさまざまな地域」を旅した蕪村は、「菜の花」だけでなく、各地の民謡や風俗を巧みに発句に取りいれたが、それは当時の民俗や習慣を知るよすがとなる。
3　蕪村発句が豊かであるのは、「菜種油」を絞るために栽培されていた平凡な花を功利的な観点で捉え、「桜や菊」に劣らぬ文芸素材としてその価値を発見したことに由来している。
4　絵師としての感性や技法を手がかりにして、そこから「ことばの芸としての」俳諧に迫ることで、蕪村は叙景詩人として他の追随を許さぬ名句の数々を世に残した。
5　「菜の花や月は東に日は西に」の名句は、蕪村の豊かな資質が、時代の機運と出会い、それに促されるように表出されたものであると言える。

問11　蕪村の価値を世に広め、俳句の革新を推し進めた文学者を、次のなかから一人選び、その番号をマークせよ。

1　夏目漱石　2　種田山頭火　3　石田波郷　4　正岡子規　5　山口誓子　6　寺山修司

二

次の文章を読んで、問いに答えよ。

特定の目的に向けて他者をコントロールすること。私は、これが利他の最大の敵なのではないかと思っています。

これまでの研究のなかで、他者のために何かよいことをしようとする思いが、しばしば、その他者をコントロールし、支配することにつながると感じていたからです。善意が、むしろ壁になるのです。

たとえば、全盲になって一〇年以上になるAさんは、一九歳のときに失明して以来、自分の生活が「毎日、はとバスツアーに乗っている感じ」になってしまったと話します。「ここはコンビニですよ」。「ちょっと段差がありますよ」。どこに出かけるにも、周りにいる晴眼者が、まるでバスガイドのように、言葉でことこまかに教えてくれます。それはたしかにありがたいのですが、すべてを先回りして言葉にされてしまうと、自分の聴覚や触覚を使って自分なりに世界を感じることができなくなってしまいます。たまに出かける観光だったら人に説明してもらうのもいいかもしれない。けれど、それが毎日だったらどうでしょう。

「(ア)障害者を演じなきゃいけない窮屈さがある」とAさんは言います。晴眼者が障害のある人を助けたいという思いそのものは、すばらしいものです。けれども、それがしばしば「善意の押しつけ」という形をとってしまう。障害者が、健常者の思う「正義」を実行するための道具にさせられてしまうのです。

若年性アルツハイマー型認知症当事者のBさんも、私によるインタビューのなかで、同じようなことを話しています。

> 助けてって言ってないのに助ける人が多いから、イライラするんじゃないかな。家族の会に行っても、家族が当事者のお弁当を持ってきてあげて、ふたを開けてあげて、割り箸を割って、はい食べなさい、というのが当たり前だからね。「それ、おかしくない？　できるのになぜそこまでするの？」って聞いたら、「やさしいからでしょ」って。「でもこれは本人の自立を奪ってない？」って言ったら、一回怒られたよ。でもぼくは言い続けるよ。だってこれをずっとやられたら、本人はどんどんできなくなっちゃう。

認知症の当事者が怒りっぽいのは、周りの人が助けすぎるからなんじゃないか、とBさんは言います。何かを自分でやろうと思うと、先回りしてぱっとサポートが入る。お弁当を食べるときにも、割り箸をぱっと割ってくれるといったように、やってくれることがむしろ本人たちの自立を奪っている。Bさんは、周りの人のやさしさが、当事者を追い込んでいると言います。病気になったことで失敗が許されなくなり、挑戦ができなくなり、自己肯定感が下がっていく。

ここに圧倒的に欠けているのは、［I］に対する信頼です。目が見えなかったり、認知症があったりと、自分と違う世界を生きている人に対して、その力を信じ、任せること。やさしさからつい先回りしてしまうのは、その人を信じていないことの裏返しだともいえます。

社会心理学が専門の山岸俊男は、信頼と安心はまったく別のものだと論じています。どちらも似た言葉のように思えますが、ある一点において、ふたつはまったく逆のベクトルを向いているのです。

その一点とは「不確実性」に開かれているか、閉じているか。山岸は『安心社会から信頼社会へ』のなかで、その違いをこんなふうに語っています。

信頼は、社会的不確実性が存在しているにもかかわらず、相手の（自分に対する感情までも含めた意味での）人間性のゆえに、相手が自分に対してひどい行動はとらないだろうと考えることです。これに対して安心は、そもそものような社会的不確実性が存在していないと感じることを意味します。

安心は、相手が想定外の行動をとる可能性を意識していない状態です。要するに、相手の行動が自分のコントロール下に置かれていると感じている。

それに対して、信頼とは、相手が想定外の行動をとるかもしれないこと、それによって自分が不利益を被るかもしれないことを前提としています。つまり「社会的不確実性」が存在する。にもかかわらず、それでもなお、相手はひどい行動をとらないだろうと信じること。これが信頼です。

つまり信頼するとき、人は相手の自律性を尊重し、支配するのではなくゆだねているのです。これがないと、ついつい自分の価値観を押しつけてしまい、結果的に相手のためにならない、というすれ違いが起こる。相手の力を信じることは、利他にとって絶対的に必要なことです。

もちろん、安心の追求は重要です。問題は、安心の追求には終わりがないことです。一〇〇%の安心はありえない。信頼はリスクを意識しているのに大丈夫だと思う点で、不合理な感情だと思われるかもしれません。しかし、この安心の終わりのなさを考えるならば、むしろ、「ここから先は人を信じよう」という判断をしたほうが、合理的であるということができます。

利他的な行動には、本質的に、「これをしてあげたら相手にとって利になるだろう」という、「私の思い」が含まれています。①重要なのは、それが「私の思い」でしかないことです。

思いは思い込みです。そう願うことは自由ですが、相手が実際に同じように思っているかどうかは分からない。「これをしてあげたら相手にとって利になるだろう」が「これをしてあげるんだから相手は喜ぶはずだ」に変わり、さらには「相手は喜ぶべきだ」になるとき、利他の心は、容易に相手を支配することにつながってしまいます。

つまり、利他の大原則は、「自分の行為の結果はコントロールできない」ということなのではないかと思います。やってみて、相手が実際にどう思うかは分からない。分からないけど、それでもやってみる。この不確実性を意識していない利他は、押しつけであり、ひどい場合には暴力になります。

「自分の行為の結果はコントロールできない」とは、別の言い方をすれば、「見返りは期待できない」ということです。「自分がこれをしてあげるんだから相手は喜ぶはずだ」という押しつけが始まるとき、人は利他を自己犠牲ととらえており、その見返りを相手に求めていることになります。

私たちのなかにもつい芽生えてしまいがちな、見返りを求める心。ハリファックスは、警鐘を鳴らします。「自分自身を、他者を助け問題を解決する救済者と見なすと、気づかぬうちに権力志向、うぬぼれ、自己陶酔へと傾きかねません」。

合理的利他主義や、「［Ⅱ］」の発想は、他人に利することがめぐりめぐって自分にかえってくると考える点で、他者の支配につながる危険をはらんでいます。ポイントはおそらく、「めぐりめぐって」というところでしょう。めぐりめぐっていく過程で、私の「思い」が「予測できなさ」に吸収されるならば、むしろそれは他者を支配しないための想像力を用意してくれているようにも思います。

（伊藤亜紗「『うつわ』的利他——ケアの現場から」による。なお一部を改めた）

注　ハリファックス＝移動診療などの活動を行う人類学者・禅僧。

問1　傍線㋐に「障害者を演じなきゃいけない窮屈さがある」とあるが、その説明として、最も適当なものを、次のなかから選び、その番号をマークせよ。

1　本来の自分と、周囲の考える障害者像にギャップがあり、周囲の期待通り行動するよう求められることに怒りを感じるということ

2　周囲の善意はありがたいのだが、自分が本当に求めている手助けとは微妙にずれがあり、それを言い出せないでいるもどかしさがあるということ

3　本当は自分なりに世界と向き合いたいが、周囲の思い描く、手助けが必要な障害者像を押しつけられているように感じるということ

4　一九歳までは目が見えていたため、何も分からないわけではないのに、周りの人たちからは何も知らない人として扱わ

れてしまうことに屈辱を感じるということ

5　助けてほしいことも確かにあるのだが、手助けが過剰で、周囲の人たちの自己肯定感を満足させるための道具として使われているのではないかと感じるということ

問2　Ⅰ　に入れるのに、最も適当な語句を、次のなかから選び、その番号をマークせよ。

1　家族　2　社会　3　善意　4　晴眼者　5　他者　6　自己

問3　傍線㋑に「重要なのは、それが『私の思い』でしかないことです」とあるが、その理由として、最も適当なものを、次のなかから選び、その番号をマークせよ。

1　相手のためにという気持ちからの行動は、どんなに相手のことを思ったうえでのものであっても、相手の自律性を奪い、意のままに操ろうとする意図を含んでいるから

2　相手のためにという気持ちからの行動は、「これをしてあげたから相手は喜ぶはずだ」という信頼関係に基づいたものでないと、ついつい自分の価値観を押し付けることになってしまうから

3　相手のためにという気持ちからの行動は、見返りを求めたものになりやすいため、徹底的な自己犠牲によるものでなければ上手くいきにくいから

4　相手のためにという気持ちからの行動は、想定外の結果を生むこともあるということを前提にしないと、ついつい自分の価値観を押し付けることになってしまうから

5　相手のためにという気持ちからの行動は、よほど相手のことを知った上でやらないと、ついつい「相手は喜ぶべきだ」という思いが暴走してしまうから

問4　Ⅱ　に入れるのに、最も適当なものを、次のなかから選び、その番号をマークせよ。

1　恩を仇で返す　2　因果応報　3　袖振り合うも多生の縁　4　勧善懲悪　5　情けは人のためならず

問5　本文の内容に合うものを、次のなかから一つ選び、その番号をマークせよ。

1　晴眼者による手助けは、まるでバスガイド付きで観光するように快適ではあるが、それでもさすがに毎日のこととなると十分ではないところが出てくる。

2　認知症の当事者が怒りっぽく感じるのは、病気のせいで失敗することが増え、難しいことに挑戦ができなくなり、自己肯定感が下がっているためだ。

3　人は、相手の行動について何をするか分からない状態では安心できないが、想定外のことをしてもなおひどいことはされないだろうという形で信頼することはできる。

4　相手に対して見返りは期待できないということ、つまり他人の行動の結果はコントロールできないということは、利他の大原則である。

5　自分のやったことが、めぐりめぐっていく中で予測もできない形で自分にかえってくるという確信は、他者を支配しないための想像力を用意してくれる。

三 次の文章を読んで、問いに答えよ。

（吉野山での花見を終えた筆者は、大和の名所旧跡を巡る。）

かくて西へすこし下りて、かの三瀬村に出づ。ここは八木より土佐へ行く大道とぞいふなる。日もはや夕暮れに①なりぬるを、この里はよろしき家ども立ち続きて広き所②なれど、旅人宿す家は、をさをさなき由聞けば、「なほ八木までや行かまし。岡へや帰らまし」と言へど、「さては日暮れ果てぬべし。足も動かれず」と、みな人㋐わぶめれば、さはいかがせむ。なほこの里に泊まりぬべきを、「あやしくとも、一夜明かすべき家あらば、なほ尋ねよ」と言ふに、供なる男、一里のうち訪ひ歩きて、からうじて宿りは取りぬ。

この近き辺りの事ども問ひ聞かまほしくて、まづこの宿の主呼び出でたる。年のほど五十余りと見えて、鬚（ひげ）がちに顔憎さげ③なるが、面持ち声遣ひ㋑むべむべしくもてなしつつ、「いで、この辺りの名所古跡は」と、言ひ出づるよりまづをかしきに、若き人々はえ堪へずほほ笑みぬ。「この東なる山に、塚穴とてあるは、いかなる跡にか」と問へば、「かれは聖徳太子の御時に、弘法大師の作らせたまふ」と語るには、誰もえ堪へねど、なほ何事か言ふらむと、さすがにゆかしければ、㋒いみじう念じて、「さはいみじき所にも侍るかな。深さはいくらばかりか」と問へば、「奥は限りも侍らず。奈良の寒さの池まで通りてこそ侍れ」と言ふ。「そもその池は、いづこばかりにあるぞ」と問へば、「興福寺の門前に、さばかり名高くて侍るものを。知らぬ人もおはしけり」と言ふにぞ、猿沢の池と心得て、みな人ほころび笑ふ。ここには神の御社や何やと、尋ねまほしき所々多かれど、かかるには何事か問はれむ。㋓いと口惜しくこそ。

三瀬を出でて、北へすこし行きて、左の方へ三町ばかり入れば、久米の里にて、久米寺あり。畝傍（うねび）山、北の方に間近く見ゆ。この山の方へ就きたる道を推し当てに行きて、すこし西へ曲がれば、畝傍村あり。すなはち山の辰巳の麓なり。この村に入らむとする所の半町ばかり右の方に、小さき森ありて、中に社も立てるは、懿徳（いとく）天皇の御陵といふなれど、そはこの山の南、「まなごの谷の上」とあるに合はず。また御陵のさまにもあらねば、かたがたいぶかしさに、村の翁にその由言ひて、詳しく尋ねければ、「げにさる事なれど、まことの御陵は定かに知れざる故に、今はかの森をさ申すなり」とぞ答へける。この村を西へ通り、山の南の尾を越えて下れば、彼方は吉田村なり。この間の道の左に、まなご山まさごの池などいふ名、今もありて、池は水あせて、その形のみ残れりとぞ。かの懿徳天皇の御陵は、その辺りなるべきを、知られぬこそいと口惜しけれ。

さて吉田村にて、例の翁語らひ出でて、御陰井上御陵を尋ぬるに、この翁は、あるがなかにもなべての御陵の御事をよく知り居りて、細かに語る。近き世に江戸より、御陵ども尋ねさせたまふ事始まりて後、おほかた二十年ばかりに一度は、必ずかの仰せ事にて、京よりその人々あまた下り来て、その里々に留まりゐて、詳しく尋ね認めつつ、標の札立てさせ、周りに垣結はせなどせらるる事ありとなむ。旧りにし御跡の失せ行きなむことを畏みたまひて、さばかり尋ねたてまつりたまふは、いともありがたき御掟なるを、下ざまなる人どもは心もなく、それにつけてもただ豪家をのみ先に立てつつ、うち振る舞ふ故に、御陵のある里は、ことなる民の煩ひ多くて、その益とてはつゆなければ、いづこにもこれをからき事にして、(オ)確かにあるをもことさらに隠して、「この里にはすべてさる所侍らず」とやうに申しなす類ひもあめりとぞ。さてはいよいよ埋もれゆくめれば、なかなかに御陵の御ためにもいと心憂きわざにて、尋ねさせたまふ(カ)本の御心ざしにも、いたく背ける事ならずや。いささかにても、その里にはけぢめを見せて、御恵みの筋あらむにこそ、民どもも悦びて、いよいよ［A］ものに、守りたてまつるやうはありぬべきわざなめれ。

（『菅笠日記』による）

注　御陰井上御陵＝安寧天皇の墓所。　豪家＝頼りとする権威あるもの。権勢。

問1　傍線①の「なり」、②の「なれ」、③の「なる」の文法的説明として、最も適当なものを、それぞれ次のなかから選び、その番号をマークせよ。

1　断定の助動詞　2　完了の助動詞　3　推定の助動詞　4　動詞　5　形容動詞の一部

問2　傍線㋐の「わぶめれば」を十字程度で、㋒の「いみじう念じて」を八字程度で、それぞれ現代語訳せよ。
〔解答欄：㋐十二字　㋒十字〕

問3　傍線㋑の「むべむべしくもてなしつつ」の意味として、最も適当なものを、次のなかから選び、その番号をマークせよ。

1　おそるおそる接待しながら
2　思慮深げに見せかけながら
3　上品そうにとりつくろいながら
4　もっともらしく振る舞いながら
5　うやうやしい態度をとりながら

問4　傍線㋓の「いと口惜しくこそ」の理由として、最も適当なものを、次のなかから選び、その番号をマークせよ。

1　近辺の旧跡について質問したいことがあるのに、宿の主人はあてになりそうになかったから
2　近辺の旧跡に行ってみたいと思ったのに、連れの人々はあまり気乗りがしないようだったから
3　近辺の旧跡について詳しく知りたいのに、宿の主人は関係のない世間話ばかりしたがったから
4　近辺の旧跡について宿の主人から質問されたが、知識が足りず答えることができなかったから
5　近辺の旧跡について説明する宿の主人の言葉遣いを、若い人々が馬鹿にしあざ笑っていたから

問5　傍線㋔の「確かにあるをもことさらに隠して」の理由として、最も適当なものを、次のなかから選び、その番号をマークせよ。

1　御陵の管理をめぐって江戸から来る役人と京の役人との間で争いが起き、里人にも被害が及ぶから
2　御陵の検分に来る役人の権勢をかさに着た振る舞いは、里人にとって迷惑以外の何物でもないから
3　先祖代々守ってきた御陵が役人たちの管理下に置かれてしまい、里人たちは参拝できなくなるから

4　御陵を維持管理するための費用や労役を課されることになり、里人の負担が重くなってしまうから
5　御陵に関心を持つ京の人々が大勢やって来るようになり、里人の平穏な生活が乱されてしまうから

問6　傍線㋕の「本の御心ざし」の説明として、最も適当なものを、次のなかから選び、その番号をマークせよ。

1　古代の天皇の御陵が荒廃することを嘆き、先祖の御霊を慰めようとした皇室の意向
2　古代の天皇の御陵を修復することを口実に、税を取り立てようとした領主のもくろみ
3　古代の天皇の御陵を整備し世に広めることで、権威を高めようとした朝廷のもくろみ
4　古代の天皇の御陵の所在が不明となることを恐れ、語り伝えようとした古老の努力
5　古代の天皇の御陵が失われることをおそれ多く思い、調査しようとした幕府の意向

問7　A　に入れるのに、最も適当なものを、次のなかから選び、その番号をマークせよ。

1　いとほしき　2　おそろしき　3　やむごとなき　4　おくゆかしき　5　なつかしき

問8　本文の内容に合うものを、次のなかから二つ選び、その番号をマークせよ。

1　三瀬村に旅人を泊めてくれそうな家がないと聞いた筆者は、八木まで引き返そうかと迷った。
2　「塚穴」の由緒を聞いて感激した筆者は、さらに詳しいことを知りたいと思い質問を重ねた。
3　三瀬村を出た筆者の一行は、久米の里を経て、畝傍山の南西の麓に位置する畝傍村に着いた。
4　畝傍村の入口にある小さな森が懿徳天皇陵とされていることについて、筆者は疑いを持った。
5　吉田村に着いた筆者は、村の老人と相談して、御陰井上御陵の周辺を探索することになった。
6　御陵のある里に恩恵を与えれば、里人も喜んで御陵を守ろうとするだろうと、筆者は考えた。

四　次の文章を読んで、問いに答えよ（設問の都合上、訓点を省略した部分がある）。

京兆田真・田慶・田広兄弟三人、家巨富而①殊不睦。二親並没、忽議分財。金銀珍物、各以斛量、田業生貲、皆平均如一。惟堂前一株紫荊樹、花葉美茂。共議欲破三片、人各一分。明日就截之、其樹即枯死、状如火然。葉萎枝摧、根茎憔悴。真旦携鋸而往見之、大驚、謂諸弟曰、「樹本同株、聞将分斫、所以憔悴。②況人兄弟孔懐、而可離異。是人不如［A］也。」③因悲不自勝不復解樹。樹応声栄茂、遂更青翠、華色繁美。兄弟相感、合財宝、遂為孝門。

（『続斉諧記』による）

注　京兆＝地名。　斛＝容量の単位。約二〇リットル。　田業＝農地と家屋。
　生貲＝財産。　紫荊樹＝落葉高木のスホウ。
　兄弟孔懐＝『詩経』に見える句。兄弟同士が思いやることをうたう。　孝門＝孝行の誉れが高い家。

問1　傍線①の「殊」、②の「況」の読み方を、送りがなを含めて、それぞれひらがなで書け。

問2　［A］に入れるのに、最も適当なものを、次のなかから選び、その番号をマークせよ。

1　花　2　葉　3　枝　4　木　5　根　6　株

問3　傍線③の「因悲不自勝不復解樹」の書き下し文として、最も適当なものを、次のなかから選び、その番号をマークせよ。

1　自ら勝へざるに悲しむに因りて、復た樹を解かず
2　悲しみに因りて、自ら勝へずして、復た樹を解かず
3　因りて悲しみ、自ら勝へずして、復た樹を解かず
4　悲しみに因りて、自ら復た樹を解かざるに勝へず
5　因りて悲しみて、自ら復た樹を解かざるに勝へず
6　悲しみ自ら勝へざるに因りて、復た樹を解かず

問4　本文の内容に合うものを、次のなかから一つ選び、その番号をマークせよ。

1　田氏の三兄弟はもともと仲が悪く、生前から両親の遺産の分配をめぐって争いが絶えなかったが、一株の紫荊樹は切り分けずにそのままにし、財産を公平に分けることで円満に解決した。
2　田氏の三兄弟は財産分与をめぐって争い、一株の紫荊樹まで切り分けようとしたところ、兄の夢に現れた紫荊樹が枯れ

萎んでいるさまを見て悲しく思い、弟たちを説得して切るのをやめさせた。

3　田氏の三兄弟は遺産の分配をめぐり、一株の紫荊樹も切り分けようとしたが、枯れ萎むその姿に思いとどまったところ、またもとの姿にもどったのに心を動かされ、親の財産を分けるのをやめ孝行の家柄となった。

4　田氏の三兄弟は仲睦まじく孝行の誉れも高かったが、親の遺言どおりには遺産を公平に分割せず、また一株の紫荊樹も切り分けずにそのままにしておいたので、後に兄弟が争う種を作ってしまった。

5　田氏の三兄弟はもともと仲が悪かったが、遺産を分けるのにできるだけ公平になるよう、財産はすべて詳細に調べ、何度も話し合って決めたことが功を奏し、後に争いが起こることはなかった。

二月一日実施分

解答

一

出典　藤田真一『蕪村』〈第四章　翔けめぐる創意―蕪村俳諧の興趣　1　菜の花―春日致景　i　月は東に日は西に、ii　菜の花畑、iii　灯火のころ〉（岩波新書）

解答

問1　①じゅうたん　③なや
問2　②独創　④慕
問3　2
問4　その「昴」…きあがる。
問5　本歌取り（四字以内）
問6　6
問7　2
問8　4
問9　3
問10　5
問11　4

◆要　旨◆

蕪村は画と詩の両方のわざを持っていた。蕪村の俳句はわかりやすいだけでなく、大きな可能性を持っている。「菜の花や月は東に日は西に」の句は、十七音にこれだけの大景がおさめられていることに驚嘆する。菜の花は当時、油をとる有用作物として栽培されており、畿内で詠まれたさまざまな菜の花の句は、商品作物として盛んに栽培されていた菜の花畑が題材だった。また、蕪村の句ではその油を用いたであろう灯火の句もかなりある。これらの句から、すぐれた抒情詩人としての蕪村の繊細な感受性を読み取ることができる。灯火の明かりが画として表現された「闇中漁舟図」は印象的な名画である。灯火の油を取るためという社会的・経済的要因が重なって、菜の花栽培は拡大の一途をたどり、その時代の風が、蕪村の名作を運んできたのである。

◀解　説▶

問３　語意の知識問題。「一端」は〝一部分〟の意で、「一斑（いっぱん）」が同じ意味。「斑」は〝まだら〟で、ヒョウの全身のうち一つの斑紋、ということから〝一部分〟の意になる。「一半」は、〝二つに分けた半分〟という意味。

問４　「瓜ふたつ」は〝そっくり〟という意味。設問文の「明確に説明している」という文言がヒントになる。どう「瓜ふたつ」なのかを「明確に」説明している部分がある、ということである。また、「一文」という指示もヒントになる。蕪村の「菜の花」の句とそっくりなのは、傍線㋑直後の「月は東に昴は西に」という民謡である。この二つの類似は、空欄Ａのある段落の第一文で説明されている。

問５　傍線②から空欄Ａまでの段落で、蕪村の句が独創ではなく、民謡を土台にして作られた可能性があると筆者は想像している。「日本の詩歌の表現技法」という条件であるから、答えはかなり限られる。すでにある詩歌をもとにして、少し語を変えて、新たな興趣を作り出す技法である。

問６　空欄Ｂ直後に「表現上の背景とはべつに」とあるので、話題が転換されていると判断できる。だから、２「しかるに」（逆接）、３「このように」（まとめ）、４「ところが」（逆接）、５「したがって」（原因結果）など、何らかの前後の論理関係を前提とする接続語は不適と判断する。１「それにしても」はやや微妙だが、はっきり転換を意味する６の「いっぽう」を選ぶ。

問７　挿入文の「『灯火』の存在を裏返した」とはどういうことかと考える。２以外の箇所の直前部分は、いずれも灯火

解答編

の明るさ、慕わしさ、ぬくもり等を踏まえた内容であり、「裏返した」とは言えない。2の直前部分の内容は、灯火を消し「視覚性を封印」することによって「嗅覚の鋭敏さ」に集約させるという方法である。灯火を消すことが「裏返す」ということに当たる。

問8　傍線㋒に「この先に存している」とあるので、傍線より後ろの部分に注目する。1は前半の内容が傍線より前なので不適。2と5は、俳句と絵画との融合について説明しており、設問文の「蕪村発句のどのような到達のことか」という要求とずれる。また、2は「近代的な詩歌への展開」も不適。3は「四季ごとに」が不適。灯火の句はすべて秋の句である。4が「宿かさぬ」の句の解説内容に合致している。「この先に存している」ものとは「宿かさぬ」の句に続く段落に述べられたような〈物語性〉のことである。

問9　空欄を含む一文の骨格は、「菜の花が明かりとなった」という形である。「菜の花」がどうすれば「明かり」となれるか、と考える。「変じて」以外の選択肢では、「菜の花」は「明かり」になれない。

問10　5は最終段落の内容に合致している。1の「画家として生涯をかけて」と、画家に限定している点が不適。「闇中漁舟図」が成立するためには、俳人としての蕪村も必要であった。2の「『菜の花』だけでなく……知るよすが」という内容は本文にはない。3は「功利的」が不適。菜の花栽培は功利的だが、蕪村俳句の評価とは無関係。4は「叙景詩人」が不適。傍線㋒にあるように「叙情詩人」ととらえるべきである。

二

出典　伊藤亜紗「『うつわ』的利他―ケアの現場から」（伊藤亜紗編『「利他」とは何か』集英社新書）

解答

問1　3
問2　5
問3　4

問4　5
問5　3

◆要　旨◆

特定の目的に向けて他者をコントロールすることが、利他の最大の敵である。「助けてあげよう」という利他の思いが善意の押しつけになってしまうのである。それは助けられる当事者の自己肯定感を下げ、相手を追い詰めてしまう。そこには信頼が欠けているのである。安心においては相手が想定外の行動を取る可能性を想定していないのに対して、信頼においてはその可能性を想定する。信頼するとき、人は相手の自律性を尊重しゆだねる。利他的な行動には、相手が喜ぶだろうという「私」の思い込みが含まれることが多い。その結果、相手をコントロールすることにつながってしまう。だから、利他の大原則は、自分の行為の結果はコントロールできず、見返りは期待できないと考えることである。

▲解　説▼

問1　傍線㋐の前の段落に「ありがたいのですが……自分なりに世界を感じることができなくなってしまいます」とあり、傍線の後には「善意の押しつけ」とある。3がこれに合致する。「障害者を演じなきゃいけない窮屈さ」を適切に言い換えているのは3のみである。1は「怒りを感じる」が不適。2は「障害者を演じなきゃいけない」の説明になっていない。4は「屈辱を感じる」が不適。5は「窮屈さ」の説明になっていない。

問2　空欄I直後の部分から考える。「その力を信じ、任せること」が信頼することである。だから、空欄Iには、「その」という指示内容に当たる「目が見えなかったり……生きている人」を言い表した語句が入る。

問3　傍線㋑の後の二つの段落を参考にする。「『私の思い』でしかない」のは、「相手が実際にどう思うかは分からない」からである。「利他の大原則」である「自分の行為の結果はコントロールできない」を「想定外の結果を生むこともある」と説明した4が正解。1は「相手のためにという気持ちからの行動」が必ずしも「相手の自律性を奪」うとは限らないので不適。2の「相手は喜ぶはずだ」は「信頼関係」ではない。3は「徹底的な自己犠牲」が「見返りを求しまっている。

め」る原因なのだから不適。５は、「よほど相手のことを知った上でやらないと」という程度の問題にすり替わって

問４　直後の「他人に利することがめぐりめぐって自分にかえってくる」という内容から、５と判断する。「情けは人のためならず」は、〝人に情けをかけると、後に自分によい報いが返ってくる〟という意味である。〝人に情けをかけるのは、その人を甘やかすことになってその人自身のためにならない〟という解釈は誤りである。

問５　３が二つ目の引用文に続く第十・十一段落に合致する。１は「快適」「毎日のこととなると十分ではないところが出てくる」が不適。毎日だったら「窮屈さ」を感じるのである。２は「病気のせいで」が不適。周りが先回りしすぎることが当事者を追い込むのである。空欄Ⅰの前の段落を参照する。４は「他人の行動の結果はコントロールできない」が不適。傍線㋑の二段落後に「利他の大原則は、『自分の行為の結果はコントロールできない』」とある。５については、「他者を支配しないための想像力」は、「自分のやったことが……確信」が用意するのではなく、「私の『思い』が『予測できなさ』に吸収される」（本文最終文）ことが用意するので、不適である。

三

出典　本居宣長『菅笠日記』〈下巻〉

解答

問１　①－４　②－１　③－５

問２　㋐つらがるようなので（十字程度）　㋒たいそう我慢して（八字程度）

問３　４

問４　１

問５　２

問６　５

問７　３

問８　４・６

◆全　訳◆

こうして西へ少し下って、あの三瀬村に出る。ここは八木より土佐へ行く大道というようだ。日も早くも夕暮れになったので、この里は悪くはない家が立ち並んで広い所であるが、旅人に宿を貸す家は、まったくないということを聞くので、「さらに（この先の）八木まで行こうか。（それとも）岡へ帰ろうか」と言うが、「そうしていてはきっと日がすっかり暮れてしまうだろう。（疲れて）足も動かない」と、みんなつらがるようなので、それではどうしようか。やはり、この里に泊まるのがきっとよいだろうと、「粗末でも、一夜明かすことができる家があるならば、さらに探せ」と言うと、供の男が、一里の範囲を訪ね歩いて、やっとのことで宿を取った。

この近辺のことなどを聞きたくて、まずこの宿の主人を呼び出した。年は五十過ぎと見えて、鬚だらけで醜い顔をしているが、顔つきや声の調子などはもっともらしく振る舞いながら、「そもそも、このあたりの名所古跡は」と言い出すとすぐにおかしくて、若い人々は我慢できず微笑んだ。「この東にある山に、塚穴というのがあるのは、何の跡か」と問うと、「あれは聖徳太子の御代に、弘法大師が作りなさった（ものだ）」と語るのには、誰も（笑い出すのを）我慢できないが、さらに（宿の主人が）何を言うだろうと、やはり聞きたかったので、ぐっと我慢して「それはたいへんな所でございますねえ。深さはどれぐらいか」と問うと、「奥は限りもありません。奈良の寒さの池まで通っています」と言う。「そもそもその池は、どのあたりにあるのか」と問うと、「興福寺の門前に、あんなに有名でございますのに。知らない人もいらっしゃるのだなあ」と言うので、猿沢の池とわかって、みんな口を開けて笑う。この地には神の社や何かと、質問したい所が多いが、このようでは（＝「聖徳太子の御時に、弘法大師の……」と言ったり、猿沢の池を寒さの池と言ったりするようでは）何を問おうか、いや、問うても無駄だろう。たいへん残念である。

三瀬を出て、北へ少し行って、左のほうへ三町ほど入ると、（そこは）久米の里で、久米寺がある。畝傍山が、北の方に間近く見える。この山の方へ行く道を当て推量に行って、少し西へ曲がると、畝傍村がある。つまり山の南東（側）の麓である。この村に入ろうとする所の半町ほど右の方に、小さな森があって、中に社も立っているのは、懿徳天皇の御陵というようだが、それはこの山の南、「まなごの谷の上」と（古事記に）あることに合わない。また御陵のような様子でもないので、いろいろ不審で、村の古老にそのことを言って、詳しく尋ねたところ、「実にそういうことであるが、本当の御陵は（どこか）はっきりとはわからないので、今はあの森をそう申しているのです」と答えた。この村を西へ通り、山の南の尾根を越えて下ると、その向こうは吉田村である。この間の道の左に、まなご山まさごの池などという名が、今もあって、池は水がなくなって、その形だけが残っているとかいうことだ。あの懿徳天皇の御陵は、そのあたりであるはずだが、知ることができないのがたいへん残念である。

さて吉田村で、いつものように古老に頼んで、御陰井上御陵について尋ねると、この古老は、（古老がたくさん）いるなかでもすべての御陵のことをよく知っていて、詳細に語る。少し昔に江戸（幕府）から、御陵などを調査させなさることが始まった後、だいたい二十年ぐらいに一度は、必ずその（御陵調査の）下命などで、京都からその（役目の）人々がたくさん下ってきて、その（近辺の）里々に泊まって、詳しく調査して記録しながら、標識を立てさせ、（御陵の）周りに囲いを作らせなどなさることがあるということだ。古い御陵がなくなっていくことをもったいなく思いなさって、そのように調査申し上げなさることは、たいへんすばらしいご命令であるが、下役の人々は心もなく、それ（＝調査）にかこつけてただ権勢をもっぱら前面に出して、（したい放題に）振る舞うので、御陵のある里は、特別に民の苦労が多くて、その（御陵がある）利益は少しもないので、どの里もこれ（＝御陵調査）をつらいことと思い、確かに（御陵が）あることもことさらに隠して、「この里にはまったくそのような所（＝御陵）はございません」というようにとりつくろい申す類もあるようだとかいうことだ。それでは（御陵は）いよいよ埋もれてゆくようなので、かえって御陵のためにはたいへん心配なことで、（御陵）調査をなさる（江戸幕府の）本来のお志にも、たいへん背いていることではないだろうか。少しでも、その（御陵のある）里には区別して、恩恵を与えることがあってこそ、民も喜んで、ますます（御陵を）畏れ多いものとして、守り申し上げることがあるはずのことであろう。

◀解　説▶

問1 ①「夕暮れになる」という形から判断する。「に」は格助詞である。

②「所」という体言に接続していることから判断する。

③「憎さげなる」で一単語である。形容詞「憎し」の語幹に接尾語「さ」と「げ」がついて〝いかにも憎々しい様子である〟意の形容動詞となったもの。「なり」「に」などの前に「げ」があるときは、まずこのパターン（形容詞の語幹＋接尾語→形容動詞）ではないか検討するとよい。

問2 ㋐「わぶ」は〝不本意に思う、つらく思う〟など、失意・落胆・困惑などの意を表す動詞。「めれ」は婉曲（推定）の助動詞。〈已然形＋ば〉の形なので、確定条件〝～ので〟で訳す。

㋒「いみじ」は、〝①すばらしい、②ひどい、③はなはだしい・たいそう〟の三つの意味があるが、ここでは③の意。

「念ず」は〝我慢する〟の意。

問3 「むべむべし」は〝もっともらしい、形式ばっている〟の意。「むべむべし」という語はあまり目にしないが、「むべなり」（もっともである）は古文の基本語である。「もてなす」は〝振る舞う、もてなす、歓待する〟などの意。

問4 「口惜し」とは、直前の「ここには……何事か問はれむ」ということに対する感想である。なぜ問えなかったのかを考えればよい。宿の主人が「聖徳太子の御時に、（時代の違う）弘法大師の作らせたまふ」と言ったり、「猿沢の池」を「寒さの池」と言ったりしたように、教養がない人だとわかったからである。1の「あてになりそうになかった」がふさわしい。2の「連れの人々はあまり気乗りがしない」、3の「関係のない世間話ばかりしたがった」、4の「宿の主人から質問された」という内容は本文中にない。5については、「笑っていた」のは「言葉遣い」についてではなく話の内容であり、また「馬鹿にしあざ笑っていた」というほど悪意に満ちたものではない。

問5 傍線㋔の前に「民の煩ひ多くて、その益とてはつゆなければ」とあり、ここが「已然形＋ば」の順接確定条件で原因・理由を表している。さらにその前に「下ざまなる人どもは……うち振る舞ふ故に」とこのようにいう理由が書かれている。この内容に当たる2を選ぶ。1については、「江戸」から役人は来ていないので不適。3の「里人たちは参拝できなくなる」という記述はないし、迷惑の内容でもない。4の「負担」は、調査に来た役人たちのためのものであり、御陵の維持管理のためのものではない。5については、京から来るのは役人とその配下であって参拝客ではないし、「里人の平穏な生活が乱されてしまう」という観光による迷惑のようなものでもない。

問6　最終段落の第二文に「近き世に江戸より……始まりて後」とある部分を参考にする。御陵の調査・保存を指示したのは幕府である。1の「皇室の意向」、2の「領主のもくろみ」、3の「朝廷のもくろみ」、4の「古老の努力」は、いずれも不適。

問7　空欄A直後の「守りたてまつる」をヒントにする。「たてまつる」が謙譲語であることにも留意すべきである。「民ども」が古代の天皇の御陵を、どういうものとして守ろうとするのかと考える。天皇家に対する敬意がポイントであることから、3の「やむごとなき」（畏れ多い）を選ぶ。5の「なつかしき」では古いというだけで、敬意とは無関係。1の「いとほし」（かわいそうだ、かわいい）、4の「おくゆかし」（知りたい）も、敬意と無関係。2の「おそろしき」は論外。

問8　4は第三段落の内容に合致する。6は最終文に合致する。1は「八木まで引き返そう」が不適。「八木」はまだ先であり、引き返すなら「岡」になる。2は「感激した」が不適。第二段落にあるように、「誰もえ堪へねど」と、皆笑いをこらえかねている状況である。3は「南西」が不適。十二支の最初の子（ね）が北にあたり、それから時計回りに丑、寅、…と進み、午が南になるので、午の前の「辰巳」は南東のことである。5は後半が不適。周辺の探索まではしていない。

四

出典 呉均『続斉諧記』

解答

問1 ①ことに ②いはんや〔いわんや〕

問2 4

問3 6

問4 3

◆全 訳◆

京兆の田真・田慶・田広の兄弟三人は、家は莫大な資産があったが、兄弟仲はとりわけよいわけではなかった。両親ともに亡くなると、すぐに財産を分けようと話し合った。金銀珍物をそれぞれ斛で量り、農地と家屋は、皆平均して同じようにした。ただ屋敷の前の一株の紫荊樹が、花も葉も美しく茂っていた。（三人は）一緒に相談して（その樹を）三つに切り、ひとりずつ分けようとした。翌日になってこの樹を切ろうとすると、その樹はあっという間に枯れていて、状態は火に焼かれたようで、葉は萎み枝はくだかれ、根や茎は憔悴していた。（田）真はその朝鋸を携えて（その樹のところへ）行って樹を見て、たいへん驚き、弟たちに言った、「樹は本来株を同じくし、いまにも（切って）分けようとすることを聞き、それゆえに憔悴したのだ。（木でさえ分けられるのをいやがるのだ、）ましてや、人は兄弟たいへん思いあうものなのに、離れ離れになっていいものだろうか、いや、よくないだろう。それ（＝離れ離れになること）は人が木に及ばないということだ」と。悲しみに堪えないということで、二度と樹を切らなかった。樹はその声に反応して勢いよく茂り、とうとうさらに青々とし、華の色は美しかった。兄弟は互いに感じるところがあり、（一旦分けた）財宝を合わせて（仲睦まじくし）、結局孝行の誉れ高い家門となった。

読み 京兆の田真・田慶・田広兄弟三人、家は巨富なれども殊に睦まじくせず。二親並びに没し、忽ち財を分けんことを議す。金銀珍物、各斛を以て量り、田業生貲、皆平均して一のごとし。惟だ堂前の一株の紫荊樹、花葉美茂たり。共に議して三片に破り、人ごとに各一に分けんと欲す。明日就きて之を截らんとするに、其の樹即ち枯死し、状は火の然ゆるがごとく、葉は萎み枝は摧かれ、根茎憔悴す。真旦に鋸を携へて往きて之を見て、大いに驚き、諸弟に謂ひて曰はく、「樹は本より株を同じくし、将に分かち斫らんとするを聞き、所以に憔悴す。況んや人は兄弟孔だ懐ふに、離異すべけんや。是れ人木に如かざるなり」と。悲しみ自ら勝へざるに因りて、復た樹を解かず。樹声に応じて栄茂し、遂に更に青翠となり、華色繁美なり。兄弟相感じ、財宝を合はせ、遂に孝門と為る。

▲解　説▼

問1　①「殊」は、漢文の基本語である。知らない場合でも〝特殊〟という熟語から類推できるかもしれない。
②は抑揚形の重要語。

問2　「不如」は比較形で、〝～に及ばない〟の意。「人」が何に及ばないのかと考える。本文中では「紫荊樹」である。

問3　「不復」は「不㆓復～㆒」の形で〝二度とは～ない〟の意を表す部分否定の構文。選択肢のいずれもこの読み方に誤りはないので、文脈から判断する。まずこの前で木を切り分けに行った田真が、木が枯れているのを見て〝財産を分けてバラバラになろうとしている我々兄弟はこの木に劣る〟と嘆いていること、その後木が彼らの声に応じて再び青々と茂ったことをおさえる。すると傍線③で田兄弟は〈悲しみのあまり木を切らなかった〉のだとわかる。したがって「不復」以下を「勝」の目的語ととらえて、「樹を解かざるに勝へず」（木を切らないではいられなかった）としている4と5は不適。「因」は「不復解樹」（二度と木を切らなかった）の理由を示しているので、「勝へざるに因りて、復た樹を解かず」とした6が適切。1だと何について「自ら勝へざる」のか意味不明になる。

問4　3は全体の話の展開に合致している。他の選択肢を消去法で確認しておく。1は「分配をめぐって争いが絶えなかった」が不適。兄弟仲はよくなかったが、財産は争わずに平等に分けようとしている。また、「紫荊樹」を切り分けようとしたが、やめたという事情がこの話のポイントであるのに、それについての言及がない。2は「兄の夢に現れた」が不適。「紫荊樹」が「枯れ萎ん」だのは現実である。4は「仲睦まじく」「公平に分割せず」「兄弟が争う種を作ってしまった」が本文内容とは違っている。5は「財産は……功を奏し」が不適。「争いが起こることはなかった」原因は、「紫荊樹」の変異によって兄弟が何が大切かに気づき、財産の分配をやめたことである。

❖講　評

一の現代文は、与謝蕪村についての芸術論からの出題。俳諧が多く引用されているが、解釈が難しいものではない。問1の読み、問2の書き取りはともに標準レベル。①「絨緞」の読みはやや難。問3の語意は、紛らわしくて迷ったかもしれない。問4の箇所指摘は、字数のヒントがあるので標準レベルである。問5の空所補充は、和歌の修辞の知識を問う現古融合的な問題なので、すぐに思いつけたかどうか。問6の空所補充、問7の欠文挿入箇所は標準レベルだろう。問8の内容説明はやや難レベル。問9の空所補充は、消去法を使えばわかりやすい。やや易レベルだろう。問10の内容真偽は標準レベル。問11の文学史は、俳句という分野の出題なので、やや難レベルだろう。

二の現代文は、「利他」をテーマにした社会論からの出題。読みやすい文章であった。問1の内容説明は標準レベル。傍線部前後の内容から丁寧に検討すれば正答できる。問2の空所補充は、やや易レベル。問3の内容説明は、標準レベル。問4のことわざは標準レベルの知識問題だが、意味を間違えて覚えている人が多いものなので、正答率は意外に低いかもしれない。問5の内容真偽は、間違っている部分がやや見つけにくい選択肢もあるので、やや難レベルだろう。

三の古文は、近世の日記（紀行文）からの出題。ややこしい人間関係や感情が絡む部分もなく、読みやすい文章であった。問1の文法は基本問題。易レベルである。問2の口語訳は、難しくはないが、記述問題であることを加味すると標準レベルだろう。問3の口語訳は、標準かやや易レベル。問4の内容説明は標準レベル。問5の内容説明も標準レベル。消去法が有効だった。問6の内容説明も、標準レベルだろう。問7の空所補充も標準レベル。問8の内容真偽は、古典常識が必要な選択肢もあったので、やや難レベルだろう。

四の漢文は、説話（怪異譚）からの出題。話の展開はわかりやすく、とくに難しい句形もない。問1の読みは、基本的な語の読みであり、やや易レベル。問２の空所補充も話の展開をおさえていれば難しくない。標準レベルである。問３の書き下し文は文脈からどのような意味になるかを判断した上で解く必要があり、やや難レベル。問４の内容真偽は、消去法を使って間違いをきちんとおさえるという手間をいとわなければ十分対応できた。標準レベルである。

いずれの大問も、本文は読みやすかった。設問にも紛らわしい選択肢があまりなかった。時間がかかる問題が少なかったので、消去法を使うなど、あわてず対応できたかどうかがポイントだったと思われる。

二月三日実施分

問題

（八〇分）

解答に字数制限がある場合には、句読点・カッコも一マスとすること。
受験学部・受験方式によって、解答すべき問題を指定しているので注意すること。

全学統一方式（文系）	文学部以外	一　二　三
	文学部※	一　二　三　または　一　三　四
前期方式	APU	一　二　三

※文学部は二（現代文）と四（漢文）が選択問題。両方とも解答した場合は高得点の方を採用。

一　次の文章を読んで、以下の問いに答えよ。

〈この文章は、二〇一九〜二〇二一年に、民俗学者・赤坂憲雄と歴史学者・藤原辰史が雑誌に連載した往復書簡に、写真家・新井卓の作品を加えた書籍の藤原辰史「あとがきにかえて」『言の葉』と『言の場』である。〉

言葉に関心がなかった頃の記憶がよみがえる。

書簡でも触れたが、高校まで本を読むことが大の苦手で、一年に一度の読書感想文の宿題のために薄い文庫本を読み通すのがやっとだった。書かれた言葉に何も感じない状態がずっと続いた。家の本棚から本を引き出して開いても、意味を拾うのに一苦労で、すぐに紙の上を目が滑り始める。

漫画は没頭できたが、白い紙に黒い文字が並んでいるだけの本のいったい何が面白いのか、高校三年生までよく理解できなかった。色がない。絵がない。味がない。空き地でプラスチックバットとゴムボールで草野球していたり、友人の家でテレビゲームをしたり、旅行に行ったりしているときの方が格段に楽しかった。

話すこともそんなに好きではなく、自分よりも他人の方が話を盛り上げてくれる場にいて、聞いている方が心地よかった。意見を求められるとぼやけた笑みを浮かべて逃げることが多かった。教室で先生に向けて発表することは問題ないのだが、友人と言葉をやりとりすることはそれほど得意ではなかった。そんな自分もあまり好きになれなかった。

このような言葉への嫌悪感の根っこを探して、自分のおぼろげな記憶をたどってみると、いくつか思い当たる節がある。まず、本を読んで時間が経っていくことに耐えられなかった。あるいはおしゃべりに時間を費やすよりは、体を動かす時間の方に、生きている感覚を強く抱いていたのだとも思う。さらに、言葉に対する大きな誤解を私は持っていたのかもしれない。言葉は、自分の脳が生み出すもの。言葉は、著者の脳が生み出すもの。本は、自分の脳が理解するもの。典型的な「機械モデル」である。

さらに記憶をたどってみると、言葉を交わすことや本を読むことの原初的な恥ずかしさに突き当たる。恥ずかしい、というのは変な気持ちだけれど、これが一番ぴったりしている。わかっていること、あたりまえのこと、心に秘めていること、迷っていることをわざわざ言葉にして表現する「わざとらしさ」に、生理的な嫌悪感を覚えていたと思う。作為への潔癖症的な忌避というべきか。以上のように、(ア)言葉嫌いの季節が私のこれまでの人生の半分を占めていたことに、本を書く身となったいま、愕然(がくぜん)とする。いまの私にとっておよそ本のない生活、会話のない生活は考えられないからだ。

このような、できれば蓋をしておきたかった記憶を、赤坂さんは掘り起こしてしまった。赤坂さんは、往復書簡の中で、江戸の優れた山師のように何気ない平凡な山を歩いて幾度も鉱脈を探り当てた。私も勝手に口が開く。あの①ニュウワな口調に惑わされてはならない。㋑恐ろしい人だ。赤坂さんが精神病院の話をしたところから、私の記憶の蓋のネジが緩み始めたのだと思う。けれども、私は、作為への恥じらいと潔癖的感覚がよみがえったことで、頭の一部分がスッキリし始めたことも確かだ。言葉嫌いの時代を生きる私たちは、いったん言葉に追い縋ろうとすることの虚しさを舐め尽くしてみなければどうにもならないのではないか、といまは思う。そして、それでも言語行為を遂行するならば、その恥ずかしさの根源に戻らなければならない。『岩波古語辞典補訂版』（岩波書店）で「言葉」の項目を引くと、私の抱いた作為への恥ずかしさの理由が少し書かれてある。「語源はコト（言）ハ（端）。コト（言）のすべてではなく、ほんの端（はし）にすぎないもの。つまり口先だけの表現の意が古い用法」。しかし、コトが言だけでなく事も指すようになると、次第に「言葉」が「口頭語」の意味を表すようになる。『古典基礎語辞典』（角川学芸出版）も引いてみよう。「コトバという語は『万葉集』や中古の物語類には見えるが「八代集」の和歌の中には一つも見えない。平安時代になると、コトノハに対してコトバは、平俗な言葉で歌語ではないと認識されていたものと思われる」。「中世以後になると、コトノハとコトバの区別は不明瞭になり、コトバと同じ意味で使われる例が多い」とある。

まとめると、「 A 」という語は、初めは口先だけの表現を意味していたが、それが普通に口から発せられる「 B 」という意味に世俗化し、その俗っぽい感じが貴族に嫌われ、「 C 」という美しい語の世界から追放された。その雅俗の構造が消えるのが中世だ、と。

私が感じていたかもしれない恥ずかしさとは、勇気を振り絞っていえば、もしかすると「端」に過ぎないもので全体を代表させるなよ、という若者特有の潔癖症と、「 D 」を振りかざす「平安貴族」へのやんごとなき抵抗感が根源にあったのかもしれない。そして、赤坂さんが岡本太郎論から東北研究にいたるまで「平俗な言葉」をまるで宝石のように大切にしながら一貫してとらえようとしてきたのは、かつて「口先だけの表現」と貴族に②蔑まれていた「 E 」の色であり香りではないだろうか。

そういえば、赤坂憲雄という書き手の文章に、ひとつの大きな特徴がある。「ではないか」「ではなかったか」という反語的な疑問形で文章を閉じる頻度が比較的高いことである。この往復書簡でも「でしょうか」という、いささかオープンな語尾がしばしば用いられていた。私はあまり語尾に「か」を使わないけれど（最近、ちょっと感染したが）、それはおそらく、文章が宙に浮いてしまうような気がするからだ。しかし、赤坂さんはそれを恐れない。〈　１　〉

たとえば、赤坂さんの書かれた中でもっとも躍動感あふれる本だと思う『岡本太郎の見た日本』から、一節を抜き出してみたい。岡本太郎が岩手の花巻温泉で鹿踊りを見て、京都奈良の日本ではない縄文的世界観に遭遇し、興奮する場面である。「太郎はこのとき、意図することなしに、宮沢賢治との接近遭遇を果たしていたのではなかったか」。「鹿踊りとは、鹿の肉を常食にしていたはるかな縄文時代におこなわれていた呪術的儀礼に根ざした伝統ではないか」。「それはまた、自然と戦いながら生きていた時代の原始宗教の名残りではなかったか」。〈　２　〉

どれもが赤坂さんの思想の中心的な部分に触れようとする場面である。とくに、宮沢賢治と岡本太郎を遭遇させる思考実験は赤坂憲雄だからこその深みがある。私だったらつい、「だろう」を入れてお茶を濁すか、「である」「だ」で言い切りたくなるのだが、あえて、書き手の推量を消し去り、やや痛みのにじむ「か」で息をついで、㋒<u>読者を立ち止まらせる</u>。

そういえば、往復書簡を読み直して初めて気づいたのだが、私はかなりの頻度で、赤坂さんが発する「立ち止まれ、自分の思考に流されるな」という言外のメッセージによって救われていた。すぐに明確な答えを求めたがる私に対し、私以上に強い言葉で思考の前進を促してくれる場面もあったが、他方で大事なところではブレーキをかけることも忘れない。それは単なる経験値の違いとか優しさとかそんな問題ではほとんどない。もっと本質的なところだ。〈　３　〉

とくに深く抉（えぐ）られたのは、最後の書簡。高校生に向けた話で「どうして死ぬとわかっているのに勉強をするのか」という問いに対して、ある高校生が「次の世代、子孫のために」と答えた、と私は書いた。心を揺さぶられたからだ。しかし、赤坂さんはその高校生の言葉に対し「それは真っすぐな希望に満ちていますか、それとも、いくらかの不幸を背負わされていますか」と問いかけた。東日本大震災で不幸を背負わされ、「生かされている」と感じる若者たちを念頭に据えて。この問いのおかげで、私は高校生の言葉に心を動かされた自分を、このあとがきで再び立ち止まらせることができたのだ。

　私が話をしたのは大阪の進学校だったのだが、その高校生の表情が「まっすぐな希望」に満ちていたことは確かである。だが、声は違ったように記憶していた。赤坂さんの最後の質問を受けて、改めて高校の先生が送ってくれた高校生たちの感想文を読んでみた。すると、自分の親の仕事や幸せな暮らしがまさに社会的に弱い立場にある人間に対する「搾取」を意味しているのであり、自分もその親のおかげでこの高校に通い、勉強をしていることへの疑問が、あるいはその重荷が赤裸々に書いてあるものがあった。その名前を見ると「次の世代、子孫のために」と答えたあの高校生だった。もちろん、例外的なコメントである。「幸せな人生を送るために勉強する」という高校生の方が圧倒的に多い。だが、高校生の言葉に自分自身の恵まれた境遇がもたらす負の連鎖をなんとか断ち切りたい、という気持ちが紛れているとすれば、それは本当に私たちにとっても重い。もちろん、赤坂さんが提示した東北の子どもたちの抱えている重みとは異なった類のものであるが、しかし、私はあえて㋓同一の平面で考えたいと思う。なぜなら、これも往復書簡の中で学んだことのひとつだが、言の葉（コトノハ）とは言の場（コトノバ）でもあるからだ。〈　4　〉

　受精卵は、みずからが着床し細胞分裂して生まれ落ちる場所を選べない。とくに経済的に恵まれない環境に生まれた場合、そこから脱するためには努力だけではどうにもならない。恵まれた環境にある子どもたちを取り囲む富の量がすでに、恵まれない環境にある子どもとその親の気力をごっそりと削（そ）いでいくからだ。

　他方で、恵まれた場所に生まれ落ち成長して、弱い立場にある人間を搾り取る側にいる事実を知り、立ち止まり、その葛藤と向き合うことになっても何ら不思議ではない。津軽の大地主に生まれた太宰治の作品を読んだり彼の自分を③シイタげていくような人生を知ったりするだけでもそれは十分にわかる。そして、「搾取」する側の宿業とどう向き合うのか。〈　5　〉

赤坂さんは往復書簡で、私と、そして読者にやや遠慮がちにコトノバを開いてくれた。岡本太郎が花巻温泉の鹿踊りにみたあの空間のような異種混淆(こんこう)の場を。沈黙も空白も許容し、声なき声に耳を澄ます場を。こんなにも気を遣わず感情を露わにしながら、広い雪原での雪合戦のように大はしゃぎで雪玉を赤坂さんに投げつけることができたのは、自分でも驚くほどだ。おかげで私は、二十年前の傷口を再び開けて、クラゲからもののけを経て現在を生きる高校生まで自由自在に呼び寄せることができた。このコトノバには、背景の異なる人たちや生きものたちを出会わせることができる。出会うのが難しくても、併存させることができる。コトノバに言葉は必ずしも必要ない。言葉を出すことに作為を感じれば、絵でも写真でもいい。それも嫌ならいるだけでいい。

新井卓さんは、書簡の合間に批評のように置いたダゲレオタイプの作品によって、コトノバのあり方を示しているように思う。新井さんの映し出す「もの」や「風景」は、どうしてこれほどの静寂を湛(たた)えているのか。〈 6 〉それはおそらく観たものが何かを聞くためだが、それだけではない。「もの」や「風景」もコトノバに参入し、耳を傾けている。傾けるだけではない。「もの」や「風景」は、人間が聴き取れない波長のメッセージをコトノバに投げかけているのである。

そのとき、言葉は力を緩め、言葉なきものにもみほぐされ、平俗な地平に一枚一枚の葉のように降り積もり、虫や菌に食い散らされて、④豊饒な土壌の一部となる。その土壌のことをコトノバだと私は考えたい。

（赤坂憲雄・藤原辰史・新井卓『言葉をもみほぐす』による。なお一部を改めた）

注 精神病院・クラゲ・もののけ＝往復書簡の他の部分で触れている箇所がある。
ダゲレオタイプ＝銀板写真。

問1 傍線①、③のカタカナを漢字に改めよ。楷書で正確に書くこと。

問2 傍線②、④の読み方をひらがなで書け。

問3　傍線㋐に「言葉嫌いの季節が私のこれまでの人生の半分を占めていたことに、本を書く身となったいま、愕然とする」とあるが、それはどのようなことか。最も適当なものを、次のなかから選び、その番号をマークせよ。

1　言葉への誤解や羞恥心を抱いた自分もつまりは言葉嫌いの時代に生きていたと気づき、本を書く身として仰天している。
2　言葉に対する誤解や若者特有の嫌悪感を持っていた過去の失った時間を思い、本を書く身として焦燥に駆られている。
3　言葉に対する大きな誤解や潔癖症的な嫌悪感を追認し、そのような自分が本を書く身であってよいのか煩悶(はんもん)している。
4　言葉に対する誤解やその根源にあった作為への羞恥心を抱いていた時間の長さを思って、本を書く身として驚いている。
5　言葉に長らく誤解や嫌悪感を持っていた自分のような者が、いまや本を書く身になっているという現実に呆(あき)れている。

問4　傍線㋑に「恐ろしい人だ」とあるが、この表現にこめられた意味として最も適当なものを、次のなかから選び、その番号をマークせよ。

1　できれば秘めておきたかったかつての自分にあった言葉への苦手意識を暴かれてしまい、戦々恐々としている。
2　文章を宙に浮かせるレトリックで気づくとこちらの思考が煙に巻かれてしまったことに、警戒心を覚えている。
3　自分自身の深い部分にあった言葉をめぐる遠い過去を思い出させ向き合わせた手腕に、畏怖の念を抱いている。
4　研究者として持つべきではなかった言葉への潔癖的感覚を実に的確に指摘されたことに対して、恐縮している。
5　気づかぬうちに対話相手の核心を引き出す話術に感心しているようにみせかけながら、実は皮肉となっている。

問5　空欄 A 〜 E に入る語の組み合わせとして最も適当なものを、次のなかから選び、その番号をマークせよ。

1　A＝コトバ　B＝コトバ　C＝コトノハ　D＝コトノハ　E＝コトノハ
2　A＝コトノハ　B＝コトノハ　C＝コトノハ　D＝コトバ　E＝コトバ
3　A＝コトバ　B＝コトノハ　C＝コトバ　D＝コトノハ　E＝コトバ
4　A＝コトノハ　B＝コトバ　C＝コトノハ　D＝コトノハ　E＝コトノハ

5　A＝コトバ　B＝コトバ　C＝コトノハ　D＝コトノハ　E＝コトバ
6　A＝コトノハ　B＝コトノハ　C＝コトバ　D＝コトバ　E＝コトノハ

問6　次の一文は、本文中の〈 1 〉～〈 6 〉のどこに入れるのが最も適当か。その番号をマークせよ。

これは、日本の現代史そのものの問いであることは言うまでもないだろう。

問7　傍線㋒に「読者を立ち止まらせる」とあるが、これと対照的な姿勢を、本文中からそのまま抜き出して、十四字で書け。

問8　傍線㋓に「同一の平面」とあるが、その内容を端的に示した箇所を、本文中からそのまま抜き出して、六字で書け。

問9　本文の内容に合うものを、次のなかから二つ選び、その番号をマークせよ。

1　津軽の大地主に生まれた太宰治にとっては、中央の文化によって故郷津軽の弱い立場の人々が搾取されるという宿業に葛藤し、それと生涯向き合うことが書くことの原動力となったが、それは彼のコトノバを育むものでもあった。
2　赤坂憲雄という書き手には反語的な疑問形で文章を閉じる頻度が高いという特徴があるが、それは自身の思想の中心的部分に触れようとする場面で読者を立ち止まらせ、コトノバを開くものである。
3　言葉を用いることの恥ずかしさを持ちながらも、それでも言葉に追い縋ろうとすることの虚しさを舐め尽くしてみる体験を経た人間にしか、コトノバに参入して沈黙や空白を許容することはできない。
4　異なる環境で生まれ育ちそれぞれ別の問題を抱えている子どもたちのコトノバを開くことは、声なき声に耳を澄ます機会を作るので、多文化共生社会を実現させるための第一歩となる。
5　筆者は、友人と言葉をやり取りするのも得意ではなかったというほど言葉に関心のなかった高校時代の自分のことが、書くことと読むことが日常となり積極的にコトノバに参加している現在から振り返ると、どうしても好きになれない。
6　不幸を背負わされて充足できずにそれでも生きていかねばならない若者と、自身の恵まれた環境がもたらす負の連鎖を断ち切ろうと考える若者のような、背景を異にする人たちを出会わせ育む土壌がコトノバである。

7　「もの」や「風景」は、人間が聴き取れない波長のメッセージを映し出すことで、言葉でなくてもコトノバに参入し豊かにもできるが、言葉を出すことに作為を感じる人間にとってはそれらですら苦痛に感じるときがある。

問10　太宰治の作品ではないものを、次のなかから一つ選び、その番号をマークせよ。

1　斜陽　　2　女生徒　　3　堕落論　　4　人間失格　　5　富嶽百景

二　次の文章を読んで、問いに答えよ。

私たちの名前に対する考え方は、大きく二つに分けることができる。ひとつは、名は体を表す、名前はその人そのものであるという「名実一体観（めいじついったいかん）」。もうひとつは、名前は人物を特定する符号に過ぎないという「名前符号観」とでも呼べる考え方。私たちの名前に対する感覚は、この二つの考え方の間をさまざまな程度で行き来している。

日本の「名実一体観」は、すでに古代から神々、ミカド、天皇の名を書いたり口に出すことを避ける「実名敬避（じつめいけいひ）」の伝統にみられる。さらに、古代・中世においては、自分の名前を知らせることが、その人の弟子や従者になる、あるいは、敵に降伏する意味を持っていた。

〈　1　〉

実名敬避の伝統は、現代でも、目上の人を名前で呼ぶことを避けるという形で残っている。会社では、下の人は上の人を名前ではなく職名で呼ぶが、上の人は下の人を名前で呼ぶ。社員は、社長を「社長」と呼ぶ。しかし、社員に、「社員」と呼びかける社長はいない。「中村さん」と名前で呼ぶ。目上の人は下の人を名前で呼んでも良いのだ。家庭でも、弟は兄を「兄さん」と呼ぶが、弟を「弟さん」と呼ぶ兄はいない。学校でも、生徒は先生を「先生」と呼ぶが、生徒を「生徒」と呼ぶ先生はいない。

〈　2　〉

私たちは名前の言い間違い、読み間違い、書き間違いは、他のことばの間違いと比べて、失礼なことだと認識している。卒業式で、名前を読み間違えられたら、がっかりだ。「スマホ」「パソコン」など、なんでも省略して短く言う時代でも、人の名前は本人の承諾がなければ省略しない。

〈　3　〉

先日公園に行ったら、「シロ！」と呼ぶ声がした。すると、声の主をめがけて真っ黒な犬が走り寄ってきた。ちぎれるほどにしっぽを振って飼い主に頭をなでてもらっている黒い犬を見て、飼い主のユーモアに、ほっこりした。そして、「シロ」の意味など関係なく、自分の名前に反応する犬をかわいらしく思った。これも、「シロという名前ならば白い犬だろう」という名実一体観を裏切る命名だったからこその感慨だろう。

〈　4　〉

名実一体観は、日本に限ったことではない。ファンタジー文学のベストセラー『ハリー・ポッター』シリーズでも、多くの魔法使いが、闇の帝王「ヴォルデモート」を「名前を言ってはいけないあの人」と呼び、その名前を口にしないばかりか、ハリーがその名前を言うと、あたかも、名前そのものが本人であるかのように恐ろしがる。

〈　5　〉

名実一体観を大きく変更させたのが、明治五（一八七二）年に明治政府が発布した改名禁止令と複名禁止令である。それまでの日本では、元服、襲名、出家、隠居など立場が変わるごとに改名していた。元服をすれば幼名から成人名へ（伊達梵天丸（だてぼんてんまる）→伊達政宗）、隠居をすれば改名（滝沢馬琴（たきざわばきん）→滝沢笠翁（りつおう））、出家をすれば俗名から戒名へ、職業、立場、地位の変更が必然的に改名をともなっていた。このうち、戒名は現在でも機能している。仏壇の中の位牌に書いてある名前だ。

さらに、官名や国名など一人の人が同時に複数の名前を使うこともまれではなかった。「赤穂浪士」で有名な大石内蔵助（おおいしくらのすけ）の

「内蔵助」は官職を指し、元の名は、大石良雄(よしお)だ。宮本武蔵の武蔵は、武蔵の国からきている。

〈 6 〉

江戸時代まで日本は多くの藩に分かれていた。しかし、明治時代になって、日本をひとつの国に統合しようとしていた明治政府にとっては、国民を把握してしっかり徴兵・徴税することが重要であった。そのためには、国民が名前を変えたり、同じ人が複数の名前を使っていたのでは困る。そこで、一人がひとつの名前を使って戸籍を編製するように定めたのだ。改名するためには、国に届けて承認してもらわなければならなくなった。

私たちにとって当たり前になっている「一人にひとつの名前」が生まれた背景には、国家が国民を管理する目的があった。以降、国家は国民の名前をさまざまな形で規制していくようになる。

これを読んで、「そんなことはない。私の好きなアーティストは、みんな、個性的な名前で活躍している」と、思った人がいるかもしれない。その通りだ。私など、どちらが歌の題名で、どちらが歌手の名前なのか、わからないときがある。しかし、そんなアーティストも、税金を納めるときや、健康保険に加入するときには、戸籍に登録した氏名を使っているはずだ。

一人一名主義は、名前を、個人を識別する符号のようにみなす考え方に結び付いた。その結果、現代の私たちは(ア)名前に関して名実一体観と名前符号観の両方をあわせもつにいたったのだ。

ちなみに、日本で子どもに名前を付けるときと、アメリカなどのキリスト教圏で子どもに名前を付けるときでは、大きな違いがある。

日本では、漢字やひらがなの意味や音、字画を意識して組み合わせることで、新しい名前を作ることが多い。一方、キリスト教圏では、いくつかある聖人の名前から選ぶほうが一般的だ。だから、私のアメリカ人の友人には、ジョンがやたら多い。ジョンは、ヨハネに由来し、キリストの人間の父もヨハネだ。

このような命名方法の違いは、同じ名前を持つ人に対する感覚にも影響を与えている。新しい名前を作る日本では、同じ名前、しかも、漢字まで同じだと、その人に親近感を持つことが多い。一方、たくさんの「ジョン」がいるアメリカでは、相手も「ジョン」だと分かっても、苦笑いするだけだ。

ある日、私のもとに、きれいな絵ハガキが届いた。だれから来たのかと差出人を見ると、「中村桃子」と書いてある。自分が旅先から絵ハガキを出した覚えはないが、宛名も中村桃子だ。読むと、本屋で私の本を見つけた方が、たまたま、私と同じ中村桃子という名前の人で、うれしくなって、わざわざハガキをくださったそうだ。これも、［A］が生み出した縁だろう。もちろん、私もうれしくなってお返事を出した。

先日、出会った人は、もっと徹底していて、自分と同じ名前の人の会を作ったそうだ。たしか、「ひろゆき」だった。漢字も同じでなくてはならない決まりにしたが、全国各地から、さまざまな職業や立場の人が参加しているという。同じ名前を持つという親近感があったので、はじめから親戚のように話すことができたそうだ。このような感想も、名実一体観の強さを示している。

このように、名実一体観と名前符号観が混在している場合では、人の変化と名前の間に二つの関係を想定することができる。ひとつは、人が変化したから名前を変えるという関係だ。名実一体観によれば、人物が変われば、それに合わせて名前も変わらなければいけないことになる。実際、先に見たように、明治時代までは、多くの日本人が一生にたびたび改名していた。

もうひとつは、名前を変えることで、自分も変化しようとするという関係だ。最初の考え方では、人物が変身したので名前も変更しているが、この考え方では、人物はまだ変身していないのに、先に名前を変えることによって、人物にも何らかの変化が起きることが期待されている。

これは、病気・厄除けのげん直しのための改名に見られる。滝沢馬琴も六一歳の厄年に篁民（こうみん）と改名した。現在でも、事故や病気の後に改名する人がいる。

また、ペンネームや芸名など、個人のイメージが重要な職業の人は別の名前を用意する。美空ひばりの本名が加藤和枝だと聞いて驚く人もいるだろう。

このように、名前を変えることによって、名前を付けられたものも変更してしまうという現象は、一般的なことばの働きにもひんぱんに観察されるものである。たとえば、それまで「中村アパート」と呼んでいた建物を「リバーサイドパレス」と呼び直すと、同じ建物でもかなり異なって認識される。商品名が重要なのは、ネーミングによって売り上げが変わってくるからなのである。

さらに、こうなってほしいという願いを名前に託し、親が子どもに命名する場合がある。親は、姓名判断や字画を考慮して、子どもが幸せになるように命名する。美しくなってほしければ「美」をつけ、大きく飛び立ってほしければ「翔」をつける。名前という「ことば」には、指している人を作り上げ、時として、㋑アイデンティティを与える力があるのだ。

（中村桃子『「自分らしさ」と日本語』による。なお一部を改めた）

問1　次の一文は、本文〈　1　〉～〈　6　〉のどこに入れるのが最も適当か。その番号をマークせよ。

それ以外にも、名実一体観は、さまざまな所に顔を出してくる。

問2　傍線㋐に「名前に関して名実一体観と名前符号観の両方をあわせもつ」とあるが、その具体的説明として、最も適当なものを、次のなかから選び、その番号をマークせよ。

1　白い犬には「シロ」と名付けなければいけないのに、黒い犬に対しても「シロ」と名付けることができるような、名付けが自由であること

2　名前は単なる符号であるべきなのに、名前の言い間違いなどについては、他の言葉の間違いと比べて失礼にあたると認識していること

3　名前は個人を識別する符号であるが、名前はその人を表すものでもあり、同じ名前の人に対しては、親近感を持つことがあること

4　有名人は皆、個性的な名前で活躍しているが、そのような有名人も税金を納める場合には戸籍の名前を使用しなければならないこと

5　国家が名前を一人一名主義という形で規制する一方で、子供に対し「美」「翔」といった文字を用いて自由に名前付けができること

問3　[A] に入れるのに、最も適当なものを、次のなかから選び、その番号をマークせよ。

1　名実一体観　2　名前符号観　3　実名敬避　4　命名方法　5　一人一名主義

問4　傍線㋑に「アイデンティティを与える力」とあるが、その説明として、最も適当なものを、次のなかから選び、その番号をマークせよ。

1　同じ名前の人は、様々な職業や立場の人であったとしても、似たような性格であることが多く、会うとすぐに仲良くなれるということ

2　「美」「翔」といった名前を親から付けられることにより、子供は自分自身に自信がつき、個性を発揮できるようになるということ

3　子供にこうなって欲しいと親が考えて名付けた名前は、姓名判断や字画も熟慮されており、子供を幸せにする力があるということ

4　名前に託されている願いや意味によって、そのような人物として自己が形成されていき、また、自らも変化しようとすること

5　建物の名前を「中村アパート」から「リバーサイドパレス」にするとイメージが変わるように、人は名前だけで対象を

判断すること

問5　本文の内容に合うものを、次のなかから一つ選び、その番号をマークせよ。

1　明治時代から一人が一つの名前を用いて戸籍を編製するようになったため、伝統的に行われていた改名は禁止されてまったくみられなくなってしまった。

2　日本では古くから自らの名前を知られることはその人の弟子・従者になるという意味を持ち実名を敬避していたが、海外ではそのような考えは全くない。

3　アメリカでは名実一体観という考えが希薄であり、名づけの際にはいくつかある聖人の名前から選んでいるため、「ジョン」という名前がとても多い。

4　古来より日本において、実名敬避といった伝統にみられる名実一体観は、明治以降に政府の方針により大きく変更されるが、現代においてもその考えは存在する。

5　日本では漢字やひらがなの意味や音、字画を意識して組み合わせることで新しい名前を作ることから、同じ名前の人に会うのは珍しく、偶然出会うと親しくなる。

三　次の文章を読んで、問いに答えよ。

（光源氏は、命婦の手引きで故常陸宮の姫君・末摘花と一夜を過ごした。）

二条院に帰りおはして、うち臥したまひても、なほ思ふにかなひがたき世にこそと思しつづけて、軽らかならぬ人の御ほどを心苦しとぞ思しける。思ひ乱れておはするに、頭中将おはして、「こよなき御朝寝かな。ゆゑあらむかしとこそ思ひたまへらるれ」と言へば、起き上がりたまひて、「心やすき独り寝の床にてゆるびにけりや。内裏よりか」とのたまへば、「しか。まかではべるままなり。朱雀院の行幸、今日なむ、楽人、舞人定めらるべきよし、昨夜うけたまはりしを、大臣にも伝へ申さむとてなむまかではべる。やがて帰り参りぬべくはべり」と、いそがしげなれば、「さらば、もろともに［A］」とて、車引きつづけたれど、一つに奉りて、「なほいとねぶたげなり」と咎め出でつつ、「隠したまふこと多かり」とぞ恨みきこえたまふ。事ども多く定めらるる日にて、内裏にさぶらひ暮らしたまひつ。

かしこには㋐文をだにと、いとほしく思し出でて、夕つ方ぞありける。雨降り出でて、ところせくもあるに、笠宿せむと、はた思されずやありけむ。かしこには、待つほど過ぎて、命婦も、いといとほしき御さまかなと、心憂く思ひけり。正身は、御心のうちに恥づかしく思ひたまひて、今朝の御文の暮れぬれど、なかなか咎とも思ひわきたまはざりけり。

「夕霧の晴るる気色もまだ見ぬにいぶせさそふる宵の雨かな

雲間待ち出でむほど、いかに心もとなく」とあり。おはしますまじき御気色を、㋑人々胸つぶれて思へど、「なほ聞こえさせたまへ」と、そそのかしあへれど、いとど思ひ乱れたまへるほどにて、え型のやうにもつづけたまはねば、①「夜更けぬ」とて、侍従ぞ例の教へきこゆる。

②晴れぬ夜の月まつ里を思ひやれ同じ心に㋒ながめせずとも

口々に責められて、紫の紙の年経にければ灰おくれ古めきたるに、手はさすがに文字強く、中さだの筋にて、上下ひとしく書きたまへり。見るかひなくうち置きたまふ。いかに③思ふらむと、思ひやるもやすからず。かかることを悔しなどは④言ふにやあらむ、さりとていかがはせむ、我はさりとも心長く見はててむと思しなす御心を知らねば、かしこにはいみじうぞ嘆きたまひける。大臣夜に入りてまかでたまふにひかれたてまつりて、大殿におはしましぬ。

行幸のことを興ありと思ほして、君たち集まりてのたまひ、おのおの舞ども習ひたまふを、そのころの事にて過ぎゆく。御暇なきやうにて、切に思す所ばかりにこそ、ぬすまはれたまへ、かのわたりには、いとおぼつかなくて、秋暮れはてぬ。なほ頼みこしかひなくて過ぎゆく。

行幸近くなりて、試楽などののしるころぞ、命婦は参れる。「いかにぞ」など問ひたまひて、いとほしとは思したり。ありさま聞こえて、「いとかうもて離れたる御心ばへは、㋓見たまふる人さへ心苦しく」など、泣きぬばかり思へり。心にくくもてなしてやみなむと思へりしことを朽たしてける、心もなくこの人の思ふらむをさへ思す。正身の、ものは言はで思し埋もれたまふらむさま、思ひやりたまふもいとほしければ、「暇なきほどぞや。わりなし」とうち嘆きたまひて、「もの思ひ知らぬやうなる心ざまを、懲らさむと思ふぞかし」とほほ笑みたまへる、若くうつくしげなれば、我もうち笑まるる心地して、わりなの人に恨みられたまふ御齢や、思ひやり少なく、御心のままならむもことわりと思ふ。この御㋔いそぎのほど過ぐしてぞ、時々おはしける。

（『源氏物語』による）

注　二条院＝光源氏の本邸。　頭中将＝光源氏の妻の兄。　大臣＝左大臣。頭中将の父。
正身＝当の本人。　侍従＝常陸宮家の女房。　灰おくれ＝色が薄れて。　中さだの筋＝少し昔の書風。
わりなの＝「御齢」にかかる。

問1　A に入れるのに、最も適当なものを、次のなかから選び、その番号をマークせよ。

1　おはせむ　2　帰らむ　3　まかでむ　4　参らむ　5　申さむ　6　聞こえむ

問2　傍線㋐の「文をだに」の意味として、最も適当なものを、次のなかから選び、その番号をマークせよ。

1　何とか和歌は詠んでほしい。
2　せめて手紙だけでも送ろう。
3　まさか漢詩は読めないだろう。
4　やはり文章だけでは物足りない。
5　もう和歌さえも送る気がしない。

問3　傍線㋑の「胸つぶれて思へど」の理由として、最も適当なものを、次のなかから選び、その番号をマークせよ。

1　色好みの光源氏が相手では、末摘花が先々悩むことになるから
2　光源氏の和歌に対して、末摘花が返歌しようとしなかったから
3　光源氏に今夜、末摘花のもとを訪れる気がないとわかったから
4　光源氏が訪れても、貧しい常陸宮家ではもてなしようがないから
5　末摘花の相手が、皆のあこがれの的である光源氏とわかったから

問4　傍線①の「更け」、②の「晴れ」、③の「思ふ」、④の「言ふ」の活用形を、それぞれ次のなかから選び、その番号をマークせよ。

1　未然形　2　連用形　3　終止形　4　連体形　5　已然形　6　命令形

問5　傍線㋒の「ながめせずとも」を十一字程度、㋔の「御いそぎのほど」を七字程度で、それぞれ現代語訳せよ。

〔解答欄：㋒十三字　㋔八字〕

問6　傍線㋓の「見たまふる人さへ心苦しく」の説明として、最も適当なものを、次のなかから選び、その番号をマークせよ。

1　満足な応答もできない末摘花の様子は、命婦から見ても、物足りなく思われるということ
2　命婦に会おうとしない光源氏の態度は、末摘花から見ても、苦々しく思われるということ

3　恨み言も言わずに待つ末摘花の様子は、光源氏から見ても、気の毒に思われるということ
4　末摘花を見限ったかのような光源氏の態度は、命婦から見ても、つらく思われるということ
5　古風で浮世離れした末摘花の性格は、光源氏から見ても、危なっかしく思われるということ

問7　本文の内容に合うものを、次のなかから二つ選び、その番号をマークせよ。

1　頭中将は、眠そうにしている光源氏の様子を不審に思い、何かあったのかと探りを入れてきた。
2　光源氏は、夕方になって雨が降り出したため、雨宿りを兼ねて常陸宮邸に立ち寄ろうと考えた。
3　光源氏は、力強く端正に書かれている末摘花の筆跡を見て、さすがは宮家の姫君と感心した。
4　末摘花は、光源氏が気長に自分の面倒を見ていこうと考えていることも知らず、嘆いていた。
5　末摘花は、光源氏が通って来ないのは、内裏への出仕で暇がないから仕方がないと思っていた。
6　命婦は、光源氏の若々しく魅力的な姿にひかれながらも、その身勝手さは許せないと思った。

問8　『源氏物語』の影響を強く受けて成立したとされる作品を、次のなかから一つ選び、その番号をマークせよ。

1　落窪物語　2　竹取物語　3　狭衣物語　4　大和物語　5　宇治拾遺物語

四

次の文章を読んで、問いに答えよ（設問の都合上、訓点を省略した部分がある）。

臣聞、朋党之説、①自古有之。惟幸人君弁其君子小人而已。大凡君子与君子以同道為朋、小人与小人以同利為朋。此自然之理也。然臣謂、小人無朋、惟君子則有之。其故何哉。小人所好者、禄利也。所貪者、財貨也。当其同利之時、暫相党引以為朋者、偽也。及其見利而争先、或利尽而交疎、則反相賊害、雖其兄弟親戚、不能相保。故臣謂、小人無朋、其暫為朋者偽也。君子則②不然。所守者道義、所行者忠信、所惜者名節、以之修身、則同道而相益、以之事国、則同心而共済、終

始如(レ)(シ) A (ノ)。此(レ)君子之朋也。故為(ニ)人君者但当退小人之偽朋用君子之真朋。則(チ)天下治(マラン)矣。

（『欧陽文忠公集』による）

注 禄利＝俸給などの利益。 党引＝仲間同士で引き立て合う。 賊害＝危害を加える。
名節＝名誉と節操。

問1 傍線①の「自」、②の「不然」の読み方を、送りがなを含めて、それぞれひらがなで書け。

問2 A に入れるのに、最も適当なものを、次のなかから選び、その番号をマークせよ。

1 元 2 無 3 古 4 道 5 一

問3 傍線③の「為人君者但当退小人之偽朋用君子之真朋」の書き下し文として、最も適当なものを、次のなかから選び、その番号をマークせよ。

1 人君たる者は、但だ当に小人の偽朋を退け、君子の真朋を用ふべし
2 人君たる者は、但だ当に小人の偽朋を退くべく、君子の真朋を用ひん
3 人君たる者は、但だ小人の偽朋を退くるに当たりて、君子の真朋を用ふ
4 人君の為(ため)にする者は、但だ当に小人の偽朋を退け、君子の真朋を用ふべし
5 人君の為にする者は、但だ当に小人の偽朋を退くべく、君子の真朋を用ひん
6 人君の為にする者は、但だ小人の偽朋を退くるに当たりて、君子の真朋を用ふ

問4　本文の内容に合うものを、次のなかから一つ選び、その番号をマークせよ。

1　集団には、利益をもとに形成されるものと、道をもとに形成されるものがある。両者はそれぞれ国に貢献する上で重要な役割を果たしている。

2　本当の朋党とは、共通の利益による小人の集団ではなく、同じ道を守る君子の集団である。世を治める者はこの両者を区別することが肝要である。

3　君子の集団は守る道が同じことにより形成され、小人の集団は共通の利益により形成される。それぞれ集団の性質は異なるが、ともに強い結束力をもつことに変りはない。

4　君子の集団が全体の利益を優先し、小人の集団が個人の利益を優先するのは、自然の道理である。世の君主はそのことを熟知しなければならない。

5　本当の朋党は、道をもとにするか利益をもとにするかによって判断できる。しかし、統治者は往々にして目先の利益にとらわれて両者を区別できない。

6　集団の統率者は、その集団が利益によるのか道によるのかを客観的に判断する必要がある。その上で、集団の特徴を生かして世のために貢献すべきである。

二月三日実施分

解答

一

出典 藤原辰史「あとがきにかえて 『言の葉』と『言の場』」（赤坂憲雄・藤原辰史・新井卓『言葉をもみほぐす』岩波書店）

解答

問1　①柔和　③虐

問2　②さげす　④ほうじょう

問3　4

問4　3

問5　5

問6　5

問7　すぐに明確な答えを求めたがる

問8　異種混淆の場

問9　2・6

問10　3

◆要　旨◆

筆者はかつて言葉に嫌悪感を持っていた。その根っこには話すことや読むことへの恥ずかしさがあった。それでも言語行為を続けるならば、恥ずかしさの根源に戻らなければならない。中世以前はコトバはコトノハより平俗なものと考えられていたようだが、筆者の感じていた恥ずかしさは、端に過ぎないものに全体を代表させることへの嫌悪と平安貴族の感覚に対する抵抗感だったかもしれない。赤坂憲雄はコトバを大切にしてきた。赤坂憲雄の言葉は人を立ち止まらせる。筆者は赤坂憲雄との往復書簡で言の葉とは言の場であることを学んだ。それは沈黙も空白も許容した声なき声に耳を澄ます場である。言葉は言葉なきものにもみほぐされ、降り積もり、土壌の一部になる。その土壌がコトノバである。

◀解　説▶

問3　傍線部の心理は、一言でいえば「愕然とする」という驚きであり、何に対してかというと、自分自身の言葉嫌いの時期の長さに対してである。この二つのポイントから、4と判断する。1では、自分の過去の在り方に対する心理ではなく、「時代」に対する心理になってしまうので不適。2の「焦燥」、3の「煩悶」は不適。このような心理の動きは述べられていない。5は「呆れている」がずれるし、自分の現状に対する心理となっている点も不適である。

問4　この文章は藤原辰史が書いたものであるが、赤坂憲雄に対する敬意と感謝がベースになっているのは明らかであり、3の「畏怖」が適切である。2の「警戒心」や5の「皮肉」はあり得ない。1の「戦々恐々」も不適。ここの「恐ろしい」は〈恐怖〉という意味ではない。4については、「言葉への潔癖的感覚」は「研究者として持つべきではないとは言えないし、「指摘」されたわけでもない。

問5　第七段落の『古典基礎語辞典』からの「コトノハに対してコトバは、平俗な言葉で歌語ではないと認識されていた」という引用、空欄C直前の「俗っぽい感じが貴族に嫌われ」という部分を参考にする。これらから、「口から発せられる」B、「貴族に蔑まれていた」Eが「コトバ」であり、「美しい語」であるC、「平安貴族」が振りかざすDが「コトノハ」であると判断できる。この条件に合うものは5だけである。

問6　挿入文の冒頭は「これ」であり、挿入する直前の内容を指しているはずである。挿入文の内容は、「現代史そのものの問い」であるので、挿入箇所直前が言語や赤坂憲雄に関する内容である1・3・4・6は不適と判断する。2の直前の内容も「現代史そのものの問い」とは考えにくい。5の直前の経済的「搾取」の問題だけが適切である。

問7　立ち止まることと「対照的な姿勢」であるから、当然〝立ち止まらない〟という内容になる。十四字という指定がヒントになる。次の段落に、「立ち止まらせる」を「ブレーキをかける」と言い換えている箇所があるので、これと反対の内容である「思考の前進を促してくれる」と同じ内容で十四字の部分を探せばよい。

問8 「同一の平面」に乗せるものは、傍線㊁直前にあるように「異なった類のもの」である。だから、異なったものを一緒に扱う「平面」という内容の部分を探す。これも六字という指定がヒントになる。当該箇所は最後から三つ目の段落第二文にある。「混淆」と「同一」は、文脈的に同じニュアンスを表している。

問9 2は空欄Eの後の第十段落第二文、傍線㋒のある第十二段落、〈5〉直後の第十八段落第一文などの内容に合致する。6は傍線㊁のある第十五段落に合致する。1については、「搾取」を「中央の文化」によるものとしている点が不適。3は「コトノバに参入」できる人間を「言葉を用いることの恥ずかしさ……体験を経た人間にしか」と限定している点が不適。「コトノバ」は「異種混淆の場」であり、参入する者を限定しない。4の「多文化共生社会を実現させる」という内容は本文中にない。5は「現在から振り返ると」が不適。当時の回想として第四段落に「そんな自分もあまり好きになれなかった」と述べられており、現在の思いではない。7の「言葉を出す……感じるときがある」という内容は本文中にない。

二

出典 中村桃子『「自分らしさ」と日本語』〈第二章　名前―「わたし」を示すことばの代表　1　名前に対する二つの感覚　2　人が変わって名前が変わる、名前を変えて自分も変わる〉（ちくまプリマー新書）

解答

問1　2
問2　3
問3　1
問4　4
問5　4

◆要　旨◆

名前に対する考え方には、「名実一体観」と「名前符号観」とがある。「名実一体観」は、名前と実体が関係づけられているという考えで、古代からの「実名敬避」の伝統につながっており、洋の東西を問わず現代でも残っている。しかし、日本では「名実一体観」は、明治政府が国民を管理する目的で出された改名禁止令と複名禁止令によって大きく影響を受けた。複名禁止令による一人一名主義は、「名前符号観」に結びついた。現代では「名実一体観」と「名前符号観」が混在しており、人が変化したから名前が変わるという関係と名前を変えることで人が変わるという関係の二つの関係を想定できる。名前という「ことば」には、命名した人の願いが込められているだけではなく、時には名付けられた人のアイデンティティをも与えてしまうという力がある。

▲解　説▼

問１　「名実一体観」の例は第二段落から〈５〉の前の第六段落に書かれているので、１～４に絞る。挿入文には「さまざまな所」とあるので、なるべく前の方に挿入して、その後に例が列挙されるという流れがスムーズであると考える。ただ、１の前と後ろの部分は「実名敬避」という一つのまとまった内容だと考えられるので、１は避けるべきだろう。よって、残りのうち一番前にある２と判断する。

問２　空欄Ａの二段落後冒頭の「このように、名実一体観と名前符号観が混在している場合」に着目。ここが傍線㋐と同じ内容になっているので、「このように」の指すこの前の二段落の内容をまとめたものが正解。空欄Ａの段落内容をおさえた３が適当。１は「名実一体観」に基づく考え方であり、２は「名前符号観」の考え方。４は一人一名主義の説明であり、傍線㋐とは無関係である。５は文構造そのものがおかしい。「一方で」とあるが、その前と後ろの部分の内容がかみ合っておらず、文として成立していない。

問３　「中村桃子」という同じ名前であるから、親近感を感じ、うれしくなったのである。名前が実体とつながっているという意識である。２のように、名前が単なる符号ならば「うれしくな」ることはない。３のように実名を敬避しているわけでもないし、5のように一人一名でもない。4の「命名方法」は論外。

問4　傍線㋑直前は、親が願いを込めてつけた名前（＝ことば）が「指している人」（＝子ども）にアイデンティティを与えるという内容である。そのためには、子ども自身もそれを受け入れ、努力しなければならない。この内容に合うのは4である。1の「同じ名前の人は……似たような性格であることが多く」、2の名前を付けられることで子供に「自信がつき」、3の「姓名判断や字画……子供を幸せにする力がある」などは、本文中に書かれていない。5はアイデンティティとは無関係。

問5　4は第二段落、〈5〉の後の第七段落、傍線㋐を含む一文の内容に合致する。1は「まったくみられなくなってしまった」が不適。芸名やペンネームの例がある。2の「海外ではそのような考えは全くない」、3の「アメリカでは名実一体観という考えが希薄であり」も不適。〈4〉直後の第六段落に「日本に限ったことではない」とある。5については、「同じ名前の人に会うのは珍しく」とは述べられていないので不適。

三

出典　紫式部『源氏物語』〈末摘花〉

解答

問1　4

問2　2

問3　3

問4　①―2　②―1　③―3　④―4

問5　㋒物思いはしないとしても（十一字程度）　㋔ご準備の期間（七字程度）

問6　4

問7　1・4

問８　３

◆全　訳◆

二条院に帰りなさって、横になりなさっても、やはり思う通りにはいかない男女の仲だなあと思い続けなさって、軽々しくはない姫君のご身分を（源氏は）心苦しいと思いなさる。（源氏が）思い悩んでいらっしゃるところに、頭中将がいらっしゃって「ずいぶんな朝寝ですねえ。何か事情がありそうなことよと、自然と思い申し上げてしまいます」と言うので、（源氏は）起き上がりなさって、「気楽な一人寝で気が緩んでしまったよ。内裏から（のお帰りです）か」とおっしゃるので、（頭中将は）「そうです。（内裏から）退出しましてそのまま（来たの）です。朱雀院の行幸について、今日、楽人や舞人を決めなさるはずだということを、昨夜うかがいましたので、（父の）大臣にも伝え申し上げようと退出しました。すぐにまた参内しなければなりません」と、忙しそうなので、（源氏も）「それならば、いっしょに（参内しよう）」と言って、牛車を（二つ）連ねて行くが、（二人は）いっしょの車に乗りなさって、（頭中将が）「やはりたいへん眠たそうです」と咎めだてながら、「隠しなさることが多い」と恨み申し上げる。いろいろ決めなければいけないことが多い日で、内裏に一日中ずっといらっしゃった。

向こう（＝末摘花のところ）には（自身が行けないなら）せめて手紙だけでもと、気の毒だと思い出しなさって、夕方になって出しなさった。雨が降り出して、気づまりでもあるし、泊まりに行こうとは、やはりお思いにならなかったのだろうか。むこう（＝末摘花のところ）では、（後朝の文の来るのを）待つうちに時間も過ぎて、命婦も大変（末摘花が）気の毒なご様子だと、つらく思っている。当の本人は、お心の内に恥ずかしく思いなさって、今朝（来るはず）のお手紙が夕方になったけれど、むしろ咎めるべきこととも思っていらっしゃらないのであった。

「夕霧が晴れる気配も（あなたが私を気持ちよく迎える様子も）まだ見えないうちに、気を重苦しくさせるこの宵の
　雨であることですよ

雲間を待っている間、どんなに待ち遠しく思うことでしょう」と（源氏の手紙に）ある。（今夜は源氏は）いらっしゃら

ないだろうというご様子なので、女房たちは胸がつぶれるような思いがするが、「やはり（お返事を）さしあげなさいませ」と、みなで（末摘花に）お勧めするけれど、（末摘花は今までより）いっそう思い乱れていらっしゃる時で、形だけでも（返事が）おできにならないので、「夜が更けてしまう」と言って、侍従がいつものように（返歌を）教え申し上げる。

晴れない夜に月を待つ里（＝あなたのおいでを待つ私）のことをお考え下さい。たとえ（私と）同じように物思いに沈んでいらっしゃらないとしても

（女房たちに）口々に責めたてられて、（末摘花は）紫の紙で年がたったせいで色が薄れて古ぼけた紙に、筆跡はさすがに字はしっかりして少し昔の書風で、行の上下をそろえて書きなさった。（源氏はその手紙を）見る甲斐もないと思って置きなさる。どう思っているだろうかと（末摘花のことを）思いやるのも心やすらかではない。このようなことを後悔するなどと言うのだろうか、そうかといってどうしようか（いやどうしようもない）、自分はそうであっても（＝あのような女性であっても）ずっと世話をしてやろうと思いなさる（源氏の）お心を（末摘花の方では）知らないので、あちらでは、たいへん嘆いていらっしゃるのだった。大臣が夜になって退出なさるのに誘われ申し上げて、大臣のお邸にいらっしゃった。

行幸のことに興味をお持ちになって、貴族の子息たちが集まって話し、めいめい舞いなどを練習なさるのを、そのころの仕事として（一日が）過ぎていく。お暇がないような様子で、特に思いをかけなさるところだけは、こっそりとおいでになるが、あのあたり（＝末摘花のところ）には、はっきりしない態度のまま、秋も暮れてしまった。依然として（末摘花の方は源氏を）頼りにする甲斐もなく（日が）過ぎていく。

行幸が近くなって、試楽などで騒がしいころ、命婦が（源氏のもとに）参上した。「どんな様子か」などと（源氏は）たずねなさって、（末摘花のことを）気の毒にとは思っていらっしゃる。（命婦は末摘花の）様子を申し上げて、「ほんとうにこれほどお見限りの（源氏の）お心は、（そばで）拝見している人までもが心苦しくなります」など、泣いてしまい

そうなほど（つらく）思っている。（末摘花のことは、源氏とは手紙のやりとりなどだけで）奥ゆかしくふるまって終わろうと（命婦が）思っていたことを、（源氏が）ぶち壊しにしてしまったことは、思いやりのないことと この人（＝命婦）は思っているだろうとまで（源氏は）思いなさる。当の本人が、ものも言わないでふさぎ込んでいらっしゃるだろう様子を、想像なさるだけでも気の毒なので、「暇がない時なのだよ。どうしようもないのだ」と嘆きなさって、「ものの道理も知らないような（末摘花の）お心を、懲らしめようと思うのだよ」と微笑みなさる姿は、若くいかにも美しい感じなので、自分（＝命婦）もほほ笑んでしまうような心地がして、（この方は）どうしようもなく人に恨まれなさるようなお歳なのだよ、思いやりが少なく、思いのままに振る舞っても当たり前だと（命婦は）思う。この（行幸の）ご準備の期間が過ぎてから、（源氏は）時々（末摘花のところへ）いらっしゃったのだった。

◀解　説▶

問１　源氏と頭中将が「もろともに」どこへ行くのかを確認する。直前で頭中将は「内裏より」「まかではべるまま」に来て、「やがて帰り参りぬべくはべり」と言っている。また、第一段落の最後に「内裏にさぶらひ暮らしたまひつ」とある。行先は内裏なので、「行く」の謙譲語を選ぶ。

問２　副助詞「だに」に注目する。「だに」は、〝①～さえ、②せめて～だけでも〟の二つの意味があるので、２か５に絞れる。傍線㋐の直後で、源氏は「いとほし」（気の毒だ）と思っているのだから、５は不適と判断できる。なお、「手紙」とは〝後朝の文〟のことであり、一夜を過ごした翌朝に男が女のもとに送る手紙のことである。手紙の中身は普通は和歌である。

問３　傍線㋑直前の「おはしますまじき御気色」（源氏がいらっしゃらないだろうというご様子）が原因である。ここから３と判断する。１と４では、源氏に来てほしくないということになるので不適。５については、初めから相手が源氏だとわかっているはずなので不適。２については、傍線より後のことなので時間関係がおかしい。

問４　助動詞の接続の知識から語を識別する問題。①は完了の助動詞「ぬ」の終止形が接続しているので、連用形である。

②は打消の助動詞「ず」の連体形が接続しているので未然形である。③は現在推量の助動詞「らむ」が接続しているので終止形である。④は断定の助動詞「なり」の連用形が接続しているので連体形である。

問5　㋒「ながむ」は〝物思いにふける〟の意の重要語。「とも」は仮定の意の接続助詞。
㋔「いそぎ」は〝準備〟のこと。ここでは行幸の準備のことである。「ほど」は、時間、距離、範囲などさまざまな意味があり、前後の文脈から判断しなければならない。ここでは直後の「過ぐして」から、時間（期間）と判断する。

問6　「たまふる」が、ハ行下二段活用「たまふ」の連体形であることを確認する。下二段活用なので、これは謙譲語である。傍線㋓の直前の「いとかうもて離れたる御心ばへ」とは、源氏が末摘花のところに行こうとしない気持ちを指している。それを誰が拝見するのか、と考えればよい。源氏の態度を説明しているのは2と4だけであるが、2の「命婦に会おうとしない」は不適切なので、4と判断する。

問7　1は第一段落の第二文に合致する。4は傍線④を含む文に合致する。2は、源氏は常陸宮邸に行く気がないので不適。3については、末摘花の手紙の紙が古ぼけて、文字も洗練されないものであったため、源氏は「見るかひなくうち置きたまふ」という状態であるので不適。5については、末摘花がこのように思っているという内容は本文中にない。末摘花はものも言わず思い悩んでいる状態である。6は「許せないと思った」が不適。最後から二文目に「御心のままならむもことわりと思ふ（当たり前だと思う）」とある。

四

出典　欧陽脩『欧陽文忠公集』〈朋党論〉

解答

問1　①より　②しからず

問2　5

問3　1

問4　2

◆全　訳◆

私は（以下のように）聞いている、朋党（仲間）についての考えは、昔からあると。ただ君主が君子と小人とを見分けることを願うだけだ。およそ、君子と君子とは道を同じくするという理由で朋党をつくり、小人と小人とは利を同じくするという理由で朋党をつくる。これは自然の道理である。しかし私が思うには、小人に朋党は無く、ただ君子だけにこれ（＝朋党）がある。その理由は何か。小人の好むものは利益である。貪るものは財貨である。その利益を同じくする時に、しばらくは仲間同士で引き立てあって朋党をつくるが、これは偽物である。利益を見れば先を争い、あるいは利益が尽きて交際が疎遠になれば、かえって互いに危害を加え、その兄弟親戚といっても互いに（交際を）保つことができない。だから私が思うには、小人に朋党は無く、彼らがしばらくつくる朋党は偽物である。君子はそうではない。守るものは道義であり、行うものは忠信であり、惜しむものは名誉と節操であり、これらによって自分自身を修めれば、道を同じくして互いに益を与え、これらによって国に仕えれば、心を同じくして共に行動し、終始（団結して）一つのもののようである。これが君子の朋党である。だから君主は、ただ小人の偽の朋党を退け、君子の真の朋党を用いるべきである。そうすれば天下は治まるだろう。

読み　臣聞く、朋党の説は、古（いにしへ）より之有り。惟（た）だ人君の其の君子と小人とを弁ずることを幸（ねが）ふのみ。大凡（おほよ）そ君子と君子とは道を同じくするを以て朋を為し、小人と小人とは利を同じくするを以て朋を為す。此れ自然の理なり。然れども臣謂へらく、小人に朋無く、惟だ君子のみ則ち之有り。其の故は何ぞや。小人の好む所の者は禄利なり。貪る所の者は財貨なり。其の利を同じくするの時に当たりて、暫く相党引して以て朋を為す者は、偽なり。其の利を見て先を争ひ、或いは利尽きて交疎きに及んでは、則ち反つて相賊害し、其の兄弟親戚と雖も、相保つ能はず。故に臣謂へらく、小人に朋無く、其の暫く朋を為す者は偽なり。君子は則ち然らず。守る所の者は道義、行ふ所の者は忠信、惜しむ所の者は名節、之を以て身を修むれば、則ち道を同じくして相益し、之を以て国に事（つか）ふれば、則ち心を同じくして共に済（な）し、終始一の如し。此れ君子の朋なり。故に人君たる者は、但だ当に小人の偽朋を退け、君子の真朋を用ふべし。則ち天下治まらん。

◀解　説▶

問1 ①「自」は、「みづから、おのづから」という副詞の読みと、「より」という助詞の読みがある。本文では「自」に返り点がついているので助詞と判断する。〈従〉〈由〉も同じく下から返って「より」と読むのでまとめて整理しておこう。

②「然」は「しかり」と読み、〝そうである〟の意。「不」がついているので打消にする。

問2 小人の集団と違って、君子の集団は道を同じくする者の集団なので、その考えも行動も常に同じになる。道は不変であるからである。空欄A直前の「如」は比況（比喩）形で〝～ようだ〟の意。君子の集団が〈常に同じ〉であることを表すものとして、1「元」、2「無」、3「古」、4「道」は、明らかに合わない。

問3 「為」はさまざまな読みがあり、「たり」も「為にす」もある。まず、本文第二文をヒントにして、主語が君主に仕える者ではなく、君主であることを、次に、「当」が再読文字であることをおさえる。そうすると、1か2に絞れる。最後に、「当」がどこまでかかるかという判断になる。「退小人之偽朋」と「用君子之真朋」が対句であることに気づけば、1と判断できる。

問4 2は第二・三文、本文終わりの二文に合致する。1は「両者はそれぞれ国に貢献する」が不適。国に貢献するのは君子の集団だけである。3の「ともに強い結束力をもつ」は、五～七行目「及其……不能相保」に合わない。小人の集団は利が尽きればバラバラになり、攻撃しあうことさえある。4は、全体の利益と個人の利益という対比が不適である。対比されているのは、道と利益である。5は「目先の利益にとらわれて両者を区別できない」が不適。本文で述べられているのは「両者を区別すべきである」という意見である。6は「集団の統率者」が不適であるし、「集団の特徴を生かして世のために貢献すべきである」と言えるのは、君子の集団だけである。

❖講　評

一の現代文は、言葉に関する評論からの出題。本文の読み取りはとくに易しくも難しくもない。問1の書き取り、問2の読みはともに標準レベル。問3・問4の内容説明も標準レベルである。問5の空所補充も標準レベルだが、チェックに少し手間がかかる。問6の欠文挿入箇所は、迷うものもあるのでやや難レベル。問7の箇所指摘もやや難レベルだろう。「立ち止まらせる」という使役表現にこだわると迷ってしまうだろう。問8の箇所指摘は、字数のヒントはあるが、探す手間がかかる。問9の内容真偽は標準レベル。問10の文学史は、2と3で迷うかもしれない。やや難レベルだろう。

二の現代文は、名前についての評論からの出題。随筆に近い感じで、読みやすい文章であった。問1の欠文挿入箇所は標準かやや難レベル。問2・問4の内容説明は標準レベル。問3の空所補充は、標準かやや易レベル。問5の内容真偽も標準レベルだろう。

三の古文は、『源氏物語』からの出題。本文の読解そのものが難しい。問1の空所補充は標準レベルである。問2の口語訳は、易しいわけではないが、「だに」「すら」「さへ」という頻出の副助詞をきちんとマークしていた受験生は多いと思われるので、標準レベルだろう。問3の内容説明は、標準レベル。問4の文法は易レベル。ここは確実に得点しておきたい。問5の口語訳については、ⓤは標準レベルであるが、ⓞはやや難レベルだろう。問6の内容説明は、やや難か難レベル。謙譲の「たまふ」に気づけたかどうかがポイントだが、文脈を捉えるのも簡単ではない。問7の内容真偽は、紛らわしい選択肢もあるのでやや難レベル。問8の文学史は、消去法で対応できる。標準レベルである。

四の漢文は、天子に奏上された意見文である。論の展開は明快で、読みやすい。問1の読みは、標準レベル。問2の空所補充は、消去法で対応する。標準レベルである。問3の書き下し文は、複数のチェックポイントがあるので、やや難レベル。問4の内容真偽は、間違いの選択肢を識別しやすい。標準レベルである。

三の古文でどれだけ時間を使ったかがポイントになっただろう。よほど古文が得意だという人以外は、苦労したと思われる。一・二の現代文と四の漢文で確実に点を稼いでおくという戦略を取れた受験生が有利になっただろう。「できる問題から解く」というのが試験の鉄則である。時間配分を意識することが肝要である。

二月四日実施分

問題

（八〇分）

解答に字数制限がある場合には、句読点・カッコも一マスとすること。
受験学部・受験方式によって、解答すべき問題を指定しているので注意すること。

方式	学部	解答すべき問題
全学統一方式（文系）	文学部以外	一 二 三
	文学部※	一 二 三 または 一 二 四
前期方式	APU	一 二 三

※文学部は二（現代文）と四（漢文）が選択問題。両方とも解答した場合は高得点の方を採用。

一　次の文章を読んで、問いに答えよ。

野口雨情が、若いころに内村鑑三の「東京独立雑誌」を熱心に読んでいたことはよく知られています。内村はこの雑誌を通して、無教会主義や日本的キリスト教の①モサクをしながら明治の青年を鼓舞し、その魂魄（こんぱく）に勇気を与え、「二つのJ」に股裂きにあった日本人への魂の自覚を呼びかけていました。そこには内村が欠かさず言っていたことがありました。それは「孤児」や「棄民（きみん）」や「離脱者」に象徴的に託された「悲しいものとしての存在」に対して、格別の気持ちを与えようとしていたことです。

たんに同情したのではない。そうではなくて、「悲しい存在」が起爆性をもっていると内村は訴えていた。次の言葉にはその思想が言い尽くされています。

父母に棄てられたる子は、家を支ゆる柱石となり、
国人に棄てられたる民は、国を救ふの愛国者となり、
教会に棄てられたる信者は、信仰復活の動力となる。

棄てられた者が新たな原動力にはなれまいかと言っているのです。〈　1　〉ボーイフレンドや恋人に捨てられたというのではない。父母に棄てられ、国人に棄てられ、教会に棄てられる。その者をもって家を支え、その者をもって国を救い、その者をもってこそ信仰を蘇らせたい。内村は、そう言っていたのです。内村はそのように棄却の立場をもつことには、何か本質的な意味があると言おうとしていたのです。ここに、㋐雨情がその後に「はぐれた子」の心情によって何かを訴えようとした感覚の起源があらわれます。

日本の童謡は世界で類例のない子供を対象とした表現運動でした。大正期前半に始まって一挙に広がり、戦争の足音とともに消えていったものです。最初の童謡は大正七（一九一八）年に西条八十が「赤い鳥」に発表した『かなりや』でした。西条自身が『現代童謡講話』に書いているところによると、この詞は、少年時代に番町教会の天井にひとつだけ消えていた電球を思い出して書いたということです。〈　2　〉よく知られていると思いますが、こういう詞です。

唄を忘れた金糸雀は　後の山に棄てましょか
いえ　いえ　それはなりませぬ
唄を忘れた金糸雀は　背戸の小藪に埋けましょか
いえ　いえ　それはなりませぬ

唄を忘れた金糸雀は　柳の鞭(むち)でぶちましょか
いえ　いえ　それはかわいそう
　唄を忘れた金糸雀は　象牙の船に銀の櫂(かい)
　月夜の海に浮べれば　忘れた唄をおもいだす

この年は、大正デモクラシーの旗手となった吉野作造が「黎明会」を結成し、有島武郎が自分の子に贈った『小さき者へ』を、島崎藤村が『新生』を書いた年で、年末からは竹久夢二の『宵待草』が大流行しています。童謡運動をおこしたのは鈴木三重吉と三木露風でした。漱石に②シシュクして小説を書いていた鈴木は、自分の子が生まれたのをきっかけに子供の心に食いこむような歌が日本にないと思い、児童雑誌「赤い鳥」を創刊します。露風に相談して踏ん切りがついたのです。『かなりや』はその創刊の年の大正七年十一月号に載ります。

大正時代は　A　に大正デモクラシー時代と総称されてはいるものの、明治末年に石川啄木が言い残したように「時代閉塞の現状」という病気に③罹ったままのようなところがありました。大逆事件の直後ということもあって、社会主義の④黎明にめざめようとした青年たちも、その憤懣(ふんまん)をどこにぶつけていいのか、かなり鬱屈(うっくつ)していましたし、とくに子供たちの学習現場には「教育勅語」が縛りをかけていた。明治四三年に制定された尋常小学唱歌は上からの修身教育の方針が投影されていて、ありきたりな「よい子主義」に毒されていたのです。

そこへ立ち上がったのが「赤い鳥」でした。鈴木三重吉は青年詩人たちの心を動かし、その呼びかけはたちまち燎原(りょうげん)の火のごとく広まって「金の船」「童話」「小学男生」「少女倶楽部」といった幼童雑誌の創刊にも火をつけました。まさに時ならぬ表現運動でした。大正文化のなかで最も挑戦的で創造的な活動だといえるでしょう。「赤い鳥」は昭和四年まで続きます。

私はその童謡第一号が「唄を忘れた金糸雀」だったということに象徴的な意義を感じます。カナリヤは歌を忘れてしまったのですが、でもいつかは思い出すにちがいないだろうから、そのカナリヤを捨てようとした、いや棄ててみたという歌です。

〈　３　〉カナリヤがいったん棄てられるという瀬戸際をもったことが、㋑この歌が秘める根本面目なのです。

野口雨情は西条八十より少しだけ遅れて童謡運動に参加してきた詩人です。最初は本居長世とのコンビで『七つの子』『十五夜お月さん』『赤い靴』『青い眼の人形』『俵はごろごろ』などを発表します。雨情については無政府主義との関係などいろいろ話したいことが多いのですが、ここではこれらの童謡が、いま、一般的に想定できる童謡とはあることが決定的に違っていたということだけを指摘しておきたいと思います。〈　４　〉歌詞をちょっと思い浮かべて下さい。こうなっています。

雨情は、たとえばカラスは「なぜ啼くの」と唄い出したのです。啼いているのは可愛い七つの子をもっている親のカラスです。けれども「なぜ啼くの」かは「山の古巣」に行ってみなければわからない。赤い靴をはいてた女の子は「異人さんに連れられ」たのです。そのまま横浜の埠頭から外国に行ってしまったらしく、いまだに行方不明です。それで最後の四番は、「赤い靴　見るたび　考える　異人さんに逢うたび　考える」というふうになります。「考える」なんて童謡の歌詞としては異様です。いったい赤い靴をはいていた女の子の消息不明をもって、雨情は何を訴えたのでしょうか。青い眼の人形も困ったものです。アメリカ生まれのセルロイド人形ですが、この人形は迷子になるかもしれず、おまけに「わたしは言葉がわからない」。だいたい「日本の港へついたとき　いっぱい涙をうかべてた」のですから、すでに最初から何かの宿命を背負っているようなのです。

いったい、こんな童謡があっていいのかというほどの、これは何かが欠けていたり、何かが失われていたり、何かがうまくいっていないという子供のための歌でした。

雨情は、その後は今度は中山晋平と組んで、『雨降りお月さん』『あの町この町』『しゃぼん玉』などの名曲を次々につくった。いずれもすばらしい歌、いまでもかわいらしく歌われている。〈　５　〉お嫁にゆくときは「ひとりで傘さしてゆく」というのですから、飾った花嫁を賑やかに祝っているような歌詞ではまったくありません。子供や花嫁だって瀬戸を渡っていくことがあるという童謡です。雨情はさらに告げます。あの町もこの町も日が暮れると「お家がだんだん遠くなる」のです。だから「今きたこの道、帰りゃんせ」。子供にとっての町は遠くへ行けば帰れなくなるところでもあるのです。また、あんなにファンタジックなしゃぼん玉も、屋根まで飛んで、そこで「こわれて消え」る。それだけではない。「しゃぼん玉消えた　飛ばずに消えた」でもあって、「生まれてすぐに　こわれて消えた」でもあるのです。〈　6　〉いったい生まれてすぐに消えたり、飛ばないしゃぼん玉を歌うとは何事でしょう。

これらの童謡は異常なことばかりを歌おうとしているのかといえば、むろんそうではないと思います。どんなことでも予定通りとはかぎらないし、有為転変があるのだということを告げているのです。それらはまさに子供に向かって「 B 」を突きつけているのです。いや、大人にも突きつけた。

子供に道徳を説いているのではない。教育したいのでもない。雨情は道徳教育では伝わりっこないことを、もっと根底において見せたのです。世界も社会も家族も、町も人形もしゃぼん玉も壊れやすいものなのだということ、それらはすでに壊れていることもあるし、壊れたからといって、そのことに感情をもてなくなっては、もっと何かを失うだろうということを、告発していたのです。

かつて私はこのような「壊れやすさ」の問題を集中的に考えたくて、『フラジャイル』という本を書きました。フラジャイルとは「壊れもの注意！」という郵送用のタグにくっついている警告です。その本で私がのべたかったことは、「葛藤」や「欠如」や「負」「喪失」こそ存在の思想の発条（ばね）になるということです。また、多くの文化の表現がそこから生じてきたということです。しかし、その後、雨情のことを考えるようになって、あらためて気がつかされたことがありました。それは、雨情はつねに「はぐれる」とか「取り返しのつかないこと」という消息に研ぎ澄ました目を注いでいたということです。つまり「欠如」や「喪失」には、それ以前に何かを見失う、あるいは何かを見失わさせることが先行しているのです。

次に、失われつつあった日本の面影を求めたもう一人の人物、九鬼周造を紹介したいと思います。九鬼は、日本あるいは日本人の本来には何かが当初に失われて出奔（しゅっぽん）したようなところがあると見た人です。けれども歴史というものは、そこから前へ向かって生きていかなければなりません。国というものだって、そうでしょう。そのためには何かに出会う必要がある。出会ってどうするかといえば、恋をする。その恋は異質なものへの恋ということで、これまで日本文化が恋をした相手は漢字や仏像や唐物（からもの）などでした。またヨーロッパやアメリカでした。ロダンの彫刻や満州やジャコメッティでした。

九鬼によれば、まずもって日本文化にはどうしても「異質なものとの出会い」が必要だったということです。これは「海国」日本の宿命だったかもしれません。だったらまさに瀬戸を越えていくべきです。次に、その異質との出会いを新たな文化装置のなかで鍛えていくと、そこからわずかながらも、独自にうつろいながら出てくるものが見えてくるときがあります。そこにスタイルやモードを見いだして洗練させていく。これは「数寄に徹する」ということになるでしょう。

しかし、しかしです。そこに茶の湯や浄瑠璃や文人画として見いだされた（ウ）<u>上質の日本文化</u>は、つねに「無」や「無常」とは表裏一体なものとなっているはずなのです。水を感じたいからそこから水を抜く枯山水になっていることがあるのです。そこに当初からの「被投性」があり、それゆえ「失って知る異質性」との出会いの暗示があるのです。

これを不思議がってはいけない。その不思議こそが「日本という方法」の正体なのです。九鬼はそのように考えました。なぜ、九鬼にこのような見方ができたかといえば、九鬼にとっての最大の哲学の対象は「寂しさ」や「恋しさ」だったということが影響しているせいだと思います。すなわち、何かを失ってわかる本来の感覚というものです。

これは内村鑑三の「棄却」や西条八十の「唄を忘れた金糸雀」や、野口雨情の「こわれて消えた」のあとにやってくるプロフィールそのものです。それはまた藤原定家の「花も紅葉もなかりけり」でした。まさに西行の「醒（さ）めても胸の騒ぐなりけり」です。

（松岡正剛『日本という方法』による。なお一部を改めた）

注　「二つのJ」＝一つのJはJesusで、もう一つのJはJapan。
瀬戸＝幅の狭い海峡。
ジャコメッティ＝アルベルト・ジャコメッティ。スイスの彫刻家。
被投性＝ドイツの哲学者ハイデッガーの概念。松岡は「人間という存在は、すでに何かを失ってこの世界に生を受けているという本質をもっている」として用いている。

問1　傍線①、②のカタカナを漢字に改めよ。楷書で正確に書くこと。

問2　傍線③、④の読み方をひらがなで書け。

問3　次の一文は、本文中の〈　1　〉～〈　6　〉のどこに入れるのが最も適当か。その番号をマークせよ。

しかしこれらの詞もまた、とんでもない。

問4　傍線㋐に「雨情がその後に『はぐれた子』の心情によって何かを訴えようとした感覚の起源」とあるが、この「感覚の起源」の内容を端的に表している部分を、解答欄に合うように本文中から十七字で抜き出して、始めと終わりの五字を書け。

〔解答欄：□□□□□～□□□□□こと〕

問5　［A］に入れるのに、最も適当なものを、次のなかから選び、その番号をマークせよ。

1　十人十色　2　十把一からげ　3　千篇一律　4　一足飛び　5　単刀直入

問6　傍線㋑に「この歌が秘める根本面目」とあるが、どういうことか。その説明として、最も適当なものを、次のなかから選び、その番号をマークせよ。

1　唄を忘れてしまったカナリヤが、山に棄てられることによって、はじめて悲しい存在として認知されたこと

2　唄を忘れてしまったカナリヤが、カナリヤの本質である唄を欠くことで、抽象的な存在になってしまうこと

3　唄を忘れてしまったカナリヤが、捨てられそうになることで、ふたたび歌を唄う存在として復活したこと
4　唄を忘れてしまったカナリヤが、社会から疎外されることで、悲しいものの象徴的存在となりうること
5　唄を忘れてしまったカナリヤが、山に捨てられそうになることで、同情されるべき普遍的存在となったこと
6　唄を忘れてしまったカナリヤが、一度棄てられることによって、新たな可能性をもった存在となりうること

問7　B に入れるのに、最も適当な語を、本文中からそのまま抜き出して、漢字二字で書け。

問8　傍線㋒に「上質の日本文化」とあるが、その説明として、最も適当なものを、次のなかから選び、その番号をマークせよ。

1　「何かが当初に失われて」いた日本文化は、海外の「異質なもの」との出会いを生かしながら、「無」や「無常」と背中合わせとなった独自のスタイルをもつ文化として生成されたこと
2　日本文化は、「異質なもの」を外部から積極的に受け入れながら、それを何とか日本のなかに根付かせようと試みてきたが、茶の湯のようにはじめから「数寄に徹する」だけで上質の文化として認められているものもあるということ
3　茶の湯や文人画といった上質の日本文化というものは、海外の「異質なもの」をそのまま摂りいれ、それと一体化することで「無」や「無常」を感じさせるものへと昇華されたものだということ
4　茶の湯や浄瑠璃などは、海外の「異質なもの」の影響を直接受けているように見えながら、実態は「枯山水」のような「失われつつあった」日本本来の「面影」を残している純粋で上質の日本文化であるということ
5　上質の日本文化は、「異質なものとの出会い」によって洗練されてきたが、同時に茶の湯や浄瑠璃などのように思想という日本独自の「文化装置」によっても鍛えられ成立した「不思議」さがあるということ

問9　本文の内容に合うものを、次のなかから一つ選び、その番号をマークせよ。

1　野口雨情の童謡が、「よい子主義」に毒されずに道徳的な心情をその根底にもっているのは、若いころに傾倒した内村鑑三の日本的キリスト教の影響を多大に受けたからであり、その点にこそ「修身教育」に縛られた当時の一般の童謡との

決定的な違いがある。

2　西条八十の「唄を忘れた金糸雀」は、児童雑誌「赤い鳥」に発表された最初の童謡で、当時の青年詩人たちを大いに鼓舞したところに「象徴的な意義」があり、のちの野口雨情も、「赤い鳥」の挑戦的で創造的な活動に刺激を受けて、童謡運動に参加してきた。

3　野口雨情は、はじめは本居長世とコンビを組み、有名な『七つの子』や『赤い靴』など「何かの宿命」を背負ったようなテーマの童謡を発表し活躍していたが、やがて行き詰まりを感じ、中山晋平と組むことで自己の童謡の本質をさらに深化させた名曲をつくった。

4　野口雨情の童謡は、『青い眼の人形』や『しゃぼん玉』のように「壊れやすいもの」の存在を通して、「欠如」や「喪失」といった感覚を子供たちに伝えており、雨情はいつもそういった感覚に先行する「何かを見失う」ことに対して鋭く意識を集中させていた。

5　九鬼周造の哲学の対象は、「寂しさ」や「恋しさ」の本質の追求であるが、それは「海国」日本がもたらす宿命的な虚無感に通じており、「枯山水」や藤原定家の「花も紅葉もなかりけり」といったような、失われてしまった「日本の面影」を切実に求める結果となった。

6　野口雨情は独創的な童謡で子供たちに訴え、九鬼周造は斬新な発想で大人たちに問題提起するなど、方法論はまったく違うが、日本文化の本質を端的に捉え、それぞれの分野で失われた日本文化の復活を目指して精力的に活動した点で偉大な先駆者であったといえる。

問10　有島武郎の作品を、次のなかから一つ選び、その番号をマークせよ。

1　城の崎にて　2　檜山節考　3　或る女　4　青年　5　草枕　6　友情

二　次の文章を読んで、問いに答えよ。

苦しいなら苦しいと言えばよい。悲しいなら誰かに語ればよい。そういうかもしれない。だが、現実はもう少し複雑だ。苦しみとは苦しいといえなくなる状態のことであり、悲しみとは、容易に言葉にならない悲痛を胸に抱くことにほかならない。苦しみの底にあるとき、人は、すでに言語が捉え得る場所にはいない。それは沈黙の境域だといってよい。

〈　1　〉嘆きの声に人は耳を傾ける。しかし呻き(うめ)きの声にはなかなか気がつかない。人は誰かを前にして嘆くことはある。しかし、呻くとき人は、必ず独りだからである。苦しむ人、悲しむ人に言うべきことがないのではない。その人たちが背負う苦しみや悲しみはすでに言葉という器に収まりきらない質量を伴うものになっているのである。

二〇二〇年一一月一六日、東京の渋谷区のバス停で、六〇代のホームレスの女性が、男にペットボトルや石が入った袋で殴打されて亡くなった、というニュースが流れてきた。殺害した男は、殺すつもりはなかった、こんなに大ごとになるとは思わなかったと語っているとされたことや、女性は、電源の入らない携帯電話やキャリーバッグと手提げカバンに入った衣類や食べ物を持っていたことなども報じられた。

あるメディアはその持ち物を「ゴミ」と表現した。長くホームレス問題に実践的にかかわってきたNPO法人「抱樸(ほうぼく)」の代表を務める奥田知志牧師は、いち早くこうした報道のありかたに苦言を呈した（web『論座』一一月二三日掲載）。

「衣類と食品のゴミ」を持っていたと報道は伝えた。しかし、この報道は間違っている。記者の目には、あるいは担当した警察官には「食品のゴミ」としか映らなかった。しかし、それは間違いなく彼女の「食べ物」だった。「ゴミ」ではない。

カートや台車に多くの荷物を積みつつ、通りを歩く人の姿を見かける。ある人たちにとって、運ばれている物は「ゴミ」に見えるかもしれないが、歩く人にはまったく違う意味がある。それらはなくてはならない物、危機のとき自分を救ってくれた物なのである。

〈　2　〉この単純な事実が忘れられつつある。同じものを見ても人はそこに異なる意味を見出している。物は用いられることによって、その人の人生と不可分の関係を持つ。

「物になる」という表現があるように「物」という言葉には物体には収まらない意味がある。物体は量的なものだが、「物」はいつも世にただ一つの、固有な何かとして存在する。通常、肉眼は物体を見るだけかもしれない。しかし、もう一つの「眼」はそこに持つ人の沈黙の歴史を観る。

〈　3　〉仏教は「眼」は五つあると説く。肉眼、天眼、慧（けい）眼、法眼、仏眼。眼が拓かれるたびに認識が深まる。生きるとは「眼」を真実の意味で開いていくことだというのだろう。

〈　4　〉ある人にとって、電源が切れ、契約が失効した携帯電話は、役に立たない物体に過ぎない。だが、別な人の眼には、彼女が誰もいないところで独り、見えない人たちと交わした言葉がすべて記憶された「物」に映る。そこに彼女の言葉にならない祈りの刻印すら感じるという人もいるだろう。

〈　5　〉言葉によって救われたという経験は誰にでもあるだろう。『新約聖書』に記されているように言葉はときに「いのちの水」になる。だが、そのいっぽうで、言葉は人間の尊厳を傷つける刃（やいば）になる。先に引いた一節のあとに奥田氏は次のように言葉を継いだ。

誰が「ゴミ」を大事に持ち歩くか。彼女のいのちをつなぎとめるための「食べ物」だったのだ。「ゴミを食べざるを得ない人の気持ち」を想像したい。自分ならどうだろうか。

「自分ならどうだろうか」という奥田氏の痛切な言葉の奥には、亡くなったのが自分の大切な人だったらどうだったろうか、という視座も潜んでいる。亡くなったのが自分の大切な人であっても、私たちはあの衣類と食べ物を「ゴミ」と呼ぶだろうか、と奥田氏は問うのである。記者や警察の関係者は「ゴミ」にしか見えなかったというかもしれない。それならば、物の意味を断定するよりも先に、己れの眼の偏りを疑い、言葉の本質は、 A 以上のものであることを思い出さねばならない。

さらに別なメディアでは、ここに再現することもはばかられるような、亡くなった彼女のからだに残った傷痕に関する、暴力的といってよい記事もあった。

からだに傷を持つ人はいる。もちろん、こころに容易に癒えない傷をかかえて生きている人も少なくない。そうした人たちがいることを知っていても、私たちはいたずらに傷をめぐって語ることをしない。あれば強く憤る。そうした中傷は、人間の尊厳を著しく損なうものであることを知っているからだ。

B

そうではないことを私たちは経験的に知っている。死者への暴言はときに、生者へのそれをはるかに上回る衝撃として受け止められる事実がそれを証明している。死者のプライバシーという視座から考えてもよい。だがプライバシーという守られるべき秘密という考えも個の尊厳を基にして生じるのである。尊厳は生者か死者かという状態に付帯するのではない。それは存在と不可分に実在する。ある人が存在すると同時に尊厳は誕生する。そして朽ちることがない。生と死の異同によっても、尊厳は損なわれることはない。むしろ、死者は生者のときよりもいっそう強く尊厳をもって私たちの前に現れる。

哲学者の井筒俊彦は、あるときから、言語である「言葉」と、言語の姿を超えた意味の顕われである「コトバ」とを使い分けた。言葉とコトバがあるのではない。言葉はコトバに包まれている。だが、人はときに世界を言葉的にしか認識しない。言葉で語り得るものこそが真実だと信じて疑わない。

(ア)現実は逆の真理を私たちに突きつける。沈黙というコトバがなければ言葉は存在し得ないことを私たちは全身で知っている。苦しみ、悲しむ人がそうであるように、死者に語るべきことがないのではない。だが、死者は言葉を語らない。だが言葉の奥に秘められたコトバを語り、コトバを受け止める。和歌の歴史が死者を悼む挽歌から始まっていることがそれを証(あか)している。だが、生者は死者の沈黙を十分に理解できない。それればかりか、それを尊ぶことを忘れる。亡き者にまず、生者が捧げるべきは論(あげつら)いではなく、哀悼ではないのか。

哀悼とは「哀しみ」のうちに「悼む」ことである。「いたむ」は「慟む」と書いても「いたむ」と読む。哀悼は慟哭(どうこく)と無縁ではない。また、「悼む」は「痛む」に連なる心情であることも文字の歴史が明示している。

弔辞と意味を同じくする悼詞(とうし)という一語がある。悼むとは「生ける死者」となった者への呼びかけであり、その無音の声を受け止めることでもある。死者を語る時は、弔辞を読むときのように、死者が現前で聞いている姿を思わねばならない。合理主義はこうしたことを空想だというかもしれない。だが、世に行われる真摯な弔いの営みは、それが事実を超えた真実であることを物語っている。

人は誰もが魂魄(こんぱく)を宿している。死後、「魄」は大地に戻るが、「魂」は死ののちも「いのち」を保ち続ける。古(いにしえ)の人たちはそう考えた。むしろ、そうした不滅なものを私たちは「いのち」と呼んできたのではないだろうか。

「いのち」を感じ直すとき、私たちに必要なのは言葉ではない。沈黙である。論いではなく、祈りである。

（若松英輔「死者の沈黙」による。なお一部を改めた）

問1　次の一文は、本文中の〈 1 〉〜〈 5 〉のどこに入れるのが最も適当か。その番号をマークせよ。

世界は人の数だけある。

問2　［A］に入れるのに、最も適当な語を、次のなかから選び、その番号をマークせよ。

1 音声　2 物体　3 経験　4 想像　5 記号

問3 [B] に入れるのに、最も適当な文を、次のなかから選び、その番号をマークせよ。

1　尊厳は死者に存在するのだろうか。
2　尊厳は死者に優先されるものだろうか。
3　尊厳は生者のみに存在するのだろうか。
4　尊厳は死者の前に立ち現れるのだろうか。
5　尊厳は生者にも死者にも存在するのだろうか。

問4 傍線㋐に「現実は逆の真理を私たちに突きつける」とあるが、その説明として、最も適当なものを、次のなかから選び、その番号をマークせよ。

1　コトバこそが世界を認識し理解するものであること
2　人は言葉とコトバを駆使して世界を認識していること
3　人は世界を言葉以外のもので認識しているということ
4　言葉は、語り得ないコトバがあってはじめて成り立つこと
5　言語である「言葉」が沈黙の世界を包んでいるということ

問5 本文の内容に合うものを、次のなかから一つ選び、その番号をマークせよ。

1　「物」という言葉は「物体」とは異なり、量的なものに還元できない性質がある。生きるとは、仏教によって、「眼」を真実の意味で開き、固有な何かとして存在する世界を認識することである。
2　「物」は用いられることによって、その人の人生と不可分な関係になる。それを「物体」として理解することは、人間の尊厳を傷つけることになる。「物」はすべての人々にとってなくてはならない祈りの刻印だからだ。

3　人は言葉で語り得るものこそが真実だと考えているが、言葉の奥には沈黙というコトバがある。それを生者は十分に理解できないが、哀悼というかたちで「いのち」を感じ直す必要がある。

4　和歌の歴史が死者を悼む挽歌から始まっていることが証明しているように、言葉を語ることができない死者に対して、生者は、無音の声を受け止め、哀悼を捧げ、死者の声を代弁すべきである。

5　人間は、死ののちも「魂魄」というかたちで「いのち」を保ち続けている。私たちは、死者を語るとき、死者が現前で聞いている姿を思わねばならない。死者はただ沈黙しているだけなのだ。

三　次の文章を読んで、問いに答えよ。

（百九十歳の老翁が、伊尹(これまさ)一族を回想し若侍に語り聞かせている。）

太政大臣伊尹は、一条摂政と申しき。これ、九条殿の一男におはします。いみじき御集つくりたまへり。大臣になり栄えたまひて三年。いと若くてうせおはしましたることは、九条殿の御遺言を違へさせおはしまし①つる故とぞ人申しける。されどいかでかは、さらでもおはしまさむ。御葬送の沙汰を、むげに略定に書きおかせたまへりければ、「いかでか、いとさは」とて、例の作法に㋐行はせたまふとぞ。それはことわりの御しわざぞかし。ただ、御かたち、身の才、何事もあまりすぐれさせたまへれば、御命の㋑えととのはせたまはざりけるにこそ。

助信少将の、宇佐の使にたたれしに、殿にて、餞(はなむけ)に、「きくのはなのうつろひたる」を題にて、別れの歌詠ませたまへる、

㋒さはとほくうつろひぬとかきくのはなをりてみるだにあかぬこころを

帝の御舅(をぢ)・東宮の御祖父(おほぢ)にて摂政せさせたまへば、世の中はわが御心にかなは②ぬことなく、過差ことのほかに好ませたまひて、大饗せさせたまふに、寝殿の裏板の壁の少し黒かりければ、にはかに御覧じつけて、陸奥紙をつぶと押させたまへりけるが、な

かなか白く清げにはべりける。㋓思ひよるべきことかはな。御家は今の世尊寺ぞかし。御族の氏寺(うぢでら)にておかれたるを、かやうのついでには、立ち入りて見たまふれば、まだその紙の押されてはべるこそ、昔にあへる心地してあはれに見たまふれ。かやうの御栄えを御覧じおきて、御年五十にだに足らでうせさせたまへるあたらしさは、父おとどにもおとらせたまはずこそ、世人惜しみたてまつりしか。

その御男女君達あまたおはしましき。男君達は、代明(よあきら)親王の御女の腹に、前少将挙賢(たかかた)・後少将義孝とて、はなを折りたまひし君達の、殿うせたまひて、三年ばかりありて、疱瘡(もがさ)おこりたるに患ひたまひて、前少将は、朝にうせ、後少将は、夕にかくれたまひにしぞかし。一日がうちに、二人の子をうしなひたまへりし、母北の方の御心地、いかなりけむ、㋔いとこそかなしくうけたまはりしか。

かの後少将は、御かたちいとめでたくおはし、年頃きはめたる道心者にぞおはしける。病重くなるままに、生くべくもおぼえたまはざりければ、母上に申したまひけるやう、「おのれ死にはべりぬとも、とかく例のやうにせさせたまふな。しばし法華経誦じたてまつら③むの本意はべれば、かならず帰りまうで来べし」とのたまひて、方便品(はうべんぼん)を読みたてまつりたまひてぞ、うせたまひける。その遺言を、母北の方忘れたまふべきにはあらねども、ものも覚えでおはしければ、思ふに人のしたてまつりてけるにや、枕がへしやなにやと、例のやうなる有様どもにしてければ、㋕え帰りたまはずなりにけり。後に、母北の方の御夢に見えたまへる、

しかばかり契りしものを渡り川かへるほどには忘るべしやは

とぞ詠みたまひける、いかに㋖悔しく思しけむな。

さて後、ほど経て、賀縁阿闍梨(がえんあざり)と申す僧の夢に、この君達二人おはしけるが、兄前少将、いたくもの思へるさまにて、この後少将は、いと心地よげなるさまにておはしければ、阿闍梨、「君はなど心地よげにておはする。母上は、君をこそ、兄君よりは

いみじく恋ひ聞こえたまふめれ」と聞こえければ、いとあたはぬさまの気色にて、

しぐれとは蓮（はちす）の花ぞ散りまがふなにふるさとに袖濡らすらむ

など、うち詠みたまひける。極楽に生まれたまへるにぞあなる。かやうにも夢など示したまはずとも、この人の御往生疑ひ申すべきならず。

（『大鏡』による）

注　助信少将＝歌人で管絃（かんげん）の名手。　過差＝度が過ぎた贅沢（ぜいたく）。　大饗＝大臣家の盛大な宴会。

方便品＝法華経の第二品。　枕がへし＝死者の枕を北向きに直すこと。

問1　傍線①の「つる」、②の「ぬ」、③の「む」、④の「めれ」の文法的意味として、最も適当なものを、それぞれ次のなかから選び、その番号をマークせよ。

1　意志　2　打消　3　可能　4　勧誘　5　完了　6　強意　7　推定　8　伝聞

問2　傍線㋐の「行はせたまふ」、㋔の「うけたまはりしか」、㋕の「え帰りたまはず」、㋘の「生まれたまへる」の主体として、最も適当なものを、それぞれ次のなかから選び、その番号をマークせよ。

1　義孝　2　挙賢　3　母北の方　4　伊尹　5　九条殿　6　老翁

問3　傍線㋑の「えととのはせたまはざりける」の説明として、最も適当なものを、次のなかから選び、その番号をマークせよ。

1　伊尹は才能を生かしきれずに終わったこと
2　九条殿の命令で歌集が編まれなかったこと
3　伊尹の指図が要領を得ず曖昧だったこと

4　九条殿は数奇な運命に翻弄され続けたこと
5　伊尹の寿命が十分に長くはなかったこと
6　九条殿の葬儀が期間内に終わらなかったこと

問4　傍線㋒の「さはとほくうつろひぬとかきくのはなをりてみるだにあかぬこころを」には、修辞の掛詞が用いられている。掛詞の組み合わせで、最も適当なものを、次のなかから二つ選び、その番号をマークせよ。

1　「移ろ（ひ）」と「虚ろ」　　2　「菊」と「聞く」
3　「花」と「鼻」　　4　「折り」と「居り」
5　「見る」と「海松」　　6　「飽か（ぬ）」と「赤」

問5　傍線㋓の「思ひよるべき」、㋗の「あたはぬさま」を、それぞれ十字程度で現代語訳せよ。〔解答欄：各十二字〕

問6　傍線㋖の「悔しく思しけむな」と老翁が思った理由として、最も適当なものを、次のなかから選び、その番号をマークせよ。

1　母北の方が、自分は悲しみに暮れていたため義孝の葬儀に参加せずじまいで、周囲に任せきりだったと気づいたから
2　義孝が、伊尹に先立たれた母北の方を慰めるために自分は長生きすると約束したが、果たせなかったと気づいたから
3　義孝が、母北の方は挙賢の死を悲しむばかりで自分のために法華経を読まず、弔ってもらえなかったと気づいたから
4　母北の方が、義孝が生き返ることができなかったのは、悲嘆のあまり義孝の遺言を守らなかったためだと知ったから
5　母北の方が、夢に現れた義孝の和歌から、「あの世が素敵でもう生き返る気はない」という義孝の真意を知ったから

問7　本文の内容に合うものを、次のなかから二つ選び、その番号をマークせよ。

1　派手好みの伊尹が盛大に執り行った九条殿の葬儀に対し、世の人は好意的に受けとめたが老翁は批判的な立場だった。
2　老翁は、父九条殿と肩を並べるほどの絶頂期を迎えていた伊尹が急に亡くなったことを、人々と一緒に悲しんでいた。

3　老翁は世尊寺に立ち寄った時に、天井に白紙がまだ残っているのを目にして、贅沢好きだった伊尹のことを思い出した。

4　方便品を読み終えることができず急死した義孝は、辞世の歌を詠めなかった悔いが残り、遺族の夢に現れて歌を伝えた。

5　賀縁阿闍梨の夢に現れた挙賢は、兄とは別に葬儀をして欲しいという義孝の遺言のために、深い悲しみに沈んでいた。

6　義孝は賀縁阿闍梨の夢に現れ、「私は極楽往生しているのに母上はなぜ悲しんでいるのか」という自作の和歌を伝えた。

問8　『大鏡』と同じ文学ジャンルの作品を、次のなかから一つ選び、その番号をマークせよ。

1　住吉物語　2　平中物語　3　栄花物語　4　愚管抄　5　平治物語

四

次の文章を読んで、問いに答えよ（設問の都合上、訓点を省略した部分がある）。

荊国王文公以多聞博学為世宗師。当世学者得出其門下者、自以為栄、一被称与、往往名重天下。公之治経、尤尚解字、末流務多新奇、浸成穿鑿。朝廷患之、詔学者兼用旧伝注、不専治新経、禁援引字解。于是学者皆変所学、至有著書以詆公之学者、且諱称公之

門人(一)ト故ニ芸(うん)叟(そう)為(つくリテ)(二)挽(ばん)詞(し)ヲ(一)云フ、「今日江湖ノ従ヒ学ブ者、人人諱ムト(レ)道(い)フヲ(二)是レ門生ナリト(一)」伝ハル(二)士林ニ(一)。及ビ(三)後ニ詔シテ(レ)公ニ配(二)享スルニ神廟ニ(一)、贈リ(二)官並ビニ諡(おくりな)ヲ(一)、俾(し)ム(下)学者ヲシテ［A］治メ(二)新経ヲ(一)、用ヒ(中)字解ヲ(上)。昔従ヒ学ブ者稍(せう)稍(せう)［A］称ス(二)公ノ門人ト(一)。有リテ(三)無名子ノ改ムル(二)芸叟ノ詞ヲ(一)云フ、「人人却③道フト(二)是レ門生ナリト(一)」

（『澠(じょう)水燕談録』による）

注　荊国王文公＝北宋の王安石。
宗師＝尊崇される学者。
称与＝認めて賞賛する。
穿鑿＝こじつけた解釈。
伝注＝儒家経典の解釈や注釈。
新経＝王安石による儒家経典の新しい注釈。
字解＝王安石の『字説』を指す。
芸叟＝北宋の張舜民の字(あざな)。
挽詞＝死者を哀悼する詩文。
江湖＝世間。
士林＝知識人の仲間。
配享＝帝王廟に合わせ祀(まつ)ること。
神廟＝北宋第六代皇帝神宗の霊廟。
稍稍＝徐々に。

問1　傍線①の「尤」、③の「却」の読み方を、送りがなを含めて、それぞれひらがなで書け。

問2　傍線②の「至有著書以詆公之学者」の書き下し文として、最も適当なものを、次のなかから選び、その番号をマークせよ。

1　書を著すに公の学を詆(そし)るを以てする者有るに至り

2　書を著すこと有るに至りて以て公の学ぶ者を詆り

3　書を著して以て公の学を詆る者有るに至り
4　書を著して以て公の学ぶ者を詆ること有るに至り
5　至りて書を著し以て公の学を詆る者有り
6　至りて書を著すこと有りて以て公の学ぶ者を詆り

問3　A に入れるのに、最も適当なものを、次のなかから選び、その番号をマークせよ。

1　独　2　初　3　敢　4　窃　5　復　6　素

問4　本文の内容に合うものを、次のなかから一つ選び、その番号をマークせよ。

1　王安石は学者として世に尊崇され、優れた弟子たちを育成し、儒家経典の斬新な解釈を生み出すなど、学術界を主導する者として、不動の高評価を受け続けた。
2　王安石による儒家経典の新解釈は、文字の解釈を重視するものであったが、こじつけた解釈があまりに多くなったので、弟子たちは王安石の学説を疑問視するようになった。
3　王安石が著した儒家経典の解釈は、新奇を追求するあまり、こじつけた解釈が目立つようになったので、その弊害を憂えた朝廷は詔を下して、従来の解釈だけを用いるようにさせた。
4　王安石は儒家経典の優れた新解釈を著したが、それに偏重してはいけないという詔が朝廷から下されると、弟子たちは王安石の学説から離れ、独自の解釈を生み出しはじめた。
5　王安石の経典解釈が朝廷に問題視されると、弟子たちは門人だと称するのを避けるようになり、後に王安石が神宗廟に合わせ祀られても、その態度を変えることはなかった。
6　王安石への評価の浮沈に合わせて、弟子たちが門人であるのを栄誉としたり、門人と称するのを避けたりしたことに対して、ある人は挽詞の一字を変えて彼らの処世を風刺した。

二月四日実施分

解答

一

出典　松岡正剛『日本という方法』＜第13章　失われた面影を求めて　悲しい存在を見つめる・お家がどんどん遠くなる・「異質性」への憧れ・可能が可能のままであったころ＞（NHKブックス）

解答

問1　①模索　②私淑
問2　③かか　④れいめい
問3　5
問4　「悲しい存…もっている
問5　2
問6　6
問7　無常
問8　1
問9　4
問10　3

◆要　旨◆

大正七年に「赤い鳥」に発表された最初の童謡は、西条八十の『かなりや』だった。この歌の根本面目は、カナリヤがいったん棄てられるという瀬戸際をもったことだ。やや遅れて童謡運動に参加した野口雨情もまた、何かが失われているという感覚をもって、ものごとには有為転変があり、予定通りいかないことがあるということを告げている。しかし、そういう「負」や「喪失」が存在の思想のバネになるのだ。九鬼周造も、日本人の本来には何かが失われていると見た。だから、九鬼は日本文化には「異質なものとの出会い」が必要だったと考えた。上質の日本文化には「被投性」があり、それゆえ「失って知る異質性」との出会いの暗示がある。これが「日本という方法」の正体であり、内村鑑三、西条八十、野口雨情らだけでなく、定家や西行にもつながっている。

◀解　説▶

問3　まず、挿入文に「しかし」とあることに注目する。挿入箇所の前後が逆接関係になっていない1・2・3・4は不適と判断する。5と6が残るが、6に「しかし」という逆接がなかったとしてもつながらないことはない。5は逆接がなければ前の「かわいらしく」と後の「飾った……まったくありません」とのつながりが不自然になるので、5と判断する。

問4　傍線㋐の直前に「ここに」という指示語があることに注目する。「ここ」であるから、指示する部分はその直前にある内村鑑三の基本的な発想であると判断できる。その発想とは、「棄却の立場をもつことには、何か本質的な意味がある」ということだが、その「本質的な意味」を十七字で表現している部分を探す。該当部分は、内村の言葉の引用の二つ前の文にある。

問5　空欄Aの直後に「総称されてはいるものの」とある。「総称」のニュアンスをもっているのは、2と3だけである。この段落にあるように、「病気」や「鬱屈」や「毒されていた」などのさまざまな状況があるにもかかわらず総称されるという点では、〝すべて同じようだ〟という意味の3の「千篇一律」よりも、多少の違いを気にしない2の「十把一からげ」のほうがふさわしい。

問6　「根本面目」という語は耳慣れない語であるが、〝根本的な発想・考え〟ぐらいの意味で理解すればよい。ポイントは二点ある。①棄てられること、②棄てられることが復活もしくは創造のきっかけになること、である。これに合致するのは6である。1と4は、①の内容はあるが②の内容はない。「認知された」「象徴的存在とな」るだけでは不十分である。２は、①の内容がなく、また「抽象的な存在にな」るという内容は本文中にない。３と５は、「捨てられそうになる」が不適。これでは棄てられていないことになる。５は「同情されるべき普遍的存在」も本文の趣旨に外れる。

問７　空欄Ｂ直前の「どんなことでも予定通りとはかぎらないし、有為転変があるのだ」という内容を表す語を探す。「しゃぼん玉」の歌詞、空欄Ｂの次の段落の第四文の「世界も社会も家族も……壊れやすいものなのだ」という部分もヒントになる。「無常」は傍線㋒の直後にある。

問８　傍線㋒の段落とその前の段落を参考にする。①「異質なものとの出会い」があり、それによって洗練されてきたこと、②しかし、常に「無」〈失われていること〉に条件づけられていること、の二点がポイント。２の「はじめから『数寄に徹する』だけで……認められている」は、①・②どちらもおさえられていない。３の「『異質なもの』をそのまま摂りいれ、それと一体化」も①に合わない。４は、「海外の『異質なもの』の影響を……見えながら」という部分が不適。５の「思想という……成立した」という内容は本文中にない。

問９　４は、空欄Ｂの後の二段落の内容に合致する。１は「『修身教育』に縛られた当時の一般の童謡」が不適。「修身教育」に縛られていたのは「尋常小学唱歌」であり、「童謡」はそれに対して起こった「挑戦的で創造的」な表現運動である。２については、「唄を忘れた金糸雀」の「象徴的な意義」は「当時の青年詩人たちを大いに鼓舞した」ことではなく、「童謡第一号」がこの歌であった、という点にあるので、不適。３の「やがて行き詰まりを感じ」という内容は本文中にない。５は「失われてしまった『日本の面影』を切実に求める」という部分が不適。５は「日本の面影」が失われたのでそれを取り戻す、という内容だと読めるが、失われていることこそが「日本の面影」なのである。６については、野口雨情が子供に訴え、九鬼周造が大人に訴える、という二人の対比の形で説明されている点が不適。野口は「大人にも突きつけた」（第十二段落最終文）のである。「失われた日本文化の復活」も、５と同様の理由で誤りである。

二

出典　若松英輔「死者の沈黙」（『文學界』2021年2月号　文藝春秋社）

解答

問1　2
問2　5
問3　3
問4　4
問5　3

◆要　旨◆

苦しみの底にあるとき、人はすでに言葉が捉えうる場所にはいない。それは沈黙の領域である。呻くとき、人は独りである。ホームレスの女性が亡くなったとき、あるメディアはその女性の持ち物を「ゴミ」と表現したが、本人にとってはそうではない。物は用いられることで、人の人生と不可分な関係を持つ。尊厳は死者にも存在する。死者への暴言は、時には生者への暴言よりはるかに上回る衝撃を与える。哲学者の井筒俊彦は、言葉の姿を超えた「コトバ」という語を使う。言葉は「コトバ」に包まれている。人々は言葉で語りうるものが真実だと信じているが、現実には沈黙という「コトバ」がなければ、言葉は存在しない。生者は死者の沈黙を十分に理解できない。生者が死者にささげるべきものは哀悼であり、死者の魂が保ちつづけている「いのち」を感じるとき、私たちに必要なものは沈黙であり、祈りである。

▲解　説▼

問1　挿入箇所は各形式段落の冒頭にあるので、挿入文はその段落の内容を表していると考えられる。挿入文は多様性、個別性を表したものであり、そういう内容の段落がどれかを確認する。4がやや紛らわしいが、この段落は物体か物かという対比がポイントなので、内容がずれていると判断する。

問2　「記者や警察の関係者」が亡くなった人の持ち物をどのように捉えているかと考えればよい。表面的な捉え方しかできていないために「ゴミ」と表現したのである。消去法で対応する。

問3　直後の一文で「そうではない」と否定されていること、その次の一文で「死者への暴言は……はるかに上回る衝撃として受け止められる」と述べられていることを参考にする。尊厳は死者にもあるのである。選択肢とその直後の一文が反語形になっていることに注意すること。1と4と5は、死者に尊厳が存在しないという内容になるので不適。2は、「優先」という順位の問題ではないし、これでは死者の尊厳を軽視するものになるので不適と判断する。

問4　傍線㋐を言いかえると、《現実は人が信じているのとは逆である》ということである。人々が信じていることは「言葉で語り得るものこそが真実だ」ということである。しかし、筆者は「沈黙というコトバがなければ言葉は存在し得ない」と考えている。4は、そういう筆者の考え方の言いかえに当たる。「言葉とコトバがあるのではない。言葉はコトバに包まれている」（傍線㋐の前の段落）とあるので、2と5は不適。3は「コトバ」に言及がないので不適。1が内容的にはやや紛らわしいが、コトバと言葉の関係に言及している4がより適切と判断する。

問5　3は傍線㋐の前の段落以降の内容に合致している。1は「生きるとは、仏教によって……認識することである」が不適。「仏教」は必須ではない。2は「すべての人々」と一般化している点が不適。〈5〉の直前に「祈りの刻印すら感じるという人もいるだろう」とある。4は「死者の声を代弁すべきである」が不適。最終段落にあるように、必要なのは「代弁」ではなく、「沈黙」である。5は「魂魄」が不適。「いのち」を保ち続けるのは、最後から二つ目の段落にあるように「魂」という形である。

三

出典　『大鏡』〈中巻　師輔・伊尹〉

解答

問1　①－5　②－2　③－1　④－7

問2　㋐－4　㋔－6　㋕－1　㋘－1

問3　5
問4　2・4
問5　㊓思いつくことができる（十字程度）　㋗納得いかない様子（十字程度）
問6　4
問7　3・6
問8　3

◆全　訳◆

太政大臣伊尹は、一条摂政と申し上げた。この人は、九条殿（＝藤原師輔）の長男でいらっしゃる。素晴らしい御家集（＝『一条摂政御集』）を作りなさった。大臣になり栄えなさって三年（で、亡くなった）。たいへん若くしてお亡くなりになったことは、九条殿のご遺言をお守りにならなかったせいだと人は申した。しかしどうして、そのようにせずに（＝ご遺言を守らずに）いらっしゃることができただろうか。いや、できなかっただろう。（九条殿がご自身の）ご葬送の指図を、ひどく簡略に（するよう）書き置きなさったので、「どうして、まったくそのように（簡略にできようか）」と言って、通例の作法で（葬送を）行いなさったとかいうことだ。それ（＝父親の葬儀をひどく簡略にしないこと）は、道理のあるなされ様ですよ。ただ、お姿、才能、何事にもあまりにも優れていらっしゃったので、（それに加えて）ご寿命がそろうことはおできにならなかったのだろう。

助信少将が、宇佐（八幡宮）へのご使者に立たれたとき、伊尹公の屋敷で、はなむけに、「きくのはなのうつろひたる（＝菊の花で、色が変わったもの）」を題にして、別れの歌を詠みなさった（その歌は）、

それならば遠くへ移ってしまわれると聞きますが、実際にお目にかかっているときでさえもっと会っていたいと物足りない気持ちなのに（菊の花の色が変わってしまったと聞きますが、折って見ているときでさえもっと見ていたいと物足りない気持ちなのに）

（伊尹公は）帝（＝円融天皇）の御伯父・皇太子（＝花山天皇）の御祖父で、摂政をなさいましたので、世の中では自分の思いに叶わないことはなく、度が過ぎた贅沢をことのほか好みなさって、大宴会をなさったときに、寝殿の天井裏の板が少し黒ずんでいたので、急に見つけなさって、陸奥紙を一面に貼らせなさったのが、かえって白く美しげでございました。（ほかの人ならそんなことを）思いついただろうか。いえ、思いつかないだろう。ご邸宅は、今の世尊寺ですよ。ご一族の氏寺にしておきなさったのを、このような機会には、入って拝見すると、まだその紙が貼られてありますのを、昔に出会ったような気がして自然としみじみと拝見してしまう。このような繁栄をご覧になり残して、御年五十にさえ足らないで亡くなりなさった残念さは、父親の大臣（＝九条殿）にも劣らないほど、世の人は惜しみ申し上げたことです。

その（伊尹公の）男女のお子様はたくさんいらっしゃった。男君たちは、代明親王の姫君の子に、前少将挙賢・後少将義孝といって、華やかにふるまっておられた君達でしたが、殿（伊尹公）がお亡くなりになって、三年ほどして、疱瘡が流行ったときにかかりなさって、前少将は、朝に亡くなり、後少将は、（同じ日の）夕方にお亡くなりになったことだよ。一日のうちに、二人の子を失いなさった、母北の方のお気持ちは、どうであっただろうか、たいへん悲しいことだとうけたまわった。

あの後少将は、お姿がたいへん素晴らしくいらっしゃり、長年熱心な仏教の信者でいらっしゃった。病気が重くなるにつれ、生きられるとお思いにならなかったので、母上に申し上げなさったことは、「私が死んでしまいましても、とにかく例のように（普通の人が亡くなったときの作法を）なさらないでください。もうしばらく法華経を唱え申し上げようとの願いがございますので、必ず帰って参ります」とおっしゃって、法華経の第二品を読み申し上げなさって、お亡くなりになった。その遺言を、母北の方はお忘れになろうはずもないが、（悲しみで）ものも考えられずにいらっしゃったので、思うに（周りの）人がし申し上げたのだろうか、枕を北に向けたりなどと何やかやと、いつものような（死者を扱う）作法で処置してしまったので、（後少将はこの世に）お帰りになれなくなってしまった。後に、母北の方の夢に現れなさった（ときの歌）

あれほど約束したのに（私が）三途の川から帰る（わずかな）間に忘れてよいものだろうか（いや、忘れないでほしかった）

と詠みなさったのは、（母は）どれほど悔しく思いなさっただろうねえ。

さて後に、時がたって、賀縁阿闍梨と申す僧の夢に、この君達二人が現れなさったが、兄の前少将は、たいへん物思いにふけっている様子で、この後少将は、たいへん心地よさそうな様子でいらっしゃったので、阿闍梨は、「あなたはどうして心地よさそうでいらっしゃるのか。母上は、あなたをこそ、兄君よりたいへん恋しく思い申し上げなさるようなのに」と申し上げると、たいへん合点のいかないようなご様子で、

（ここ極楽では）時雨は蓮の花びらが散り乱れることをいいます。どうしてふるさと（の母上）は涙（の時雨）に袖を濡らしていらっしゃるのでしょうか

など、詠みなさった。（後少将は）極楽に往生なさったのであるようだ。このようにも夢などお示しにならずとも、この人（＝後少将）の往生は疑い申し上げるはずもない。

▲解　説▼

問1　助動詞の基本問題である。①は完了「つ」の連体形。②は下に「こと」が接続しており、連体形と判断できるので打消である。③の「む」の意味として選択肢にあるのは「意志」と「勧誘」であるが、主語が一人称で、また下に「本意」とあるので、「意志」と判断する。④は文法書によって「婉曲」あるいは「推定」と分類されているが、選択肢に「婉曲」はない。

問2　文脈から誰の行為かを判断する。㋐については、父親の九条殿の葬儀を伊尹が行ったのである。㋔は、「うけたまはる」という謙譲語が使われていて、尊敬表現がないことに注意する。選択肢の中で尊敬表現をつけなくてもいいのは、6の「老翁」だけである。㋕は、後少将（義孝）が「帰りまうで来べし」と言っていたのに、帰れなくなったという内容である。㋘は、極楽往生した人物を答えればよい。

問3　第一段落第五文に、伊尹について「いと若くてうせおはしましたる」（たいへん若くしてお亡くなりになった）とあるのを参考にする。第一段落第三文に「いみじき御集つくりたまへり」（素晴らしい御家集を作りなさった）とあるので、1の「才能を生かしきれずに終わった」、2の「歌集が編まれなかった」は不適。父親の九条殿の葬儀については、伊尹は通常の作法で行えと指示したのだから、3と6は不適。4の「九条殿は数奇な運命に翻弄され続けた」は本文中に言及されていない。

問4　2については、題として与えられた「菊」と助信少将が宇佐の使いに出立なさることを「聞く」が掛けられている。4については、一緒に「居り」と、菊から連想される「折り」とを掛けている。1は「虚ろ」が不適。「うつろふ」は花の色が変わる意と場所を移動するの意が掛けられている。いずれも「移ろ（ひ）」になる。3の「鼻」、5の「海松」は、歌の内容に無関係。6の「赤」も不適。赤いものは登場していない。

問5　㋓「思ひよる」は〝思いつく〟の意。「べき」は可能の助動詞。

㋗「あたふ」は〝能ふ〟で〝できる〟の意。直訳すると〈できない様子〉という口語訳になるのだが、何ができないのかをおさえておくべきだろう。母が自分のことを恋い慕って泣いていると聞いて、自分はここ極楽で満足しているので、なぜ母が悲しんでいるのか納得できないのである。

問6　義孝が、法華経を読みたいので必ず帰ってくるから、死んでも死者の扱いをしないでほしいと母親に頼んだのに、母が嘆いている間に、周りの者に死者の扱いをされてしまったためにそれが叶わなかったのである。1は「葬儀に参加せず」が不適。2は、論外。3については、「挙賢の死を悲しむばかり」が不適であるし、義孝は法華経を自分で読むつもりであって、母親に読んでもらうつもりはなかった。5については、義孝が極楽で満足しているという歌を詠んだのは、阿闍梨の夢の中であって、母の夢の中ではない。

問7　3は第三段落に合致する。ただし、当時の寝殿造には天井は張られていないので、厳密には天井ではなく天井裏である。6は最終段落に合致する。1は「老翁は批判的な立場だった」が不適。第一段落の後ろから二文目に「ことわりの御しわざぞかし」（道理のあるなされ様ですよ）とある。2は「人々と一緒に」が不適。「世人惜しみたてまつりしか」とあるが、老翁自身については述べられていない。4については、悔いが残ったのは、「辞世の歌を詠めなかった」ことではなく、生き返って法華経を読めなくなってしまったことについてである。5の「兄とは別に葬儀をして欲しい」などという遺言を義孝はしていない。

四

出典　王闢之（おうへきし）『澠水燕談録』（じょうすい）

解答

問1　①もつとも〔もっとも〕　③かへつて〔かえって〕

問2　3

問3　5

問4　6

◆全　訳◆

荊国の王文公は多聞博学であるということで、世間から尊敬される学者となった。当時の学問をする者はその（王安石の）門を出ることができた者は、自分で栄誉と思い、一度でも認められて賞賛されれば、往々にしてその名は天下に重んぜられた。公が経典を解釈するときには、もっとも（書かれてある）字を解釈することを重要視したが、弟子たちは新奇の解釈を多くすることに注力し、次第にこじつけた解釈が多くなっていった。朝廷はこれ（こじつけた解釈が多くなっていったこと）を憂慮し、学者に言いつけて、儒家経典の解釈や注釈も併用し、王安石の解釈だけを用いず、王安石の『字説』だけを引用することを禁じた。そこで、学問をする者は皆学問をする所を（王安石の学問から）変え、書を著して、それによって公（王安石）の学問を批判する者が現れる事態に至り、また公の門人と称するのを嫌がった。だから、芸叟が死者（王安石）を哀悼する詩文を作って言ったことは、「今日世間で学問をする者は、誰もが王安石の門下生であると言うのを嫌がる」と。知識人の仲間に伝わっている。後に公に朝廷からの下命があり、帝王廟に合わせ祀るのに、官位並びに諡名を贈り、学問をする者に再び王安石の学説を学ばせ、『字説』を用いさせた。昔（王安石の学説を）学んだ者は徐々に再び公の門人と称した。芸叟の詞を改めて言った名もない人がいて、言うことには、「誰もがかえって王安石の門下生であると言う」と。

読み　荊国王文公多聞博学を以て世の宗師と為る。当世の学ぶ者其の門下より出づるを得る者は、自ら以て栄と為し、一たび称与せらるれば、往往にして名は天下に重んぜらる。公の経を治むるに、尤も字を解するを尚び、末流は新奇多きに務め、浸く穿鑿を成す。朝廷之を患ひ、学ぶ者に詔して、兼ねて旧伝注を用ひ、専らには新経を治めず、字解を援引することを禁ぜしむ。是に于いて学ぶ者皆学ぶ所を変へ、書を著して以て公の学を詆る者有るに至り、且つ公の門人と称するを諱む。故に芸叟挽詞を為りて云ふ、「今日江湖の従ひ学ぶ者、人人是れ門生なりと道ふを諱む」と。士林に伝はる。後に公に詔して神廟に配享するに、官並びに諡を贈り、学ぶ者をして復た新経を治め、字解を用ひしむ。昔従ひ学ぶ者稍稍復た公の門人と称す。無名子の芸叟の詞を改むる有りて云ふ、「人人却つて是れ門生なりと道ふ」と。

▲解　説▼

問1　句形には関係しない副詞の読みである。

問2　「有～者」は〝～という者が有る〟という構文である。だから「至有～者」で「～者有るに至り」と読む。1と3に絞れる。「以」を1は動詞、3は接続詞として読んでいるが、直訳してみると、1では「書を著すにあたり、公の学問を非難することによってする者」となり、3は「書を著して、それによって公の学問を非難する者」となる。1は目的と手段が整理されておらず、意味が通らない。

問3　弟子たちの動向が、最初は弟子であることを名誉と考え、次に弟子であることを嫌がり、後に弟子であることを名誉とすると、ころころ態度を変えたことをおさえる。ここから「復（ふたたび）」と判断できる。2の「初」、6の「素（もとより）」はこの転変に合わない。1のように、「独（ひとり）」ではなく、皆同じ態度を取ったのである。

3の「敢（あえて）」は自分が他人と違うことをする場合に用いる。4「窃（ひそかに）」ではなく、おおっぴらにやっている。

問4 6は全体の話の展開に合致している。1は「不動」が不適。評価は変化した。2については、「こじつけた解釈」をしたのは「末流（弟子たち）」であり、王安石ではない。3は2と同じく「こじつけた解釈」が弟子たちのものであることがあいまいになっているし、朝廷は従来の解釈と「兼ねて」用いるようにさせたのであり、従来の解釈だけを用いるようにさせたのではない。4の「弟子たちは……独自の解釈を生み出しはじめた」という内容は本文中にない。5の「態度を変えることはなかった」が不適。態度を変えて、弟子だと名乗り始めたのである。

❖講評

一の現代文は、童謡を題材にした文化論からの出題。文章は読みやすい。問1の書き取りは標準レベル。問2の読みは、やや難レベルだろう。問3の欠文挿入箇所と問4の箇所指摘もやや難レベル。問5の空所補充は標準レベルである。問6の内容説明は標準かやや難レベル。傍線部の「根本面目」という語は耳慣れない言葉で、ここでとまどった受験生もいたと思われる。問7の空所補充は、漢字二字というヒントはあるがやや難レベル。探すのに手間がかかる。問8の内容説明はやや難レベル。「上質の日本文化」の内容理解そのものが難しい。問9の内容真偽、問10の文学史は、いずれも標準レベルだろう。

二の現代文は、言葉と沈黙をテーマにした評論からの出題。問1の欠文挿入箇所、問2と問3の空所補充は標準レベル。問4の内容説明はやや難。何が元で、何が逆なのかという論理操作が少々ややこしい。問5の内容真偽は、標準かやや難だろう。正解の選択肢に対応する本文の範囲がかなり広いので、確認に手間がかかる。

三の古文は、歴史物語からの出題。読みにくい文章ではないが、前後半で登場人物が変わるので、ややとまどった受験生もいたかもしれない。問1の文法は、易レベル。問2の主語指摘は、標準レベルだろう。問3の内容説明は、語意からではなく、文脈から判断する必要がある。やや難レベルだろう。問４の和歌修辞は、やや難レベル。すべての選択肢をきちんと確認しなければならない。問５の口語訳、問６の内容説明は標準レベル。問７の内容真偽は、難しくはないが手間はかかる。標準レベルである。

四の漢文は、王安石に関する説話からの出題。とくに難解な語もなく、読みやすい文章であった。問１の読みは、標準レベルと思われる。問２の書き下し文はやや難レベル。立命館大学の書き下し文の問題は、文構造の把握を要求することが多く、例年簡単ではない。問３の空所補充は、標準レベル。話の展開を把握できていれば迷うことはないだろう。問４の内容真偽は、間違いの箇所がわかりやすい。標準レベルだろう。

一の現代文は、本文は読みやすいが、設問はやや難しめであった。二の現代文は、読みやすくはないが、設問にはなんとか対応できる。三の古文は、本文の読解も設問も標準的であった。四の漢文も、書き下し文の問題を除くと取り組みやすい。全体のバランスがよくとれている出題であった。

//////////////////// · memo · ////////////////////

/////////////////// · memo · ///////////////////

//////////////////// · memo · ////////////////////

/////////////////// · memo · ///////////////////

////////////////////// · memo · //////////////////////

//////////////////// · memo · ////////////////////

共通テスト対策関連書籍

共通テスト対策も赤本で

① 過去問演習

2025年版

共通テスト
赤本シリーズ

全12点

A5判／定価1,320円
(本体1,200円)

- 英国数には新課程対応オリジナル実戦模試 掲載！
- 公表された新課程試作問題はすべて掲載！
- くわしい対策講座で得点力UP
- 英語はリスニングを10回分掲載！赤本の音声サイトで本番さながらの対策！

- 英語 リーディング／リスニング DL
- 数学I, A／II, B, C
- 国語
- 歴史総合, 日本史探究
- 歴史総合, 世界史探究
- 地理総合, 地理探究
- 公共, 倫理
- 公共, 政治・経済
- 物理
- 化学
- 生物
- 物理基礎／化学基礎／生物基礎／地学基礎

DL 音声無料配信

② 自己分析

赤本ノートシリーズ

過去問演習の効果を最大化

▶共通テスト対策には

赤本ノート
(共通テスト用)

赤本ルーズリーフ
(共通テスト用)

共通テスト
赤本シリーズ

新課程攻略
問題集

全26点
に対応!!

▶二次・私大対策には

大学赤本
シリーズ

全556点
に対応!!

赤本ノート(二次・私大用)

③ 重点対策

共通テスト
赤本プラス

新課程攻略問題集

基礎固め&苦手克服のための分野別対策問題集!!
厳選された問題でかしこく対策

- 英語リーディング
- 英語リスニング DL
- 数学I, A
- 数学II, B, C
- 国語(現代文)
- 国語(古文, 漢文)
- 歴史総合, 日本史探究
- 歴史総合, 世界史探究
- 地理総合, 地理探究
- 公共, 政治・経済
- 物理
- 化学
- 生物
- 情報I

DL 音声無料配信

全14点
好評発売中！

A5判／定価1,320円(本体1,200円)

手軽なサイズの実戦的参考書

目からウロコの
コツが満載！

直前期にも！

満点のコツ
シリーズ

赤本
ポケット

2025年版　大学赤本シリーズ

私立大学③

529 同志社大学(文・経済学部−学部個別日程)
530 同志社大学(神・商・心理・グローバル地域文化学部−学部個別日程)
531 同志社大学(社会学部−学部個別日程)
532 同志社大学(政策・文化情報〈文系型〉・スポーツ健康科〈文系型〉学部−学部個別日程)
533 同志社大学(理工・生命医科・文化情報〈理系型〉・スポーツ健康科〈理系型〉学部−学部個別日程)
534 同志社大学(全学部日程)
535 同志社女子大学 総推
536 奈良大学 総推
537 奈良学園大学 総推
538 阪南大学 総推
539 姫路獨協大学 総推
540 兵庫医科大学(医学部) 医
541 兵庫医科大学(薬・看護・リハビリテーション学部) 総推
542 佛教大学 総推
543 武庫川女子大学 総推
544 桃山学院大学 総推
545 大和大学・大和大学白鳳短期大学部 総推
546 立命館大学(文系−全学統一方式・学部個別配点方式)／立命館アジア太平洋大学(前期方式・英語重視方式)
547 立命館大学(理系−全学統一方式・学部個別配点方式・理系型3教科方式・薬学方式)
548 立命館大学(英語〈全学統一方式3日程×3カ年〉)
549 立命館大学(国語〈全学統一方式3日程×3カ年〉)
550 立命館大学(文系選択科目〈全学統一方式2日程×3カ年〉)
551 立命館大学(IR方式〈英語資格試験利用型〉・共通テスト併用方式)／立命館アジア太平洋大学(共通テスト併用方式)
552 立命館大学(後期分割方式・「経営学部で学ぶ感性+共通テスト」方式)／立命館アジア太平洋大学(後期方式)
553 龍谷大学(公募推薦入試) 総推
554 龍谷大学(一般選抜入試)

中国の大学(50音順)

555 岡山商科大学 総推
556 岡山理科大学 総推
557 川崎医科大学 医
558 吉備国際大学 総推
559 就実大学 総推
560 広島経済大学
561 広島国際大学 総推
562 広島修道大学
563 広島文教大学 総推
564 福山大学／福山平成大学
565 安田女子大学 総推

四国の大学(50音順)

567 松山大学

九州の大学(50音順)

568 九州医療科学大学
569 九州産業大学
570 熊本学園大学
571 久留米大学(文・人間健康・法・経済・商学部)
572 久留米大学(医学部〈医学科〉) 医
573 産業医科大学(医学部) 医
574 西南学院大学(商・経済・法・人間科学部−A日程)
575 西南学院大学(神・外国語・国際文化学部−A日程／全学部−F日程)
576 福岡大学(医学部医学科を除く−学校推薦型選抜・一般選抜系統別日程) 総推
577 福岡大学(医学部医学科を除く−一般選抜前期日程)
578 福岡大学(医学部〈医学科〉−学校推薦型選抜・一般選抜系統別日程) 医 総推
579 福岡工業大学
580 令和健康科学大学 総推

医 医学部医学科を含む
総推 総合型選抜または学校推薦型選抜を含む
DL リスニング音声配信　新 2024年 新刊・復刊

掲載している入試の種類や試験科目，収載年数などはそれぞれ異なります。詳細については，それぞれの本の目次や赤本ウェブサイトでご確認ください。

akahon.net

赤本

難関校過去問シリーズ

出題形式別・分野別に収録した
「入試問題事典」
20大学 73点

定価**2,310〜2,640**円(本体2,100〜2,400円)

先輩合格者はこう使った!
「難関校過去問シリーズの使い方」

61年，全部載せ!
要約演習で，総合力を鍛える

東大の英語
要約問題 UNLIMITED

国公立大学

東大の英語25カ年[第12版] 改
東大の英語リスニング20カ年[第9版] DL 改
東大の英語 要約問題 UNLIMITED
東大の文系数学25カ年[第12版] 改
東大の理系数学25カ年[第12版] 改
東大の現代文25カ年[第12版] 改
東大の古典25カ年[第12版] 改
東大の日本史25カ年[第9版] 改
東大の世界史25カ年[第9版] 改
東大の地理25カ年[第9版] 改
東大の物理25カ年[第9版] 改
東大の化学25カ年[第9版] 改
東大の生物25カ年[第9版] 改
東工大の英語20カ年[第8版] 改
東工大の数学20カ年[第9版] 改
東工大の物理20カ年[第5版] 改
東工大の化学20カ年[第5版] 改
一橋大の英語20カ年[第9版] 改
一橋大の数学20カ年[第9版] 改
一橋大の国語20カ年[第6版] 改
一橋大の日本史20カ年[第6版] 改
一橋大の世界史20カ年[第6版] 改
筑波大の英語15カ年 新
筑波大の数学15カ年 新
京大の英語25カ年[第12版]
京大の文系数学25カ年[第12版]
京大の理系数学25カ年[第12版]
京大の現代文25カ年[第2版]
京大の古典25カ年[第2版]
京大の日本史20カ年[第3版]
京大の世界史20カ年[第3版]
京大の物理25カ年[第9版]
京大の化学25カ年[第9版]
北大の英語15カ年[第8版]
北大の理系数学15カ年[第8版]
北大の物理15カ年[第2版]
北大の化学15カ年[第2版]
東北大の英語15カ年[第8版]
東北大の理系数学15カ年[第8版]
東北大の物理15カ年[第2版]
東北大の化学15カ年[第2版]
名古屋大の英語15カ年[第8版]
名古屋大の理系数学15カ年[第8版]
名古屋大の物理15カ年[第2版]
名古屋大の化学15カ年[第2版]
阪大の英語20カ年[第9版]
阪大の文系数学20カ年[第3版]
阪大の理系数学20カ年[第9版]
阪大の国語15カ年[第3版]
阪大の物理20カ年[第8版]
阪大の化学20カ年[第6版]
九大の英語15カ年[第8版]
九大の理系数学15カ年[第7版]
九大の物理15カ年[第2版]
九大の化学15カ年[第2版]
神戸大の英語15カ年[第9版]
神戸大の数学15カ年[第5版]
神戸大の国語15カ年[第3版]

私立大学

早稲田の英語[第11版] 改
早稲田の国語[第9版] 改
早稲田の日本史[第9版] 改
早稲田の世界史[第2版] 改
慶應の英語[第11版] 改
慶應の小論文[第3版] 改
明治大の英語[第9版] 改
明治大の国語[第2版] 改
明治大の日本史[第2版] 改
中央大の英語[第9版] 改
法政大の英語[第9版] 改
同志社大の英語[第10版]
立命館大の英語[第10版]
関西大の英語[第10版]
関西学院大の英語[第10版]

DL リスニング音声配信
新 2024年 新刊
改 2024年 改訂

2025年版　大学赤本シリーズ

私立大学②

357 東邦大学(理・看護・健康科学部)
358 東洋大学(文・経済・経営・法・社会・国際・国際観光学部)
359 東洋大学(情報連携・福祉社会デザイン・健康スポーツ科・理工・総合情報・生命科・食環境科学部)
360 東洋大学(英語〈3日程×3カ年〉)
361 東洋大学(国語〈3日程×3カ年〉)
362 東洋大学(日本史・世界史〈2日程×3カ年〉)
363 東洋英和女学院大学
364 常磐大学・短期大学 総推
365 獨協大学
366 獨協医科大学(医学部) 医

な行(関東の大学)

367 二松学舎大学
368 日本大学(法学部)
369 日本大学(経済学部)
370 日本大学(商学部)
371 日本大学(文理学部〈文系〉)
372 日本大学(文理学部〈理系〉)
373 日本大学(芸術学部〈専門試験併用型〉)
374 日本大学(国際関係学部)
375 日本大学(危機管理・スポーツ科学部)
376 日本大学(理工学部)
377 日本大学(生産工・工学部)
378 日本大学(生物資源科学部)
379 日本大学(医学部) 医
380 日本大学(歯・松戸歯学部)
381 日本大学(薬学部)
382 日本大学(N全学統一方式−医・芸術〈専門試験併用型〉学部を除く)
383 日本医科大学 医
384 日本工業大学
385 日本歯科大学
386 日本社会事業大学 総推
387 日本獣医生命科学大学
388 日本女子大学
389 日本体育大学

は行(関東の大学)

390 白鷗大学(学業特待選抜・一般選抜)
391 フェリス女学院大学
392 文教大学
393 法政大学(法〈I日程〉・文〈II日程〉・経営〈II日程〉学部−A方式)
394 法政大学(法〈II日程〉・国際文化・キャリアデザイン学部−A方式)
395 法政大学(文〈I日程〉・経営〈I日程〉・人間環境・グローバル教養学部−A方式)
396 法政大学(経済〈I日程〉・社会〈I日程〉・現代福祉学部−A方式)
397 法政大学(経済〈II日程〉・社会〈II日程〉・スポーツ健康学部−A方式)
398 法政大学(情報科・デザイン工・理工・生命科学部−A方式)
399 法政大学(T日程〈統一日程〉・英語外部試験利用入試)
400 星薬科大学 総推

ま行(関東の大学)

401 武蔵大学
402 武蔵野大学
403 武蔵野美術大学
404 明海大学
405 明治大学(法学部−学部別入試)
406 明治大学(政治経済学部−学部別入試)
407 明治大学(商学部−学部別入試)
408 明治大学(経営学部−学部別入試)
409 明治大学(文学部−学部別入試)
410 明治大学(国際日本学部−学部別入試)
411 明治大学(情報コミュニケーション学部−学部別入試)
412 明治大学(理工学部−学部別入試)
413 明治大学(総合数理学部−学部別入試)
414 明治大学(農学部−学部別入試)
415 明治大学(全学部統一入試)
416 明治学院大学(A日程)
417 明治学院大学(全学部日程)
418 明治薬科大学 総推
419 明星大学
420 目白大学・短期大学部

ら・わ行(関東の大学)

421 立教大学(文系学部−一般入試〈大学独自の英語を課さない日程〉)
422 立教大学(国語〈3日程×3カ年〉)
423 立教大学(日本史・世界史〈2日程×3カ年〉)
424 立教大学(文学部−一般入試〈大学独自の英語を課す日程〉)
425 立教大学(理学部−一般入試)
426 立正大学
427 早稲田大学(法学部)
428 早稲田大学(政治経済学部)
429 早稲田大学(商学部)
430 早稲田大学(社会科学部)
431 早稲田大学(文学部)
432 早稲田大学(文化構想学部)
433 早稲田大学(教育学部〈文科系〉)
434 早稲田大学(教育学部〈理科系〉)
435 早稲田大学(人間科・スポーツ科学部)
436 早稲田大学(国際教養学部)
437 早稲田大学(基幹理工・創造理工・先進理工学部)
438 和洋女子大学 総推

中部の大学(50音順)

439 愛知大学
440 愛知医科大学(医学部) 医
441 愛知学院大学・短期大学部
442 愛知工業大学 総推
443 愛知淑徳大学
444 朝日大学 総推
445 金沢医科大学(医学部) 医
446 金沢工業大学
447 岐阜聖徳学園大学 総推
448 金城学院大学
449 至学館大学 総推
450 静岡理工科大学
451 椙山女学園大学
452 大同大学
453 中京大学
454 中部大学
455 名古屋外国語大学 総推
456 名古屋学院大学 総推
457 名古屋学芸大学 総推
458 名古屋女子大学 総推
459 南山大学(外国語〈英米〉・法・総合政策・国際教養学部)
460 南山大学(人文・外国語〈英米を除く〉・経済・経営・理工学部)
461 新潟国際情報大学
462 日本福祉大学
463 福井工業大学
464 藤田医科大学(医学部) 医
465 藤田医科大学(医療科・保健衛生学部)
466 名城大学(法・経営・経済・外国語・人間・都市情報学部)
467 名城大学(情報工・理工・農・薬学部)
468 山梨学院大学

近畿の大学(50音順)

469 追手門学院大学 総推
470 大阪医科薬科大学(医学部) 医
471 大阪医科薬科大学(薬学部) 総推
472 大阪学院大学 総推
473 大阪経済大学 総推
474 大阪経済法科大学 総推
475 大阪工業大学 総推
476 大阪国際大学・短期大学部 総推
477 大阪産業大学 総推
478 大阪歯科大学(歯学部)
479 大阪商業大学 総推
480 大阪成蹊大学・短期大学 総推
481 大谷大学 総推
482 大手前大学・短期大学 総推
483 関西大学(文系)
484 関西大学(理系)
485 関西大学(英語〈3日程×3カ年〉)
486 関西大学(国語〈3日程×3カ年〉)
487 関西大学(日本史・世界史・文系数学〈3日程×3カ年〉)
488 関西医科大学(医学部) 医
489 関西医療大学 総推
490 関西外国語大学・短期大学部 総推
491 関西学院大学(文・法・商・人間福祉・総合政策学部−学部個別日程)
492 関西学院大学(神・社会・経済・国際・教育学部−学部個別日程)
493 関西学院大学(全学部日程〈文系型〉)
494 関西学院大学(全学部日程〈理系型〉)
495 関西学院大学(共通テスト併用日程〈数学〉・英数日程)
496 関西学院大学(英語〈3日程×3カ年〉) 新
497 関西学院大学(国語〈3日程×3カ年〉) 新
498 関西学院大学(日本史・世界史・文系数学〈3日程×3カ年〉) 新
499 畿央大学 総推
500 京都外国語大学・短期大学 総推
502 京都産業大学(公募推薦入試) 総推
503 京都産業大学(一般選抜入試〈前期日程〉)
504 京都女子大学 総推
505 京都先端科学大学 総推
506 京都橘大学 総推
507 京都ノートルダム女子大学 総推
508 京都薬科大学 総推
509 近畿大学・短期大学部(医学部を除く−推薦入試) 総推
510 近畿大学・短期大学部(医学部を除く−一般入試前期)
511 近畿大学(英語〈医学部を除く3日程×3カ年〉)
512 近畿大学(理系数学〈医学部を除く3日程×3カ年〉)
513 近畿大学(国語〈医学部を除く3日程×3カ年〉)
514 近畿大学(医学部−推薦入試・一般入試前期) 医 総推
515 近畿大学・短期大学部(一般入試後期) 医
516 皇學館大学 総推
517 甲南大学 総推
518 甲南女子大学(学校推薦型選抜) 新 総推
519 神戸学院大学 総推
520 神戸国際大学 総推
521 神戸女学院大学 総推
522 神戸女子大学・短期大学 総推
523 神戸薬科大学 総推
524 四天王寺大学・短期大学部 総推
525 摂南大学(公募制推薦入試) 総推
526 摂南大学(一般選抜前期日程)
527 帝塚山学院大学 総推
528 同志社大学(法、グローバル・コミュニケーション学部−学部個別日程)

2025年版　大学赤本シリーズ

国公立大学 その他

171 〔国公立大〕医学部医学科 総合型選抜・学校推薦型選抜※ 医 総推
172 看護・医療系大学〈国公立 東日本〉※
173 看護・医療系大学〈国公立 中日本〉※
174 看護・医療系大学〈国公立 西日本〉※
175 海上保安大学校／気象大学校
176 航空保安大学校
177 国立看護大学校
178 防衛大学校 総推
179 防衛医科大学校（医学科） 医
180 防衛医科大学校（看護学科）

※No.171〜174の収載大学は赤本ウェブサイト（http://akahon.net/）でご確認ください。

私立大学①

北海道の大学（50音順）

201 札幌大学
202 札幌学院大学
203 北星学園大学
204 北海学園大学
205 北海道医療大学
206 北海道科学大学
207 北海道武蔵女子大学・短期大学
208 酪農学園大学（獣医学群〈獣医学類〉）

東北の大学（50音順）

209 岩手医科大学（医・歯・薬学部） 医
210 仙台大学 総推
211 東北医科薬科大学（医・薬学部） 医
212 東北学院大学
213 東北工業大学
214 東北福祉大学
215 宮城学院女子大学 総推

関東の大学（50音順）

あ行（関東の大学）

216 青山学院大学（法・国際政治経済学部−個別学部日程）
217 青山学院大学（経済学部−個別学部日程）
218 青山学院大学（経営学部−個別学部日程）
219 青山学院大学（文・教育人間科学部−個別学部日程）
220 青山学院大学（総合文化政策・社会情報・地球社会共生・コミュニティ人間科学部−個別学部日程）
221 青山学院大学（理工学部−個別学部日程）
222 青山学院大学（全学部日程）
223 麻布大学（獣医、生命・環境科学部）
224 亜細亜大学
226 桜美林大学
227 大妻女子大学・短期大学部

か行（関東の大学）

228 学習院大学（法学部−コア試験）
229 学習院大学（経済学部−コア試験）
230 学習院大学（文学部−コア試験）
231 学習院大学（国際社会科学部−コア試験）
232 学習院大学（理学部−コア試験）
233 学習院女子大学
234 神奈川大学（給費生試験）
235 神奈川大学（一般入試）
236 神奈川工科大学
237 鎌倉女子大学・短期大学部
238 川村学園女子大学
239 神田外語大学
240 関東学院大学
241 北里大学（理学部）
242 北里大学（医学部） 医
243 北里大学（薬学部）
244 北里大学（看護・医療衛生学部）
245 北里大学（未来工・獣医・海洋生命科学部）
246 共立女子大学・短期大学
247 杏林大学（医学部） 医
248 杏林大学（保健学部）
249 群馬医療福祉大学・短期大学部
250 群馬パース大学 総推
251 慶應義塾大学（法学部）
252 慶應義塾大学（経済学部）
253 慶應義塾大学（商学部）
254 慶應義塾大学（文学部） 総推
255 慶應義塾大学（総合政策学部）
256 慶應義塾大学（環境情報学部）
257 慶應義塾大学（理工学部）
258 慶應義塾大学（医学部） 医
259 慶應義塾大学（薬学部）
260 慶應義塾大学（看護医療学部）
261 工学院大学
262 國學院大學
263 国際医療福祉大学 医
264 国際基督教大学
265 国士舘大学
266 駒澤大学（一般選抜T方式・S方式）
267 駒澤大学（全学部統一日程選抜）

さ行（関東の大学）

268 埼玉医科大学（医学部） 医
269 相模女子大学・短期大学部
270 産業能率大学
271 自治医科大学（医学部） 医
272 自治医科大学（看護学部）／東京慈恵会医科大学（医学部〈看護学科〉）
273 実践女子大学 総推
274 芝浦工業大学（前期日程）
275 芝浦工業大学（全学統一日程・後期日程）
276 十文字学園女子大学
277 淑徳大学
278 順天堂大学（医学部） 医
279 順天堂大学（スポーツ健康科・医療看護・保健看護・国際教養・保健医療・医療科・健康データサイエンス・薬学部） 総推
280 上智大学（神・文・総合人間科学部）
281 上智大学（法・経済学部）
282 上智大学（外国語・総合グローバル学部）
283 上智大学（理工学部）
284 上智大学（TEAPスコア利用方式）
285 湘南工科大学
286 昭和大学（医学部） 医
287 昭和大学（歯・薬・保健医療学部）
288 昭和女子大学
289 昭和薬科大学
290 女子栄養大学・短期大学部 総推
291 白百合女子大学
292 成蹊大学（法学部−A方式）
293 成蹊大学（経済・経営学部−A方式）
294 成蹊大学（文学部−A方式）
295 成蹊大学（理工学部−A方式）
296 成蹊大学（E方式・G方式・P方式）
297 成城大学（経済・社会イノベーション学部−A方式）
298 成城大学（文芸・法学部−A方式）
299 成城大学（S方式〈全学部統一選抜〉）
300 聖心女子大学
301 清泉女子大学
303 聖マリアンナ医科大学 医
304 聖路加国際大学（看護学部）
305 専修大学（スカラシップ・全国入試）
306 専修大学（前期入試〈学部個別入試〉）
307 専修大学（前期入試〈全学部入試・スカラシップ入試〉）

た行（関東の大学）

308 大正大学
309 大東文化大学
310 高崎健康福祉大学
311 拓殖大学
312 玉川大学
313 多摩美術大学
314 千葉工業大学
315 中央大学（法学部−学部別選抜）
316 中央大学（経済学部−学部別選抜）
317 中央大学（商学部−学部別選抜）
318 中央大学（文学部−学部別選抜）
319 中央大学（総合政策学部−学部別選抜）
320 中央大学（国際経営・国際情報学部−学部別選抜）
321 中央大学（理工学部−学部別選抜）
322 中央大学（5学部共通選抜）
323 中央学院大学
324 津田塾大学
325 帝京大学（薬・経済・法・文・外国語・教育・理工・医療技術・福岡医療技術学部）
326 帝京大学（医学部） 医
327 帝京科学大学 総推
328 帝京平成大学 総推
329 東海大学（医〈医〉学部を除く−一般選抜）
330 東海大学（文系・理系学部統一選抜）
331 東海大学（医学部〈医学科〉） 医
332 東京医科大学（医学部〈医学科〉） 医
333 東京家政大学・短期大学部 総推
334 東京経済大学
335 東京工科大学
336 東京工芸大学
337 東京国際大学
338 東京歯科大学
339 東京慈恵会医科大学（医学部〈医学科〉） 医
340 東京情報大学
341 東京女子大学
342 東京女子医科大学（医学部） 医
343 東京電機大学
344 東京都市大学
345 東京農業大学
346 東京薬科大学（薬学部） 総推
347 東京薬科大学（生命科学部） 総推
348 東京理科大学（理学部〈第一部〉−B方式）
349 東京理科大学（創域理工学部−B方式・S方式）
350 東京理科大学（工学部−B方式）
351 東京理科大学（先進工学部−B方式）
352 東京理科大学（薬学部−B方式）
353 東京理科大学（経営学部−B方式）
354 東京理科大学（C方式、グローバル方式、理学部〈第二部〉−B方式）
355 東邦大学（医学部） 医
356 東邦大学（薬学部）

教学社 刊行一覧

2025年版 大学赤本シリーズ

国公立大学（都道府県順）

374大学556点
全都道府県を網羅

全国の書店で取り扱っています。店頭にない場合は，お取り寄せができます。

1 北海道大学(文系－前期日程)
2 北海道大学(理系－前期日程) 医
3 北海道大学(後期日程)
4 旭川医科大学(医学部〈医学科〉) 医
5 小樽商科大学
6 帯広畜産大学
7 北海道教育大学
8 室蘭工業大学／北見工業大学
9 釧路公立大学
10 公立千歳科学技術大学
11 公立はこだて未来大学 総推
12 札幌医科大学(医学部) 医
13 弘前大学 医
14 岩手大学
15 岩手県立大学・盛岡短期大学部・宮古短期大学部
16 東北大学(文系－前期日程)
17 東北大学(理系－前期日程) 医
18 東北大学(後期日程)
19 宮城教育大学
20 宮城大学
21 秋田大学 医
22 秋田県立大学
23 国際教養大学 総推
24 山形大学 医
25 福島大学
26 会津大学
27 福島県立医科大学(医・保健科学部) 医
28 茨城大学(文系)
29 茨城大学(理系)
30 筑波大学(推薦入試) 医 総推
31 筑波大学(文系－前期日程)
32 筑波大学(理系－前期日程) 医
33 筑波大学(後期日程)
34 宇都宮大学
35 群馬大学 医
36 群馬県立女子大学
37 高崎経済大学
38 前橋工科大学
39 埼玉大学(文系)
40 埼玉大学(理系)
41 千葉大学(文系－前期日程)
42 千葉大学(理系－前期日程) 医
43 千葉大学(後期日程) 医
44 東京大学(文科) DL
45 東京大学(理科) DL 医
46 お茶の水女子大学
47 電気通信大学
48 東京外国語大学 DL
49 東京海洋大学
50 東京科学大学(旧 東京工業大学)
51 東京科学大学(旧 東京医科歯科大学) 医
52 東京学芸大学
53 東京藝術大学
54 東京農工大学
55 一橋大学(前期日程)
56 一橋大学(後期日程)
57 東京都立大学(文系)
58 東京都立大学(理系)
59 横浜国立大学(文系)
60 横浜国立大学(理系)
61 横浜市立大学(国際教養・国際商・理・データサイエンス・医〈看護〉学部)
62 横浜市立大学(医学部〈医学科〉) 医
63 新潟大学(人文・教育〈文系〉・法・経済科・医〈看護〉・創生学部)
64 新潟大学(教育〈理系〉・理・医〈看護を除く〉・歯・工・農学部) 医
65 新潟県立大学
66 富山大学(文系)
67 富山大学(理系) 医
68 富山県立大学
69 金沢大学(文系)
70 金沢大学(理系) 医
71 福井大学(教育・医〈看護〉・工・国際地域学部)
72 福井大学(医学部〈医学科〉) 医
73 福井県立大学
74 山梨大学(教育・医〈看護〉・工・生命環境学部)
75 山梨大学(医学部〈医学科〉) 医
76 都留文科大学
77 信州大学(文系－前期日程)
78 信州大学(理系－前期日程) 医
79 信州大学(後期日程)
80 公立諏訪東京理科大学 総推
81 岐阜大学(前期日程) 医
82 岐阜大学(後期日程)
83 岐阜薬科大学
84 静岡大学(前期日程)
85 静岡大学(後期日程)
86 浜松医科大学(医学部〈医学科〉) 医
87 静岡県立大学
88 静岡文化芸術大学
89 名古屋大学(文系)
90 名古屋大学(理系) 医
91 愛知教育大学
92 名古屋工業大学
93 愛知県立大学
94 名古屋市立大学(経済・人文社会・芸術工・看護・総合生命理・データサイエンス学部)
95 名古屋市立大学(医学部〈医学科〉) 医
96 名古屋市立大学(薬学部)
97 三重大学(人文・教育・医〈看護〉学部)
98 三重大学(医〈医〉・工・生物資源学部) 医
99 滋賀大学
100 滋賀医科大学(医学部〈医学科〉) 医
101 滋賀県立大学
102 京都大学(文系)
103 京都大学(理系) 医
104 京都教育大学
105 京都工芸繊維大学
106 京都府立大学
107 京都府立医科大学(医学部〈医学科〉) 医
108 大阪大学(文系) DL
109 大阪大学(理系) 医
110 大阪教育大学
111 大阪公立大学(現代システム科学域〈文系〉・文・法・経済・商・看護・生活科〈居住環境・人間福祉〉学部－前期日程)
112 大阪公立大学(現代システム科学域〈理系〉・理・工・農・獣医・医・生活科〈食栄養〉学部－前期日程) 医
113 大阪公立大学(中期日程)
114 大阪公立大学(後期日程)
115 神戸大学(文系－前期日程)
116 神戸大学(理系－前期日程) 医
117 神戸大学(後期日程)
118 神戸市外国語大学 DL
119 兵庫県立大学(国際商経・社会情報科・看護学部)
120 兵庫県立大学(工・理・環境人間学部)
121 奈良教育大学／奈良県立大学
122 奈良女子大学
123 奈良県立医科大学(医学部〈医学科〉) 医
124 和歌山大学
125 和歌山県立医科大学(医・薬学部) 医
126 鳥取大学 医
127 公立鳥取環境大学
128 島根大学 医
129 岡山大学(文系)
130 岡山大学(理系) 医
131 岡山県立大学
132 広島大学(文系－前期日程)
133 広島大学(理系－前期日程) 医
134 広島大学(後期日程)
135 尾道市立大学 総推
136 県立広島大学
137 広島市立大学
138 福山市立大学 総推
139 山口大学(人文・教育〈文系〉・経済・医〈看護〉・国際総合科学部)
140 山口大学(教育〈理系〉・理・医〈看護を除く〉・工・農・共同獣医学部) 医
141 山陽小野田市立山口東京理科大学 総推
142 下関市立大学／山口県立大学
143 周南公立大学 新 総推
144 徳島大学 医
145 香川大学 医
146 愛媛大学 医
147 高知大学 医
148 高知工科大学
149 九州大学(文系－前期日程)
150 九州大学(理系－前期日程) 医
151 九州大学(後期日程)
152 九州工業大学
153 福岡教育大学
154 北九州市立大学
155 九州歯科大学
156 福岡県立大学／福岡女子大学
157 佐賀大学 医
158 長崎大学(多文化社会・教育〈文系〉・経済・医〈保健〉・環境科〈文系〉学部)
159 長崎大学(教育〈理系〉・医〈医〉・歯・薬・情報データ科・工・環境科〈理系〉・水産学部) 医
160 長崎県立大学 総推
161 熊本大学(文・教育・法・医〈看護〉学部・情報融合学環〈文系型〉)
162 熊本大学(理・医〈看護を除く〉・薬・工学部・情報融合学環〈理系型〉) 医
163 熊本県立大学
164 大分大学(教育・経済・医〈看護〉・理工・福祉健康科学部)
165 大分大学(医学部〈医・先進医療科学科〉) 医
166 宮崎大学(教育・医〈看護〉・工・農・地域資源創成学部)
167 宮崎大学(医学部〈医学科〉) 医
168 鹿児島大学(文系)
169 鹿児島大学(理系) 医
170 琉球大学 医

2025 年版　大学赤本シリーズ　No. 549

立命館大学（国語〈全学統一方式３日程×３カ年〉）

2024 年 6 月 10 日　第 1 刷発行
ISBN978-4-325-26607-5
定価は裏表紙に表示しています

編　集　教学社編集部
発行者　上原 寿明
発行所　教学社
〒606-0031
京都市左京区岩倉南桑原町56
電話　075-721-6500
振替　01020-1-15695
印　刷　太洋社